U0744775

谨以此丛书献给25年来所有参与本课题研究的老师们！

编委会名单

脑科学·思维·教育丛书

“学习与思维”课题25年研究成果选集

脑科学·思维·教育丛书

思维的全面发展与中小学生创新能力培养

温寒江
连瑞庆
江丕权
◎著

教育科学出版社
·北京·

出 版 人　所广一
项目统筹　杨　巍
责任编辑　杨　巍
版式设计　刘　莹
责任校对　贾静芳
责任印制　叶小峰

图书在版编目（CIP）数据

思维的全面发展与中小学生创新能力培养/温寒江，连瑞庆，江丕权著．—北京：教育科学出版社，2015.1（2016.12 重印）
（脑科学·思维·教育丛书）
ISBN 978－7－5041－8546－4

Ⅰ.①思…　Ⅱ.①温…　②连…　③江…　Ⅲ.①中小学生—创造性思维—能力培养　②中小学生—创造能力—能力培养　Ⅳ.①G421

中国版本图书馆 CIP 数据核字（2014）第 246071 号

脑科学·思维·教育丛书
思维的全面发展与中小学生创新能力培养
SIWEI DE QUANMIAN FAZHAN YU ZHONG-XIAOXUESHENG CHUANGXIN NENGLI PEIYANG

出版发行	教育科学出版社		
社　址	北京·朝阳区安慧北里安园甲 9 号	市场部电话	010-64989009
邮　编	100101	编辑部电话	010-64981265
传　真	010-64891796	网　址	http://www.esph.com.cn
经　销	各地新华书店		
制　作	北京博祥图文设计中心		
印　刷	保定市中画美凯印刷有限公司	版　次	2015 年 1 月第 1 版
开　本	165 毫米×239 毫米　16 开	印　次	2016 年 12 月第 2 次印刷
印　张	21.25	印　数	3 001—5 000 册
字　数	270 千	定　价	45.00 元

一项有战略意义的研究

全面实施素质教育是为了适应现代社会对人的素质的需要，也是为了适应现代社会中人的自身发展的需要。提出提高人的全面素质，当然是针对原有教育模式中存在的不全面的地方，这些不全面的地方主要是指对培养人的创新精神和实践能力重视不够。因此，改革人才培养模式，加强对人的创新精神和实践能力的培养就成为实现全面素质教育的重要课题。

培养创新精神的关键是培养人的创新思维，而这一过程实际是开发人的潜能，特别是开发人的大脑潜能的过程。现代脑科学的研究已越来越被各国政府和科学家所重视，因为从某种意义上说，一个国家的综合国力取决于经济实力，经济实力取决于科技实力，科技实力取决于创新实力，创新实力取决于人才实力，而人才实力则取决于人脑功能的开发水平。因此，加强脑科学的研究以服务于人脑潜能的全面开发就成为综合国力竞争的有战略意义的重点。

我国著名教育家温寒江同志，多年以来，以其深厚的教育理论素养和丰富的教育实践经验，根据脑科学研究成果指导了形象思维的研究与教育改革实验，并取得了重大进展。近几年，又将脑科学应用于基础教育中培养创新精神的理论与实践的研究，取得了可喜成果，这部丛书就是这一成果的展示。本丛书凝聚着许多优秀教育工作者进行的理论与实践探索的心血与智慧，无论对全面教育改革，还是学科教学论的发展，都会产生重要的影响。

我衷心希望，培养创新精神的研究会有助于教育的创新，会有助于从更深的层面上理解和实践全面素质教育的深刻内涵。

陶西平

2010 年 3 月

一、教育的困惑

新中国成立60多年来，我国教育事业有了很大的发展，取得了巨大的成绩。但是，我们也看到，当前中小学课堂教学相当普遍地存在枯燥乏味、抽象难懂、死记硬背、高分低能的现象。教育还不能适应经济社会发展的形势，还不能适应国家对人才培养的要求。问题的症结在哪里？教育理论是否存在缺失？教学改革路在何方？对此，我们常常感到困惑。

二、脑科学的启示

20世纪70年代末至80年代，是思想解放的年代。在对教育问题的思索中，有几件事情对我们的影响是深刻的。首先，《毛主席给陈毅同志谈诗的一封信》发表后，在毛主席肯定形象思维的鼓舞下，文艺界展开了新中国成立以来第三次关于形象思维的大讨论，对形象思维在文艺中的作用，文艺界取得了比较一致的认识。其次，我国著名科学家钱学森，大力提倡形象思维，把形象思维作为人类思维的基本方式之一，并建议把形象思维作为思维科学研究的突破口。最后，美国心理学家斯佩里（R. Sperry）对裂脑人的实验研究，揭示了大脑两半球功能的不对称性和右半球的许多高级功能，获得了1981年诺贝尔生理学或医学奖。

裂脑人的实验成果表明，人们可以用语言（概念）来思维，也可以用非语言的表象来思维，从而打破了行为主义心理学研究行为而不研究意识（思维）的禁区，也打破了“只有唯心主义者……才能谈到没有语言的思维”（斯大林语）的神话，大大解放了人们的思想。

斯佩里的裂脑人实验和钱学森的倡导，使我们对教学改革的思索，聚焦到脑科学、思维、教育这三者的结合上来，以脑科学的新成果为依据，探索一条教学改革的新路。

脑科学和教育科学是两个不同领域的学科，脑科学成果在教育中的应用，要找到结合点或切入点。我们选择的切入点是“思维”。因为思维既是脑科学的重点研究内容，又是学习科学的核心。思维是这两个学科最大的共同点。这样，我们的课题就直接把脑科学关于思维、表象、记忆、语言学习等重要研究成果同中小学的各科教学、同人的全面发展联系起来了。

我们的课题是北京市哲学社会科学“八五”、“九五”、“十五”、“十一五”规划重点课题。“八五”课题名称为“开发右脑，发展形象思维的教学实验与研究”，“九五”、“十五”为“发展形象思维的理论研究与教学实验”，“十一五”为“学习中思维的全面、协调和可持续发展研究”，总称为“学习与思维”。1998年春，我们有幸向李岚清副总理汇报课题研究的进展和阶段成果，李岚清副总理对课题研究的充分肯定和重视，使课题组全体成员受到莫大的鼓舞。

三、时代·问题·目标

（一）问题

马克思说：问题就是公开的、无畏的、左右一切个人的时代声音。

我们正处在建设富强民主、文明和谐的社会主义现代化国家，实现中华民族伟大复兴的时代。我们又处在人的思维方式、社会媒体深刻变革的时代。

处在这样一个伟大的时代，我们怎样把握教育的问题？当前教育存在的问题是什么？在课题开始时，我们并不十分清楚。其原因正如古诗所说，“不识庐山真面目，只缘身在此山中”。随着研究的深入，特别是“十一五”期间，在科学发展观的指导下，我们开展学习过程中思维全面、协调、可持续发展的研究，对当前教育存在的主要问题感到清晰了。概括起来，可以从教学实践和学习理论两个方面来说。

在实践上，课堂教学相当普遍地存在四种现象：枯燥乏味，抽象难懂，死记硬背，高分低能。

在理论上，可以从以下四个方面进行阐述：

（1）从学习与发展的内涵来说，人的全面发展（德、智、体、美）内在联系的机制是什么？为什么说科学与艺术是相通的？

（2）从学习与发展的顺序来说，学习从已知到未知，新旧知识（技能）内在联系的机制是什么？（目前国外有多种学习迁移理论，但没有统一的学习迁移理论）

（3）从学习与发展的层次来说，技能、能力、创新能力内在联系的机制是什么？ 能否培养中小学生的创新能力？

（4）从学习与媒体的关系来说，当代信息技术迅速发展，信息技术（网络、多媒体）如何同学科教学整合？

这四个问题是教育理论的基础性问题。这几个问题解决了，其他一些学习上的重要问题，如认识活动与身心发展、知识的理解、学习的效率、学习可持续发展等，也就比较容易解决了。

我们的研究表明，上述当前教育存在的问题，其根源在于忽视思维或思维的片面性。

（二）目标

课题研究有以下三个目标：

（1）全面发展思维；

（2）教会每一个学生，使学习可持续发展；

（3）培养能力、创新能力，让青少年智力得到最佳发展。

四、教学必须深入改革

20 多年来，课题研究以马克思主义认识论和科学发展观为指导，以脑科学的新成果为依据，全面发展思维，深入教学改革，探索一条教学改革的新路——

教学改革的回归与创新。

所谓“回归”，我们认为，当前教学的改革，应从各种忽视思维、脱离思维的学习理论及其影响中，回到学习的基本命题即学习与思维上来。正如温家宝同志所指出的：“教学改革还要回到学、思、知、行这四个方面的结合，就是学思要联系，知行要统一。”所谓“创新”，就是学习落实科学发展观，以思维的全面、协调、可持续发展为核心，走学习可持续发展、最佳发展的创新之路。

五、改革的思路、方法与成果

我们研究的思路是：在学习过程中，开发大脑潜能（开发右脑）—发展形象思维—思维的全面发展—思维的全面协调可持续发展—学习的可持续发展。通过发展思维，把教育与脑科学有机地结合起来。

我们研究的基本方法是：理论结合实践，我们采取边研究边总结的方法，把理论研究和教改实验结合起来。理论研究的成果为教学实验提供依据，学校改革实践又检验与丰富了理论研究的成果。

20 多年的研究与实验取得了丰硕的成果。

（1）我们在理论结合实践下，用中国的学术话语，解决并回答了当前教育存在的上述问题，完成了课题研究的目标。

（2）编辑出版了 40 多本理论研究与教学实验的成果，其中有总课题出版的专著、论文集 31 本，实验学校出版的专著、校本教材 12 种。

《脑科学·思维·教育丛书》是从上述课题成果中

精选出来的研究成果。

课题的研究工作得到了中央和北京市教育部门的领导，得到了北京市社科联、北京市哲学社会科学规划办公室、北京教育学院、北京市教育学会的关心和大力支持。清华大学美术学院教授、博士生导师史习平先生听闻“学习与思维”课题 25 年研究成果选集出版在即，特为此治印祝贺。在此，谨对为本课题的研究、实验、出版给予关心、支持和帮助的领导、专家、学者和有关工作人员致以衷心的谢意！

本丛书由北京市社会科学理论著作出版基金资助出版。

温寒江

2014 年 12 月

前言

本书是“学习与思维”课题“八五”、“九五”期间课题研究与改革实验的成果《开发右脑——发展形象思维的理论和实践》《构建中小学创新教育体系》两书理论成果的综合。修订时，做了部分的修改。20多年的教学实践表明，这些理论成果，是后续研究的重要基础，它是有价值的，是切合时代的要求和中小学教学改革的实际的。

形象思维是课题研究的一个主题，我们从幼教、小学、中学到大学，在15门课程中，开展了发展形象思维的改革实验。本书第一编《形象思维概论》是在马克思主义认识论指导下，总结学科教学改革实验，最初形成的理论成果，着重阐述了以下几个问题：①形象思维的意义；②形象思维的科学依据，即斯佩里等人对裂脑人的实验研究成果和表象的信息加工理论；③形象思维的概念与特点；④形象思维的方法体系；⑤形象思维的产生——观察与直觉；⑥形象思维的表达；⑦形象思维的发展与培养——形象思维与教学过程；⑧形象思维一般发展的测验。

第二编　中小学生创新能力的培养

第一编

形象思维概论

第一章　右脑与形象思维

第二章　表象、形象思维的一般概念与特点

第三章　形象思维方法

第四章　观察、观察力与直觉

第五章　形象思维的表达

第六章　形象思维与教学过程

第七章　形象思维一般发展测验的初步研究

第一章 右脑与形象思维

第一节 大脑两半球功能的不对称性

人体所有行动和思想的最高统治者是自身的大脑。自从16世纪笛卡儿提出“心是一个,大脑为何是两个”这一问题以来，世界各国专家对大脑的研究始终没有停止过，提出了许多理论和假说。

对大脑最早的研究见于解剖生理学和神经生理学领域。其成果表明，人的大脑左右两半球呈镜面对称(图1-1)，通过由大约2亿条神经纤维组成的胼胝体进行频繁的信息交换。左右两部分神经呈交叉状，大脑左右两半球各将相反一侧半身置身于自己的管辖之下，躯体和四肢运动是由对侧大脑半球的运动区指挥的(图1-2)。

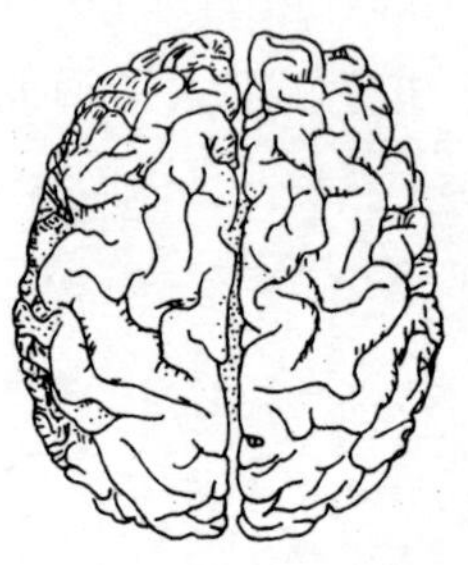

从人脑的顶视图可清楚地看到几乎对称的左右两半球，它们之间由胼胝体相连

图1-1

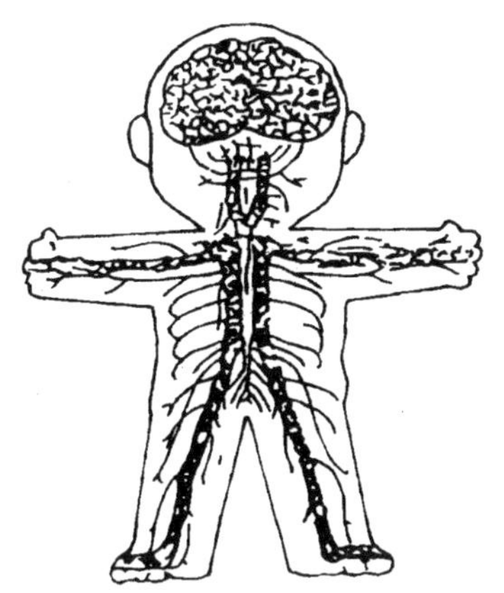

人体神经系统分布图

图 1-2

人的大脑分为左脑和右脑两个半球，由此也引出许多疑问：人脑为什么要分两个半球？它们各自的功能有何不同？诸如此类的疑问推动着脑科学研究的发展。

1836 年，医生戴克思发表丧失语言是由于左大脑半球而非右大脑半球受到破坏所造成的报告。这一观察结果，当时没有引起人们的广泛重视。直到 25 年后的 1861 年，一位杰出的法国医生布罗卡才做了相同观察。[1]他对一个能听懂他人说话、口咽肌肉不瘫痪，而自己不能讲话的病人进行了遗体解剖。他在检查这个病人的大脑时，发现其大脑左半球有一处损伤。由此，布罗卡提出假设，大脑左半球额下回部是与言语生成有关的大脑皮层的一个专门区域；该区域的损伤会导致患者发音断断续续，或者虽然能说出话来，但不能组成有一定内容意义的言语。1874 年，德国生理学家维尔尼克发现，大脑皮层的另一个区域（在左半球颞叶后部）控制着言语的接收和理解。这个区域受损的患者，无法理解别人所说的话，甚至完全不能分辨语音。上述两个皮层区域，被后人分别命名为布罗卡区和维尔尼克区（图 1-3）。

〔1〕 中国大百科全书总编辑委员会《语言文字》编辑委员会，中国大百科全书出版社编辑部. 中国大百科全书:语言　文字[M]. 北京:中国大百科全书出版社，1988:338-339.

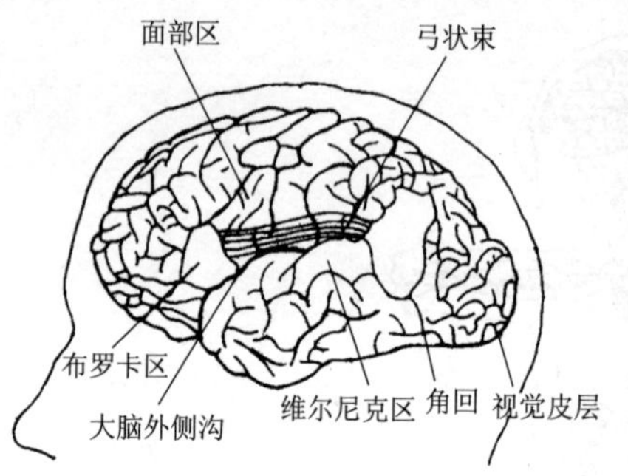

大脑皮层功能区

图 1–3

从那以后，有关语言的神经机制的研究取得一定的成就，并逐步被更多的人所认识。在日常生活中，我们常常会发现，左脑受伤比右脑受伤出现的病状严重。如脑溢血患者，其在左脑出血时较之右脑出血时更易表现出丧失言语能力和神志模糊。这就清楚地表明大脑左右两半球在功能上是不同的。但究竟有何不同，人们仍说不清楚，因为人们无法打开活的人脑来直接进行研究。后来，在这方面做出突出贡献的是美国神经生理学家斯佩里和他的两个学生。

20 世纪 50 年代，斯佩里和他的学生开始在动物身上进行裂脑实验研究。当他们切断猫和猴子的脑半球之间的全部联系时，吃惊地发现这些动物仍然很正常，更令人兴奋的是，他们发现可以训练动物用两个脑半球以相反的方式去完成同一任务。

1962 年，在美国洛杉矶的一家医院里，一位 48 岁的老兵患了严重的癫痫抽搐。癫痫抽搐是由于脑瘤、脑损伤等原因引起的，使人难以承受，甚至丧失知觉昏厥过去。当这位老兵还没有从一次发作中恢复过来时，往往又一次抽搐便已经来临。所有的治疗方法都用过了，在无计可施的情况下，医生约瑟夫·博根和沃格尔，进行了大胆的手术尝试，即切断大脑两半球的联系。由于癫痫抽搐正是通过这种连接反应扩散到整个大脑的，所以在医生切断了这位老兵的胼胝体后，剧烈的抽搐奇迹般地消失了。随后，他们用这种方法又在数十个久治不愈的病人身上进行了同样的治疗，结果不仅减轻了抽搐症状，有的人甚至完全被治愈了。

多年来从事裂脑动物研究的斯佩里，遇到了这么多的裂脑人，这是一个千载难逢的好机会。他和他的学生开始对裂脑人进行了一系列的观察研究，设计了许多巧妙的实验。

从大脑两半球延伸出来的神经系统，在视神经处交叉，然后与相反方向的神经互相连接。所以，右眼看到的东西传导至左脑，而左眼看到的却传至右脑。不过，在一般情况下，由于有沟通左右脑的胼胝体起着传递信息的作用，所以，左右眼看到的并无差别。但是一旦切断胼胝体，断绝了左右脑之间的联系，右眼看到的就只能传导至左脑，左眼看到的只能传导至右脑。斯佩里想到了这一点。他对裂脑人进行了如下试验〔1〕：在患者的面前立一道屏障，将左、右眼分离开来，分别将不同的物体和图画出示于左右眼的视野内，然后提问。

如向裂脑人左眼视野出示一个橘子后问他："这是什么？"于是，由左眼得到的信息输入右脑，右脑立即判断出那是一个橘子。但是由于没有信息输入左脑，因此左脑不知道看到了橘子（图 1-4）。

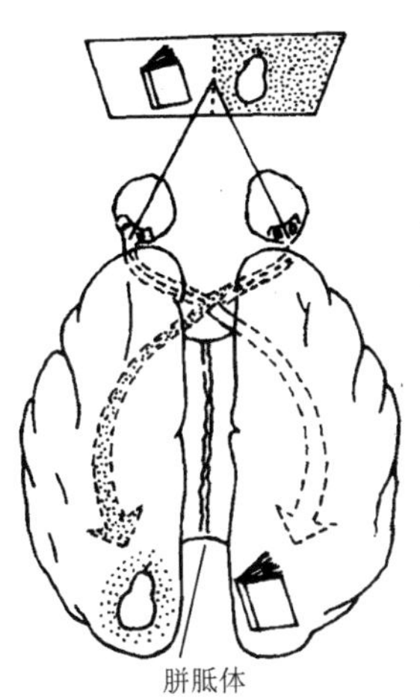

在正常人的视野中，只有一半通过视神经与一侧半球相连。如果一个人两眼盯着某个点，则右半球只能看到左边的物体，而左半球只能看到右边的物体。在正常情况下，左半球与右半球通过胼胝体来交流彼此的视觉信息，但对于裂脑病人来说，视觉是左右独立的

图 1-4

〔1〕布莱克斯利．右脑的奥秘与人的创造力［M］．董奇，杨滨，译．北京：国际文化出版公司，1988：102.

同样在右眼视野范围内出示一些简单的图形和画片让裂脑人画出，差不多都无法照原样画出来。这是因为判断图形的是右脑，而传入左脑的信息输送不到右脑，所以裂脑人陷入了全然无知的境地。

斯佩里等对裂脑人进行的一系列实验研究，进一步揭示了大脑两半球功能的不对称性和右半球的许多高级功能。斯佩里因此获得了1981年诺贝尔生理学或医学奖。

实验研究发现了人脑左右半球具有两个相对独立的意识活动。“他们发现，大脑每一半球都有其自己独立的意识思想链和自己的记忆。更重要的是，他们发现大脑两半球基本上是以不同的方式进行思维的，左脑倾向于用语词进行思维，右脑则倾向于以感觉形象直接思维。”“大脑两半球具有一种合作关系，即左脑负责语言和逻辑思维，而右脑则做一些难以换成词语的工作，通过表象代替语言来思维。”〔1〕具体地说，左脑主管抽象思维，同抽象思维、象征性关系和对细节的逻辑分析有关，具有语言的、分析的、连续的和计算的能力。右脑主管形象思维，与知觉和空间判断有关，具有音乐的、图像的、整体的和几何—空间鉴别的能力，对复杂关系的处理远胜于左半球。

应该指出的是，这种功能上的划分并不是绝对的，因为有些实验表明，右脑也存在一些语言中枢，在左脑中也存在一些视觉—空间能力控制中枢。所以只能说大脑两半球在不同功能上有各自的优势，也就是说，更擅长某些方面。在少数人身上，两半球这种功能还可能是对换的。就是说，存在于左半球的语言中枢、分析性思维由右脑控制，而整体性、形象性思维则由左脑控制。据统计，左利手者中有15%的人是这样的。〔2〕

斯佩里关于裂脑人实验的一系列研究，应该说是划时代的。它使人们对大脑机能的认识大大前进了。实验对人脑两半球功能的揭示，为我们科学地构建现代教育的价值观念，改变过去仅重视语言

〔1〕 布莱克斯利．右脑的奥秘与人的创造力[M]．董奇，杨滨，译．北京：国际文化出版公司，1988：6.
〔2〕 同〔1〕，第79页。

和抽象思维而忽视形象思维，提出“开发右脑，发展形象思维”的教学实验研究提供了一个十分重要的科学依据。

第二节 形象思维的普遍性

形象思维是普遍存在的。幼儿和小学低年级儿童的思维主要是形象思维。怎样发展儿童的语言和思维？ 一般认为先发展语言而后发展思维(抽象思维)。儿童一入学，就在课堂上一个一个地识字、一句一句地阅读，虽然教师注意了教学的直观性，但是教学往往费时多、效果差。问题在哪里？就在于不重视发展儿童的形象思维。“人认识客观世界首先用形象思维而不是用抽象思维。就是说，人类思维的发展是从具体到抽象。比如，小孩子的思维也是从形象思维开始，然后到抽象的。……从人的发展来看，一般讲，语言先于思维，是指抽象思维而言的。形象思维是语言以前就有的。”[1]儿童识字、阅读、作文、计算，都要以他对周围世界的形象的表象为支柱，只有丰富儿童的生活经验和对周围世界表象的积累，发展儿童的形象思维，才能促进儿童语言和抽象思维的发展。许多教改经验证明，重视发展儿童的形象思维，教学就能取得好的效果。如李吉林老师运用情境教学发展儿童形象思维，即通过实体情境、模拟情境、语表情境、想象情境发展学生的形象思维，从而为训练学生语言表达能力打下良好基础。

在文学艺术领域，艺术家用形象来说话，通过形象来揭示生活的本质。高尔基说：艺术作品不是叙述，而是用形象、图画来描写

---

〔1〕 钱学森．关于思维科学[M]．上海：上海人民出版社，1986：137.

现实。文艺作品中的形象包括人物、景物、场面、环境和一切有形之物，每个人物、每个自然景物、每个场面和环境都各是一个形象。艺术家就是运用这些形象来思维，通过具体生动的形象构成一幅幅画面来反映现实生活的。音乐则通过音乐的艺术形象，唤起人们对音乐意境的联想和想象。当我们欣赏贝多芬的《田园交响乐》时，那山间小溪的潺潺流水，那林间叽叽喳喳的鸟声，那夏天隆隆的雷鸣，那雨后农民欢乐的情境，使人如闻其声，如临其境。著名的维纳斯雕像，双臂断缺，双目无瞳，但在欣赏者心中，这些部分得到了完美的补偿。所有这些不都是依靠欣赏者的联想、想象以及与情感共鸣的形象思维吗?

不仅文艺学科，就是历史、地理等学科，也需要广泛地运用形象思维。如叙述历史人物、事件经过、战斗场面，讲解山川地貌、气候变化、信风方向，或讲述行星的运行、月球的盈亏、地球的昼夜变化等，都无不借助形象思维。

不少人认为在科学技术领域只需要抽象思维，形象思维是派不上用场的。其实不然，科学技术活动同样离不开形象思维。建筑师在设计一幢楼房时，楼房的外形、内部空间的安排以及内部装饰物的形象，已在他的头脑中存在了。机械师设计一台车床时，机床的外形、部件、传动装置，甚至机器运转的情境，已在他的头脑中产生了。甚至一个木工在制作一张桌子之前，桌子的大小、高低、外形等，已在他的头脑中产生了。马克思说："劳动过程结束时得到的结果，在这个过程开始时就已经在劳动者的表象中存在着，即已经观念地存在着。"[1]

人的眼睛看不见电子、原子，而想象则可以把握它。1903 年，英国物理学家汤姆生提出了"面包夹葡萄干"的原子模型。他认为正电荷散布在整个原子中，就像葡萄干散布在整个面包中一样。英国物理学家卢瑟福用 α 粒子冲击原子，发现有些 α 粒子不是沿着

〔1〕 马克思，恩格斯．马克思恩格斯全集：第 23 卷［M］．中共中央马克思恩格斯列宁斯大林著作编译局，译．北京：人民出版社，1975：202.

直线前进，有的甚至被弹回来。他想一定是粒子碰到了一团相当结实的物质才被弹回来的。后来人们把这团物质叫作原子核。由此卢瑟福不得不放弃汤姆生假说，于 1912 年提出了一个类似太阳系结构的原子模型。

根据几十万年前的古生物的几颗牙齿或头盖骨的化石，科学家可以通过想象再现它们的原形。裴文中教授在周口店发现北京人的头盖骨化石后，根据原始人类使用的工具、用火的痕迹以及大量的动物化石，通过想象得出它们的原形。生物学家达尔文，在他五年的环球航海生活中，搜集了大量的生物标本，挖掘古生物化石，认真地进行观察、分析、比较，用生动的想象来再现这些古生物的原形。

许多科学技术的发明创造，是通过模仿、模拟生物或自然现象而取得的。飞机的设计是受到蜻蜓、鸟类飞翔的启发，潜艇的制造离不开对鱼类的模仿，机器人的制造是对人类自身的模仿。中国工程热物理及流体力学专家高歌，在青海沙漠地区工作时，发现有一种沙丘，不管风怎么吹，都不会变形。他想这种沙丘肯定是气流绕过沙丘后形成的旋涡特别稳定造成的，后来当他攻读研究生时，从沙丘的稳定性中得到启发，设计出“沙丘驻涡火焰稳定器”，使我国航空喷气发动机技术处于世界前沿水平。当代控制论又把模拟方法发展到功能模拟的新阶段。某些自动控制系统，就是模拟生物机体有目的性的动作的性质制作的。如高射炮自动控制系统，就是把高射炮自动打飞机的动作与人狩猎的行为做了类比，从而将雷达站自动跟踪目标得到的坐标信号，输入高射炮控制仪，再由高射炮进行射击。

看来十分抽象的数学，也经常用到形象思维。形和数的结合是数学的特点，我们在二维空间的平面上画出三维空间各种各样的立体图形，如圆柱、棱台、锥体、二面角等，就是由于形象思维在起作用。所以列宁说：“在数学上也是需要幻想的，甚至没有它就不可能发明微积分。”[1]

在生产实践和日常生活中人们也在广泛地运用形象思维。如火车进站后，工人用锤子在车轮上、弹簧部件上叮叮当当地敲打，只要听听声音，就可以知道轮子、弹簧有没有毛病。发电站的工人，只凭机组运转的声音，就知道运转是否正常。这里主要不是靠逻辑推理，而是通过将现场情况(声音、形状等)与头脑中储存的大量形象记忆做对照、比较而加以辨别。下棋的时候，老棋手能超前看好几步，他的脑子里有许多棋式，有的老棋手能在脑子里自己同自己下棋。通常我们认人、认字，也是用形象思维。一个多年不见的朋友，虽然他的模样有些变化，胖了或长胡子了，还是能一眼认出他来。认字也这样，有的字写得很潦草，龙飞凤舞，很不规范，但还是能被识别。

以上说明，从儿童到成人，从文学艺术、科学技术到日常生活，形象思维是普遍存在的。但应该指出的是，在大多数情况下，形象思维和抽象思维是互相渗透、相辅相成的。当我们阅读一篇文学作品时，我们通过形象思维去把握作品中的艺术形象，又要运用抽象思维分析文章的层次结构，归纳中心思想。当我们讲述一个历史事件时，既要具体生动地讲清事件经过，又要分析事件的原因、结果及其历史意义，这里就兼用了形象思维和抽象思维。许多科学发明也是兼用了两种思维的结果。德国化学家凯库勒面对炉火遐想时，看见火焰像原子在蛇行的行列中跳舞，形成了一个旋转的圆圈，刹那间，凯库勒形成了著名的六角形的苯分子结构式设想，并对这一设想进行了严密的论证，奠定了芳香化学的基础。

由于右脑的非语言性，长期以来，人们一直忽视对右脑功能的研究，忽视对形象思维发展的研究，并且存在许多误解。今天，该是我们努力补上这个人类对自身认识的重大课题有关知识的时候了。

---

〔1〕 列宁．列宁全集：第33卷[M]．中共中央马克思恩格斯列宁斯大林著作编译局，译．北京：人民出版社，1957：282.

第三节 形象思维的历史回顾

从思维发展的历史来看，形象思维的发展先于抽象思维，简单的形象思维在没有文字甚至没有语言以前就有了。原始人的岩画，半坡遗址画有人面、鱼、鹿等的彩陶，就记录着人类的早期形象思维。抽象思维是在人类有了文字以后才发展起来的。然而，也许是由于形象思维非语言性的缘故，形象思维的研究远远落后于抽象思维。

在欧洲历史上，没有“形象思维”的提法，理论家、艺术家一般用“想象”这个术语，但对形象思维和抽象思维的存在和区别已有所察觉。亚里士多德曾指出：“想像和判断是不同的思想方式。”[1]在我国历史上早有运用形象思维的事例，只是没有提到是形象思维。如“庖丁解牛”就是一例，庖丁对梁惠王说：“始臣之解牛之时，所见无非牛者。三年之后，未尝见全牛也；方今之时，臣以神遇而不以目视，官知止而神欲行(以五官去感知)。依乎天理(按牛生理结构)，批大郤(刀进骨隙)，导大窾（寻筋骨之隙），因其固然。”(《庄子·内篇·养生主》)古代学者结合文学创作，对形象思维有不少描述。如刘勰在《文心雕龙》中谈到“文之思也其神远矣”、“思理为妙，神与物游”、“神用象通”等，大致就是这个意思。直到19世纪30年代，俄国文艺评论家别林斯基讲到诗歌不是别的东西，而是“寓于形象的思维”时，才提出了“形象思维”这

〔1〕 蔡仪．美学原理[M]．长沙：湖南人民出版社，1985：122.

个术语，并把它与用于科学理论上的抽象思维区别开来。[1]

马克思在《〈政治经济学批判〉导言》中，论述政治经济学的方法时，讲到科学的理论性的掌握世界的方式与艺术的掌握世界的方式不同。他说："整体，当它在头脑中作为被思维的整体而出现时，是思维着的头脑的产物，这个头脑用它所专有的方式掌握世界，而这种方式是不同于对世界的艺术的、宗教的、实践—精神的掌握的。"[2]马克思在这里讲到的"掌握世界"的方式中的区别，从其心理内容来说，实际上就是抽象思维与形象思维的区别。

不少科学家在谈到科学研究、创造思维时，常提及想象、直觉、类比等思维方法，这些都是形象思维的方法。日本物理学家汤川秀树所著的《创造力与直觉》一书中有不少精辟的论述。爱因斯坦1921年在一篇名为《几何学与经验》的学术报告中，明确提出形象思维，他说："我今天唯一的目的是要指出，人的形象思维对于非欧几里得几何决不注定是无能为力的。"[3]

由于别林斯基、高尔基等人的文艺理论被介绍到国内来，新中国成立后文艺理论界比较广泛地使用了"形象思维"这个术语，但是在20世纪五六十年代，对于形象思维的存在、形象思维的特点等问题，文艺界仍然争论不休。1978年《诗刊》发表了《毛主席给陈毅同志谈诗的一封信》，信中说，"诗要用形象思维"，于是文艺界又进行了讨论。在20世纪70年代末和80年代初，人们对形象思维取得了共识。如姚雪垠说："过去有人将逻辑思维与形象思维绝对分开，从而只承认逻辑思维，否定形象思维，这个论断不符合众多文学艺术家的创作实践，是一种形而上学的观点。逻辑思维只能够指导形象思维，不能代替形象思维。……没有形象思维，连最简单的最原始的艺术也不会产生。"[4]

---

〔1〕 蔡仪．美学原理[M]．长沙：湖南人民出版社，1985：123.

〔2〕 中共中央马克思恩格斯列宁斯大林著作编译局．马克思恩格斯选集：第2卷[M].北京：人民出版社，1972：104.

〔3〕 许良英，范岱年，等．爱因斯坦文集：第1卷[M]．北京：商务印书馆，1976：148.

〔4〕 姚雪垠．《李自成》创作余墨[J]．红旗，1978(1)：17.

以上我们列举了一些文学家和科学家从各自研究的领域对形象思维所做出的论述。事实上，把形象思维作为人类思维的基本方式之一，是我国著名科学家钱学森运用马列主义原理和当代科学的成就，对形象思维做了深入研究后，在1984年从思维科学的高度提出来的。他说：

> 我按我们习惯的称呼，把一个人的思维分三种：抽象（逻辑）思维、形象（直感）思维和灵感（顿悟）思维。
>
> 我建议把形象（直感）思维作为思维科学的突破口。因为它一旦搞清楚之后，就把前科学的那一部分、别人很难学到的那些科学以前知识，即精神财富，都可以挖掘出来。这将把我们的智力开发大大地向前推进一步。……人们在交往中，很多是用形象思维，而不是用抽象思维的。[1]

钱学森关于形象思维的论述，对我们的研究具有重要的指导作用。

第四节 发展形象思维的重要意义

20世纪末期，神经科学受到世界各发达国家的高度重视。美国国会通过决议，将1990年1月以后的十年定为“脑的十年”，这个决议得到当时的美国总统布什的批准而成为法律。国际脑研究组织号召它的成员国将“脑的十年”变为全球行动，日本制订了“人类新领域研究计划”，欧洲共同体则制订了“脑计划”，我国有关专家也建议把神经科学列为国家基础研究重点项目。与此同时，大脑分

〔1〕 钱学森．关于思维科学[M]．上海：上海人民出版社，1986：129，141.

工的研究获得了突破性的进展，尤其是对右脑功能的研究有力地匡正了长期以来盛行的“左半球是优势半球”的传统观念。前面我们已阐述了形象思维的普遍性，毫无疑问，右脑功能的开发，形象思维的发展，对于改变传统的教育思想，对于提高教育质量、早出人才、出好人才，将起着十分重要的作用。这正是我们要深入研究的问题，下面谈几点初步的认识。

一、形象思维的发展，是进行智力早期开发的基础

脑科学研究表明：学龄前儿童脑的结构、神经系统发展迅速。3岁儿童大脑重量可达1011克，到7岁时可达1280克，已接近成人的脑重量，神经纤维在继续增长，髓鞘化基本完成，整个大脑皮质达到相当成熟的程度。在儿童5~6岁时，脑的结构就基本成熟，但未达到成人水平。[1]

脑神经的发展，为智力早期开发提供了生理上的基础。开发幼儿的学习潜力，进行早期教育，一直是国内外许多从事教育和心理研究的人不断研究、探索的课题。我国有的研究者认为，儿童从4岁起，就可以通过教具、动作、情境、游戏等方法学外语。有人认为，5~6岁儿童普遍具有认字的可能性和巩固性。朱智贤教授认为：“如何适当地把小学的语文、外语、数学课程下放一部分到幼儿园，确是一个具有战略意义的课题。”[2]在这些研究中，虽然有不少成果，但在实践中却有不少困难。我国幼儿教育工作者在总结幼儿教育工作时，认为过去“过多地灌输知识和训练技能，忽视儿童的主动性”，问题在哪里？我们认为问题在于指导思想上存在“左脑优势”的传统观念。传统心理学认为人的思维没有语言是不可能的，要想发展智力，就要走“语言—思维(抽象思维)”的路子。我们知道，学龄前儿童虽然也能掌握一些低级的概念和进行简单的计算，但需要直观形象的不断强化和支持，否则就会发生很大的

〔1〕 朱智贤．儿童心理学[M]．北京：人民教育出版社，1980：142.

〔2〕 同〔1〕，第156页。

困难。

大脑左右脑功能的研究，使我们认识到，首先大力发展形象思维才是真正早期开发儿童学习潜力的途径。形象思维是先于语言的。这里举一个例子：一个20个月大的幼儿，在翻阅一本《妈妈和小宝宝》连环画册时，看到画中的妈妈戴着眼镜，便抬头看看屋里的三个大人。她发现奶奶没有戴眼镜，便跑到奶奶的房间里取来奶奶的眼镜，并给她戴上。这说明此时她虽然还不会说话，但她已能很好地进行形象思维了。幼儿在交往活动、游戏、观察中，运用视觉、听觉、触觉等感觉器官感知外部世界，积累了视觉、听觉、触觉的表象，发展了形象思维。儿童的语言是在交往活动和游戏中以表象为基础发展起来的。儿童的表象愈丰富，形象思维愈发展，其语言愈能得到发展。相反，表象不丰富，形象思维不足，必然影响语言的发展。而语言的发展又促进思维能力和交往能力的发展。

因此，我们认为儿童的早期教育应该遵循“形象思维—语言—抽象思维”的路子，应大力发展儿童的形象思维，并在此基础上丰富儿童的语言、词汇，逐步发展抽象思维。这样才能切合幼儿智力心理发展的特点，才能充分发挥其智力潜能。形象思维的充分发展不仅是儿童智力的基础，也同样是成人智力的一个重要基础。

我们认为，幼儿教育中应突出加强美术、音乐教育，将一部分小学的美术、音乐课的内容下放到幼儿园。艺术教育不仅使学生掌握有关知识、技能，更重要的是发展儿童的记忆力、想象力和丰富儿童的情感。数学是一门形数结合的科学，幼儿数学教育，可通过直观教具、游戏、画图等方法，发展儿童平面的、空间的观念，培养其初步的空间想象能力。

二、形象思维是创造思维的一个决定因素

在文学、音乐、绘画、舞蹈方面的创造活动，形象思维起着决定性作用。刘白羽在谈自己的创作经验时说：

> 对一个创作者来说，是生活中种种具体的动人形象打动

你，给你带来思想、认识，你通过复杂的生活形象，才提炼出你的一点理解、一种思想、一分诗意，这是作品的灵魂；但同时理解、思想、诗意也只有得到最能恰如其分地表达它们的典型的形象、细节，才能取得反映生活的艺术形象的鲜明光彩。[1]

不仅是文学艺术创作，绝大多数的创造性工作都需要形象思维以及它和逻辑思维的有机结合。我们说形象思维在创造过程中具有决定作用，是指其中创造性的突破是直觉的产物，但它必须经过语言的描述和逻辑的检验才具有价值。关于这一点，我们研究一下创造的过程就清楚了。美国心理学家华莱士认为："创造过程分为四个阶段，即准备阶段、酝酿阶段、闪光阶段和验证阶段。"酝酿阶段是大脑中无意识过程对问题进行工作的时间，闪光阶段可能会自然到来，这是直觉和顿悟产生解决问题的可行性办法的阶段，这两个阶段主要靠形象思维。美国教育家兰本达在《物理学家是怎样工作的》一书中是这样描述的：

理论物理学家，在他们的生活中长达几周甚至几个月，确确实实坐在那里苦思冥想。他们要阅读所有与他们的课题有关的资料，要简明扼要地与实验物理学家交谈，还要和其他理论物理学家进行切磋探讨。经过各方面长期的实验检验，那令人难忘的日子、难忘的时刻终于来到了。在那一瞬间，茅塞顿开，所有的疑点都有了归宿。物理学家们欢欣鼓舞，惊叹不已："哎呀！理所应当，多么明显！"但是直到那一瞬间，这一切对世人来讲并不是明显的。[2]

量子论之父马克斯·普朗克在其自传中指出，创造性的科学家必须具备"对新观点的一种活跃的直觉想像力，这些新观点不是演绎得出的，而是通过艺术家一般的创造性想像而得出的"[3]。

---

〔1〕 刘白羽．文学理论基础[M]．上海：上海文艺出版社，1981：234.
〔2〕 兰本达．物理学家是怎样工作的[M]．胡文静，等，译．北京：人民教育出版社，1990：70.
〔3〕 布莱克斯利．右脑的奥秘与人的创造力[M]．董奇，杨滨，译．北京：国际文化出版公司，1988：39.

这里用“非语言”产生的种种观念，要用逻辑思维去验证。创造过程的四个阶段说明，创造力是左右脑两种思维协同作用的结果。

创造性思维是思维的最高形式，是人类智慧的结晶，一切物质文明和精神文明，无不是创造性思维的成果。一个多世纪来，人们一直在探索如何培养创造性思维。现在，对脑功能的研究表明：创造活动是通过逻辑思维和形象思维协同进行的，其中形象思维起着关键作用。因此，开发右脑功能、发展形象思维的重要性更加突出了。

三、发展形象思维，是丰富道德情感、完善人格的重要基础

道德情感的产生有三种形式。第一种是在实践活动中对某种情境的感知所产生的直觉的情绪体验，这是由于人的情绪体验是以高兴、欢乐、热爱、悲哀、愤怒、恐惧等形式表现出来的。第二种是运用形象思维（联想、想象）唤起具体的道德形象而产生的情绪体验。人们在听故事、看影视、阅读文艺作品和欣赏音乐美术作品时，虽然没有直接接触这些艺术作品中的情境，但生动的语言、鲜明的画面、优美的旋律，能引起人们的形象思维，进行丰富的联想和想象，情感就伴随形象而产生了。这种道德形象所产生的情感，常常使人终生难忘，是使人产生类似道德行为的巨大动力。第三种是意识到道德理论、道德要求而产生的情绪体验。这种以道德要求为中介产生的情绪体验，也是以丰富的情感沉淀为基础的。没有以实践为基础产生的情感积累，没有这种情感与道德认识的交融，道德认识是不能激起情感的体验的。如我国运动员，每当想起“为国争光”时，就能激起顽强拼搏的热情。这种热爱祖国的热情，是其长期以来不断丰富的爱国主义感情和不断深化的对祖国的认识的情绪体现。

从三种道德情感产生的形式我们可以看到，丰富的道德情感是

同丰富的形象思维的发展相联系并以之为基础的。

情感的积累和知识的积累不同，知识的积累由浅入深，由少到多，形成一定的结构，它能用语言、符号来表达；但情感是一点一滴积累着丰富着的，像春雨一般，润物细无声，有时很难用语言来表述。知识的运用是一步一步进行的，而情感却能使长期积累的感情在顷刻间涌现出来，产生巨大的力量。情感的这些特点，我们要十分重视。所以对学生的情感教育，应点点滴滴、日积月累地去进行，以不断丰富学生的道德情感，从多角度不断地发展学生的审美情趣和道德情操。所有这些，都是和发展形象思维联系着的。

四、发展形象思维，造就左右脑并用、更加聪明的新一代

分析了创造过程的特点，了解了左右脑的功能以后，我们就容易理解，古今中外许多出类拔萃的奇才，大都是善于左右脑并用的人。意大利画家达·芬奇既是艺术大师，又是工程师、科学巨匠；德国伟大诗人歌德，曾发表诗体论文《植物的演变》；科学泰斗爱因斯坦擅长演奏小提琴，更为大家所熟知。我国科学家钱学森酷爱艺术，他曾说：

> 搞艺术的人需要灵感，难道搞科学的人只需要数据和公式吗？搞科学的人需要灵感，而我的灵感，许多就是从艺术中悟出来的。

高占祥曾说：

> 艺术的想象力，往往会刺激科学创造所必需的想象力；而科学的想象力，又会给艺术的想象力插上更加美丽的翅膀。那些集科学与艺术才能于一身的“能人”，则是左脚踏着艺术世界，右脚踏着科学世界前进的奇才。

这里说的就是左右脑并用的奇才。他们具有极丰富的想象力（形象思维），又善于巧妙地运用左右脑。

长期以来，教育一直忽视右脑开发，忽视形象思维的发展。普通心理学所论述的思维只是抽象思维，儿童心理学认为儿童时期的

思维正从形象思维为主要形式向抽象思维为主要形式过渡。由于年龄特点而初步发展起来的形象思维，在这种理论的影响下，被“过渡”掉了。学校课程设置中，美术、音乐课向来不被重视，是“小四门”，而教育的重点被放在知识、技能、技巧上。有着丰富形象思维内容、左右脑并用的语文课，往往变成了只发展语言和逻辑思维的课，变成了单一发展左脑的语言分析课。形数结合是数学学科的基本特点，但形(图形)的教育远没有受到重视，连平面几何这种左右脑并用的课程，也只强调发展逻辑思维的一面。这些都不利于儿童智力的全面发展。

今天，人类已高度重视对自身脑的研究。左右脑功能的研究已获得突破性进展，教育必须努力跟上时代。深入开发右脑的功能，重视发展形象思维，必将引起教育上一次深刻的改革。我们相信，随着右脑功能的开发、形象思维的发展和道德情感的丰富，我们必将造就全面发展的、更加聪明的新一代。

第二章 表象、形象思维的一般概念与特点

第一节 表象

一、表象的概念及其特征

（一）表象的概念

《中国大百科全书：心理学》对表象所下的定义为："表象是在物体并没有呈现的情况下，头脑中所出现的该物体的形象。"〔1〕这一定义表明，表象和我们平时所熟悉的知觉有较大的不同。知觉是物体呈现在眼前时，我们通过眼、耳、鼻、舌、身的协同活动，产生对外界事物不同属性的感觉，人脑又将来自这些不同感觉通道的刺激转化为整体形象的过程。而表象则是物体不在眼前呈现时，人在头脑中却出现了这个物体的形象。比如，当我们回想起一个朋友时，他的面目就在头脑中很快浮现出来。表象和知觉另一方面的不同是，表象只是反映事物的大体轮廓和一些主要的特征，与直接感知所转化来的形象相比，显得模糊暗淡些。

---

〔1〕 中国大百科全书总编辑委员会《心理学》编辑委员会，中国大百科全书出版社编辑部．中国大百科全书：心理学[M]．北京：中国大百科全书出版社，1988：21.

人们从前所知觉过的，而现在在脑子里再现的那些事物的具体形象，我们称为记忆表象。人们以过去的经验(记忆表象)为基础，在头脑中经过加工改造而形成的新事物形象，也以表象的形式储备在头脑中。

(二)表象的特征

1. 表象的客观性与主观性

表象作为人脑记忆中的事物的形象，不是客观的；此外，由于这些事物的形象及事物形象的最初模型是人们过去感知过的，因而它又不是主观自生的。[1] 因此，可以认为，它是客观见之于主观的。

2. 表象的形象性

表象一定是形象的，它是在头脑中出现的事物生动具体的形象，就像是看到、听到某个具体事物或事物的某种特征一样。如学生能在头脑中浮现出他和同学们春游时爬山、涉水、捉蝴蝶等一幅幅生动的景象。因此，它不是抽象的概念和符号。在课堂上我们给学生出示一张图片，经学生认真观察后，会在头脑中形成清晰的形象。把图片收回，当结合教学内容唤起学生头脑中关于这一幅画的表象时，图片虽然已不在眼前，但学生仍能感觉画中的景物历历在目。这和学生记住了书上讲的某些内容或课文的段落大意迥然不同。又如学生毕业几年了，他们清晰地记得他所喜欢的某位老师讲课时的声音、表情和手势，老师的音容笑貌常在脑海里浮现，这和记住老师上课时所讲的内容也是不同的。

3. 表象的概括性

表象所反映的是同一事物或同一事物在不同条件下多次被感知所表现出来的一般特点，因此它比知觉有更大的概括性。

随着生活经验的丰富，人们头脑中的表象也会逐步丰富多彩。但储备在人们头脑中的这些表象并不都在一个层次上，根据它们的概括程度不同，可分为个别形象和一般表象。

---

〔1〕 高楠．艺术心理学[M]．沈阳：辽宁人民出版社，1988：142.

对某一具体事物的表象，属于个别表象。如某人对自己常用的那支笔的表象，对自己每天都经过的永定河的表象。但值得注意的是，个别表象也具有某种程度的概括性，是具体事物多侧面、多角度、多种形象信息的概括。

对某一类事物的表象属于一般表象。如学生头脑中关于书的表象，并不是指哪一本具体的语文、数学书，而是书的概括形象。一般表象反映了许多类似事物共有的一般特征。

一般表象和个别表象的不同点是它已失去了只是为个别表象所具有的那些特征。它不再是某一个别事物形象的简单再现，而是经过复合、融合，达到比个别表象更丰富、更深刻的水平。如小学生及幼儿园的学生，最初关于教师的表象是个别的、贫乏的，但随着年级的提高，他们对于在学校扮演着不同角色、教不同学科的教师表象就逐步积累、组合起来，不断去掉了关于教师的个别特征，而集中了属于教师这一类事物所共有的特征。这就是说，一般表象是人们在认识某一类事物过程中，在千差万别中找到了这类事物的共同点，在千变万化中找到了事物的稳定性，从而形成这类事物的概括表象。尽管如此，一般表象仍然是直观形象的，它是对客观事物的现象、过程直观特点的反映。

4. 表象与语言的互译性

现代认知心理学认为，表象是双重编码的，既可以是图像编码，也可以是语言编码，图像和语言在一定条件下是可以互译的。图像一般是可以通过编码以语言的形式储存起来的，这种语言也可以通过译码而恢复为图像，如类似神话中美人鱼的典型形象就是通过语言表达出来的新表象。但是，也存在一些表象是难以用语言来表达的。在教学中，我们可以通过语言的形式，唤起学生头脑中已有的表象参与到对所学内容的理解上，同时也可以把学生通过观察所得到的大量表象通过写日记、周记的形式储存起来，在需要的时候提取。

二、表象的分类

根据不同角度或标准，表象可划分为不同的种类。绝大多数心理学家按表象的产生通道，把表象分为视觉表象、听觉表象、运动表象、味觉表象和嗅觉表象等。

（一）视觉表象

视觉表象是人们在视觉活动的基础上，在头脑中形成的关于事物的形状、颜色、亮度和空间方位等图像。在人的表象的总量中，大多数外界形象信息是通过视觉输入大脑的，并被大脑组合加工，达到较高的表象层次。正是视觉表象自身的这种丰富性，使它在人类认识活动中起着十分重要的作用，成为智力发展的重要基础。

有一种值得提到的视觉表象叫遗觉象。这种表象的特点是，让被试对一幅画面知觉数秒后，被试能够在头脑中保持一种几乎和画面一样清晰的视觉形象，并能详细地描述画面上的各种细节，就像实物仍在眼前一样。在教学中也曾出现这种现象，比如，让小学生站起来朗读课文，他把书塞在书桌里，仍朗朗上口，好像看着书朗读一样。德国心理学家延施把这种表象称为遗觉象。

（二）听觉表象

听觉表象是人们在听觉活动的基础上，在头脑中产生的各种声音形象。其中言语听觉表象和音乐听觉表象是最为突出的听觉表象。言语听觉表象有语音、语调、声调、重音等方面的形象，它对人们分辨语音、语调等有重要作用。一个人如不能正确地分辨语言中的正确发音，他是无法学好这种语言的，因此，它是人们学习掌握语言的重要基础。音乐表象有旋律、节奏、音色等，它可以帮助人们更好地掌握歌曲和乐曲，同时，在提高人们的音乐鉴赏能力和音乐创作能力等方面都有重要作用。

（三）运动表象

运动表象是肌肉动作的动觉表象与肌肉动作的视觉表象的结合。运动时，运动表象不仅仅是对过去运动感觉的简单再现，而总是同当时实际的运动感觉相联系。当这些运动形象产生时，可以引起人们相应部位肌肉、骨骼的微弱运动。运动表象可以帮助学生准确地掌握各种运动、生产劳动技能和技巧，它也是培养运动员、舞蹈演员进行某种表演、运动创作的重要基础。

（四）其他表象

其他感觉如味觉、嗅觉、触觉等，也都有相应的表象。比如，一个好的厨师，没有发达的味觉、嗅觉表象是不行的。

应当指出的是，上述以感觉通道来划分的表象，只是具有相对的意义。对于绝大多数人（包括音乐家、画家）来说，感觉表象都具有综合的性质。心理学研究表明，在人们的活动中，很少有单独的视觉表象或单独的听觉表象，常常是各种表象的综合。如在视觉与听觉的表象中，就不仅有视觉和听觉，还包括动觉成分。例如：

一个人拿着小球，当他闭上眼睛后，用手握住连在球上的细线把球提起来，同时在视觉中想象小球沿着圆周运动，这样不久，这个小球在他手中就做出了圆周运动（图 2-1）。这种在表象过程中所产生的运动，心理学家称为心理动作。“心理动作”实验表明，在这种表象中确实存在大脑皮层中运动分析器的兴奋过程。只是由于人们的实践活动不同，这种兴奋过程在各种表象的清晰性、完整性和稳定性上会出现个别差异。[1]

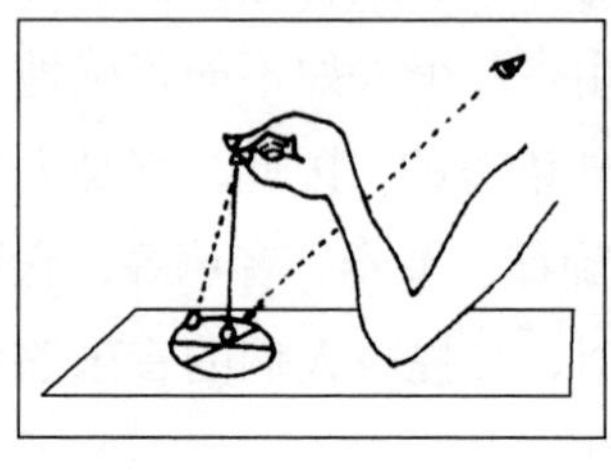

“心理动作”实验

图 2-1

〔1〕 周冠生．艺术创造心理学[M]．重庆：重庆出版社，1994：303.

三、表象的个别差异

表象对于不同的人来说，存在个别差异。这些具体的差异可概括为以下四个方面。

(一)优势差异

表象在人与人之间表现出明显的优势差异。如画家、印染师的视觉表象占优势，音乐家的听觉表象占优势，而面粉工人又偏于触觉表象，品酒专家则偏重于嗅觉、味觉表象，运动员、舞蹈演员则运动表象占优势。这主要是由于各种感觉通道在个人表象中所起的作用大小不同。某一类表象占优势的人，能够把它所获得的其他类表象转化为其占优势的表象。如视觉表象占优势的人，能够把所获得的听觉表象转化为视觉表象。这种差异有先天的因素，需要教育者善于识别；也有后天培养利用的问题，需要教育者因材施教。

(二)质量差异

表象的发展存在质量差异，主要表现在表象形成的清晰性、完整性和稳定性上。

在表象的清晰性、完整性和稳定性上，不同的人是有差异的。如有的人看了一幅画，事后只能有大概轮廓的模糊表象；有的人则能把画中的细节在表象中清晰地重现，就好像是“看见”了一样。在表象获得高度发展的艺术大师身上，表象就具有超人的鲜明、完整和稳定的特征。苏联心理学家捷普洛夫在这方面有所研究，他发现艺术大师有十分完美的表象。他举了以下两例：

俄罗斯画家恩·恩·盖在他的油画中，画出了彼得尔果夫宫殿之一的某室。他后来说：“在脑海里、记忆中，我把这座宫殿的全部背景都带回家来，有壁炉、檐板、四幅荷兰派的油画、椅子、地板以及全室的光线——我只到那室中去过一次，而且故意地去过一次，为的是不致毁坏了我得到的印象。”

俄国作曲家巴拉基列夫只在一个音乐会中，听过一次柴可夫斯基的一个管弦交响乐的作品，但经过两年后，他还能正确地把它回想起来，并给这时已经差不多忘记了这部作品的原作者演奏了一次。

前面所述的遗觉象，可以把看过的一个东西所留下的表象完整清晰地投射在一面墙上，和知觉一样清楚、鲜明。根据有关专家研究，这种清晰的表象，在 10 岁左右的小孩中，100 个人中仅有几个存在，而到高中以后就自动消失了。当然这也有争议，有人认为成人也有这种情况。

上述这种差异和年龄特征很值得深入研究。我国心理学家林传鼎等人的研究表明：在中国儿童中，有遗觉者比无遗觉者学习能力水平高，其差异显著。而且即使在无遗觉的儿童中，表象分数(依记忆表象的完备性来定)与学习能力水平也有高达 0.6 的正相关。表象的鲜明、活跃，对学习有极大的帮助。[1]

(三)概括程度差异

每个人头脑中都有一定量的表象储备，但概括程度不同。有的人在表象形成最初就对客观事物的属性进行了聚合匹配，在头脑里置放整齐有序，甚至对观察不完全的物体特征也做了完形处理。而有的人的表象是片断杂乱的，缺乏系统化，层次较低，在形象思维加工中提取比较困难。平时，我们在学生的作文、绘画和手工作品中会发现，由于有些学生表象的概括程度较低，缺乏对原有表象的系统整理，未形成概括化的典型，于是他们的作品中所表现的形象既不生动，也没有代表性，只能是临摹或照抄，而有的学生则相反。

(四)丰富性差异

表象的丰富性差异体现为人与人之间表象储备数量上的差异。有的人表象丰富，像储满粮食的粮仓，成为进一步想象、思维取之不尽、用之不竭的原材料；而有的人表象贫乏，像干瘪的谷穗，在学习活动中导致想象枯竭、思维受阻。

---

〔1〕 北京师范大学，等．普通心理学[M]．西安：陕西人民出版社，1982：85.
张述祖，沈德立．基础心理学[M]．北京：教育科学出版社，1987：388.

第二节 表象的信息加工理论

表象是一个富有特色的心理特征，在现代心理学发展的早期曾兴起过这方面的研究。但在 20 世纪 20 年代，随着行为主义在心理学中占统治地位，表象的研究几乎被中断了，一些研究甚至将表象看作很微弱的、不清楚的知觉。直到 60 年代后期，行为主义衰落，认知心理学崛起，表象的研究才重新受到重视并得到迅速发展。其中大部分研究是从认知心理学的角度进行的，着眼于信息的表征，强调心理过程的操作顺序，使表象这种内部的心理过程成为客观研究的对象。这在心理学上可以说是一场革命，大大增强了表象研究的科学性。如谢帕德及其同事关于“心理旋转”的研究，帕维奥关于两种编码的研究，以及柯斯莱恩关于“心理扫描”的研究等。他们在课题选择、研究方法上都有较大程度的创新并取得了丰富的成果。现在，表象已经成为认知心理学的一个重要研究领域。

认知心理学有关表象的研究表明，表象是客观存在的心理特征，作为一个心理因素，它在人的头脑里是可以被加工操作的。认知心理学的这一理论为我们的课题研究提供了一个重要的理论依据。这一理论在本课题研究“珠算式心算”教学实验中同样得到了证实。

一、“心理旋转”实验概述

“心理旋转”实验是谢帕德及其同事于 20 世纪 70 年代初开展

的著名表象研究。[1]这项研究所应用的方法和取得的成果对后来的表象研究影响巨大。他们最初所做的一个实验是非常有代表性的。在实验中，他们向被试分别呈现成对的图形(图 2-2)，这些图形是用计算机制作的，看上去是立体的，要求被试判断每对图形是否相同。

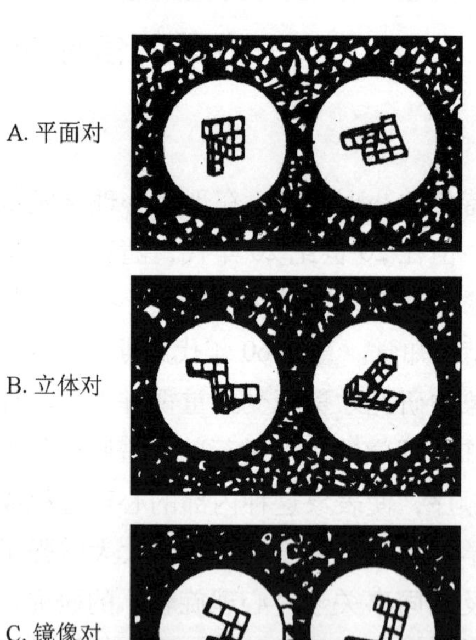

"心理旋转"实验所用的三种图对

图 2-2

对这些成对图形的判断有三种情况。

- "平面对"判断。两个图形相同而方位不同，其中一个相对于另一个在平面上转动了一定角度。这里所说的平面，是指画有该图对的纸张的表面；如果将其中一个图形转回相应的角度，那么这两个图形就可以重合。被试判定它为"相同"才是正确反应。
- "立体对"判断。两个图形也是相同的，但其中一个图形在与纸张表面相垂直的平面上转动了一定角度，即在三维空间中做了转动；如果其中一个图形回转相应的角度，这两个图形也可以重

〔1〕 王甦，汪安圣．认知心理学[M]．北京：北京大学出版社，1992：213-216.

合。对它的正确反应也应是“相同”的才对。

- “镜像对”判断。两个不同的图形，它们是镜像对称的，二者区别如同左右手。从表面看，两个图形很相似，但无论怎样转动也是不能重合的。被试判定它“不同”才是正确反应。

实验开始，在平面对、立体对中，都安排了几种不同的转动角度或两个图形的方位差，作为一个重要的实验变量。实验时，把这三种不同性质的图对随机混合。实验时，每呈现一个图对，就要求被试尽快地做出异同判定，主试记录反应时。

实验结果，无论是平面对还是立体对，当两个图形的形状、方位都相同时，被试很快就能判断它们是相同的。而当其中一个图形转动了一定角度，出现了方位差后，反应时就明显增加了。到转动角度为最大值 180°时，平均反应时已超过 4 秒。反应时随方位差度数的增加而增加，二者成正比。不仅如此，我们从图 2-3 中还可看到，平均反应时与方位差有线性关系，反应时是随着方位差度数的增加以固定速率增加的。

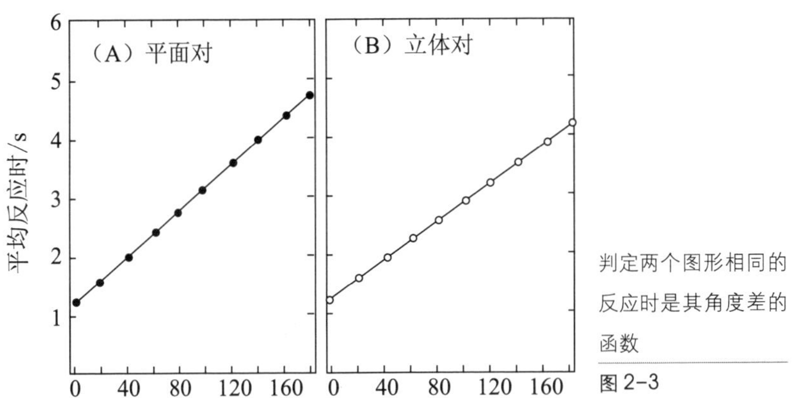

判定两个图形相同的反应时是其角度差的函数

图 2-3

根据实验者分析，被试在完成这种作业时，如只依据图形的一些表面特征是不能准确判断的。因为一对图形，表面看上去差不多，都有 10 个小方块和 3 个直角弯头，而且两个相邻的直角弯头间的方块数也是一样的，很难找出这两个图形在这些方面有什么明显差别。这样，被试是不能认出任何单独图形的，而只能比较两个图形。

反应时与方位差有线性关系的实验结果，说明被试在辨别两个图形时，是在头脑中将一个图形转动到另一个图形的方位上来，同时需要将头脑中储备的图形表象进行旋转，然后依据匹配的情况再做出判定。被试在比较、判定图形时，想象的转动或心理旋转是其重要的心理基础，同时随着旋转度数的增加，反应时也随着延长，表现为反应时是两个图形方位差的线性函数。

实验还采用了口语报告法，让被试报告出自己的比较过程。被试通常说是先将左边的图形转动到使它上面的一条臂与右边图形的相应的臂平行，然后再通过想象，将这样转动后的图形另一端的伸展方向与右边图形的相应部分进行比较。被试的报告表明了心理旋转的客观性。同时，从被试完成的作业看，他们不仅能完成平面对的作业，同时还可以完成立体对的作业，说明被试不仅能想象旋转二维平面结构的物体，而且也能想象旋转三维立体结构的物体。

这一实验，确定了心理旋转这一事实，有力地说明了表象是信息储存的基本形式之一，它可以直接储存于人们的头脑中，并且人们可以在头脑中对表象进行操作加工。这种操作类似于对具体事物的操作。

心理旋转的研究是当前表象理论的重要组成部分。它有力地支持将表象看作一种独立的心理表征的观点，说明表象是实在的和有活力的心理现象。

二、“珠算式心算”中的表象加工概述

“珠算式心算”（也叫“珠脑式心算”）教学实验也是一项心理实验。该实验研究成果，也明显地证实了表象的存在和可加工的现实性。

该实验研究继承了我国历史上民间的一个杰出创造，对学生进行特殊的心理训练，使之在脑子里打算盘，即运用表象进行复杂的心理运算。

训练的第一步是让学生拨算珠运算，建立算珠形象。学生通过不断的拨珠动作，由于手触珠、眼看珠，从而使算珠表象深深地映现在头脑中。反复的拨珠计算，又使学生对算珠的活动规律表象不断积累。

我们再看训练的第二步，让学生听数译珠的几个主要阶段。

第一阶段，教师念数，学生在算盘上模拟拨珠（即手指做拨珠动作，但不能触动算珠）进行数译珠。例如，教师念“拨入 76”，学生在算盘上模拟拨入 76——虽然算珠没有动，但在学生脑中便会出现 76 的盘式图。这时教师再出示已绘制好的 76 的盘式图卡片进行校对。再念“拨去 76”，学生在算盘上模拟拨去 76，学生脑中 76 的盘式图也就消失了。这样反复训练，不同数字译成算珠的盘式图不断出现，待学生熟练了，也就加深了算珠表象及算盘表象（各种盘式图）记忆。

第二阶段，脱离算盘模拟拨珠进行数译珠。教师念数，学生取走算盘，在原放置算盘的位置上，做模拟拨珠的全过程。但学生脑中的盘式图仍然不断出现，教师仍出示盘式图卡片进行校对。

上述两个阶段的反复训练，重点是数译珠后盘式图在学生脑中的形成。盘式图中算珠随着拨入、拨去的模拟动作而反复出现与消失，使盘式图记忆不断形成和加深。其中有和没有算珠活动的盘式图整体，就是算盘物体的表象。

第三阶段，看算盘进行数译珠。教师念数，学生眼看算盘，不做拨珠动作，进行数译珠。这一阶段，让学生眼看算盘，是为了使学生对脑中算盘表象再加深记忆，算珠活动完全要在脑中进行。这一阶段训练必须达到高度纯熟。

训练的第三步则是在听数与看算盘译珠的反复训练基础上，使学生头脑中能闪现出一把算盘，即算珠的拨入拨去都在头脑中的算盘上进行。然后开始从加减到乘除的心算训练，直至纯熟。

通过剖析珠算式心算技能培养训练的过程，我们可以清楚地看到，珠算式心算过程，是一个明显的表象加工过程，这和上述心理旋转实验在性质上是一致的，都是无法用表象以外的心理结构来解释的。这一实验，我们至少能得到三点结论。

- 在训练的前两步，学生通过特定程序的心理训练，在头脑中有效形成了“算珠”、“算盘”以及“算珠活动—盘式图”三种表象。这在学生的口语报告中得到证实。这就很明显地说明了表象是客观存在的，也是可以实际培养的。

- 在训练的第三步，学生在教师的指导下，在头脑中操作“算珠”、“算盘”、“算珠活动—盘式图”三种表象，并进行复杂高级的运算。这一结果证实了表象加工过程的现实性，说明表象不仅客观存在，而且可以实际操作，表象操作在加工速度和复杂性上有明显的优势。

- 该实验揭示了表象培养过程，要经过一个由外部对象、动作的多次重复强化，逐步内化为心理表象的过程，这里表象形成的一个很重要的心理机制是从外部操作到内化。

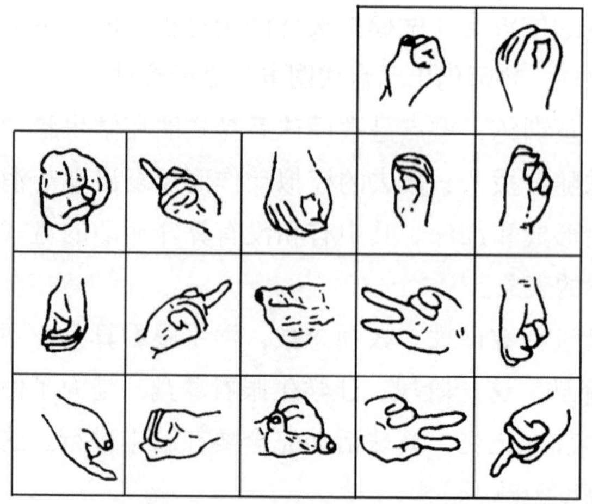

瑟斯顿的手测验。在这些手中，哪些是左手？哪些是右手？

图 2–4

为了感受表象的存在及其可操作性，我们可以按照图 2–4 来做一下“手测验”。每个人都能看到其中有一只手的小图，并指出它是右手或左手。当我们这样做的时候，我们不能用语言来说明答案是怎样产生的，如果努力“观察”自己的大脑，除了想象中的手的“感觉”或“形象”外，就没有别的什么东西。这就是我们的右脑正在进行工作。[1]

这一实验结果，也为表象的储存、表象的信息加工理论提供了有力的支持和证据。

第三节 形象思维的一般概念

我们生活周围的世界，林林总总，复杂纷繁。人是怎样认识客观世界的？认识首先从感官接触外界开始，我们的感官每时每刻都为我们提供外部世界的种种信息。例如，我们看到的水，它是无色透明的液体，把手放在水中，可以感到它是热的或凉的；太阳每天从东方升起，西边落下；住在海边的人，天天看到潮起潮落。感知觉为我们提供大量的信息、图像，属于感性认识。它反映的是事物的现象、事物的外部联系和关于事物的各个片面的认识。然而，水是由什么元素组成的？为什么沸腾时它会变成气，冷却到0℃时又变成冰？为什么说地球是围绕太阳转的？潮水为什么涨了又落，诸如此类的问题，感性认识是无法解决的。我们要从现象中揭示出被隐藏的事物的本质，从头绪纷繁、千丝万缕的联系中理出那些规律性的联系，从各个片面、局部认识它的整体，最终使认识活动从感性认识上升到理性认识。

理性认识是由思维来实现的。什么叫思维?“思维是对周围世界的间接的和概括的认识过程，它反映对象和现象的一般的和本质的特征，反映对象和现象之间的实质性的关系和规律性的联系。”[2]人的思维方式分为抽象思维(逻辑思维)、形象思维，它们都是在实

[1] 布莱克斯利．右脑的奥秘与人的创造力[M]．董奇，杨滨，译．北京：国际文化出版公司，1988：33，34.

[2] 克鲁捷茨基．心理学[M]．赵壁如，译．北京：人民教育出版社，1984：182.

践基础上由感性认识产生的。抽象思维用抽象材料(概念、数字、符号、理论)通过形成概念、做出判断、进行推理的抽象方式进行思维；形象思维则用形象材料、表象，通过对表象的加工改造(分解、组合、类比、联想、想象)进行思维。

形象思维完全具备一般思维的特征，其具有如下特征。

一、形象思维具有间接性

形象思维是在感性认识不够用，甚至无能为力的时候开始的。当人们用表象材料进行形象思维时，已超出了感性认识的界限，认识到并能把握知觉中没有直接提供的种种事物，因此，它是间接的。比如文学作品中的人物，有的是综合了许多人的特征，如阿Q；有的在现实生活中是不存在的，如孙悟空。巴尔扎克说："文学……为了塑造一个美的形象，就取这个模特儿的手，取另一个模特儿的脚，取这个的胸，取那个的肩。艺术家的使命就是把生命灌注到他所塑造的个体里去，把描绘变成真实。"[1]科学中基本粒子的结构、DNA的双螺旋结构，迄今用最好的显微镜也看不见，但人们可以通过形象思维(想象)去认识它；光的速度、地表下岩石圈层的板块结构是直接观察不到的，但人可以通过想象去把握它。历史人物、事件不能重现，不能被直接观察和感知，人们却可以通过形象思维(再造想象)形象地再现原始人的面貌和历史事件的过程。如邓世昌的死，中学历史教材这样描述：他乘坐的致远舰弹药快用完时，邓世昌下令开足马力，直撞敌方吉野舰。吉野舰吓得慌忙躲避，同时施放鱼雷。致远舰中鱼雷后沉没。邓世昌落水，士兵扔给他救生圈，他不用。他养的"太阳犬"叼住他的发辫，使他不能下沉。他将狗按入水中。邓世昌誓不逃生，决心与全舰将士共存亡。他最终沉没在黄海浪涛里。邓世昌为国捐躯的壮烈情境，跃然纸上。形象思维的间接性还表现在劳动过程(包括创造性劳动)开始前，它能想象出劳动预期结果的表象。一座摩天大厦在没有盖起来

〔1〕 段宝林．西方古典作家谈文艺创作[M]．沈阳：春风文艺出版社，1980：332.

以前，它的表象已在设计师的头脑中产生了(蓝图)。形象思维通过想象对需要解决的问题进行了超前反映。

二、形象思维具有概括性

形象思维用形象材料、典型进行概括，反映事物的基本特征和本质。鲁迅笔下的“祥林嫂”这一形象之所以能反映出当时贫穷妇女的苦难的本质，就是作者运用形象思维，将当时贫穷妇女的种种苦难，概括综合在祥林嫂一个人身上。画家作画，也不是单纯事物的写实，而是通过对事物形象的概括，抓住了普遍的、本质的东西，它能使人通过个别认识一般，通过事物的外在特征的具体生动的、有感情色彩的表现(形象)认识事物的本质和规律。如诗词“鸡声茅店月，人迹板桥霜”，不是对初冬黎明前景象的纪实，而是一种艺术概括，诗人舍去那些不必要的景物，给想象留下更大的空间，使人进入诗的意境，从而体会诗中深刻的内涵。各种科学技术的模型、图像、图表、几何图形、工程蓝图，都是通过形象思维的概括，抓住了事物的基本特征或本质。日常生活中也经常运用形象思维的概括性来处理问题，如我们能识别出多年不见的朋友或寻找到背景已发生变化的地址，这都是由于形象思维的概括，抓住了其基本特征。

三、形象思维以表象为材料进行思维

前面说过，表象有视觉表象、听觉表象、味觉表象、嗅觉表象和运动表象等。其中视觉表象是大量的，视觉表象提供关于外部世界中各种物体和事件的无穷无尽的丰富信息，因此，形象思维主要说的是视觉表象思维。听觉、味觉、嗅觉等的表象是否也能进行形象思维？回答是肯定的。如音乐家作曲、音乐比赛的评比、音乐欣赏、唱歌等，都是音乐听觉表象的思维。作曲家刘炽，为电影《上甘岭》中《我的祖国》谱曲，他从新中国成立以来最受欢迎的歌曲中精选出10首：《二月里来》《康定情歌》《小放牛》……整整一个星期把自己关在屋子里，反反复复地唱，唱累了用笛子吹，吹累了再唱，终于顿悟了，一时间，“一条大河”的旋律就有了。由于乐音的信息是有限的，音乐总是表现为一定的概括性和不确定性，所以如果将听觉表象和视觉表象结合起来，如语言就会成为人类智力活动的基本工具。运动员、舞蹈家是在运动表象中进行形象思维的。味觉、嗅觉、触觉一般属于感性认识，但这方面的专家却能运用这些表象进行很好的思维。如酿酒工程师，滴酒沾唇，即能从中品出酒的牌子、产地以及生产年份。

由于形象思维具有形象性、直观性、可感性，因此人们常把形象思维和感性认识混为一谈。其实，二者是认识过程的不同阶段。感性认识是由感官直接感受到的关于事物的现象、事物的外部联系以及事物的各个片面的认识，是人们认识的初级形式，感官的直接感受性是感性认识的特征。形象思维同抽象思维一样，是认识的高级形式——理性认识。形象思维用表象进行思维时，同样有可感性，这是因为表象和同类感知觉通道有共同的脑机制的缘故。

第四节 形象思维的特点

形象思维是表象运动的过程，是一种心理过程，这个过程同抽象思维不同，有它自己的特点，主要有形象性、整体性、概括性、跳跃性、直觉性、非语言性和富有情绪色彩。

一、形象性

人们在进行形象思维的时候，头脑中不断地涌现着形象（表象），一刻也离不开形象，整个形象思维过程是形象性的。离开形象材料，形象思维就不存在。艺术家运用他头脑中丰富的表象进行加工，创造出许多生动感人的艺术形象。大画家刘海粟90岁时，十上黄山，用傅抱石的话来说是“搜尽奇峰打草稿”。毛泽东在《七律二首·送瘟神》序文中说到他创作这两首诗时，“浮想联翩，夜不能寐”，艺术形象纷至沓来。科学技术也常常用形象材料进行思维，建筑师用丰富的想象力，绘制出一张张独具匠心的宏伟蓝图。1945年，爱因斯坦回答法国数学家阿马达关于数学研究领域通常用的思维的心理类型时说：“是视觉的和动觉的。”〔1〕

形象可以说涵盖世界上的一切，表象的丰富性为形象思维提供了广阔的基础。

二、整体性

形象思维是把一个完整的表象作为一个单位来处理的。在文艺作品中，每个人物、每个自然景物、每个场面都是一个形象，艺术家是把这些形象作为一个单位来思维的。在生活中我们能在一群人中一眼认出自己熟悉的人，能一眼读出潦草或字体不一的字，虽然一个人或一个字有许多特征，但形象思维是把人、字当作一个整体来把握的。而抽象思维则通过逐个分析、比较人的面部（或字）的特征才能识别。

由于形象思维是将一个完整的表象作为一个单位来思维，所以它具有对形象或背景已经有了改变的事物的再认能力。如一个三角形缺了一个角，一头猪少了尾巴，右脑（形象思维）能很好地识别，而左脑则不能把握信息不完整的事物。

三、概括性

在思维活动过程中，通过多次的对表象的比较（类比），去粗取精，去伪存真，可以抓住事物的基本特征和本质。这就是形象思维的概括性。上一节在论述形象思维的概念时，已阐述了形象思维的

〔1〕 许良英，范岱年，等．爱因斯坦文集：第1卷［M］．北京：商务印书馆，1976：417.

概括性。

思维的概括性，既是人们有意识的产物，如前面讲的文学艺术的典型，科学技术的模型、图像，也有许多是自动完成的，如我们认识一个人，经过几次接触，不用有意识的努力，就把他面部的特征抓住了；听一个人讲话，听过多次就能把他说话的特点（语音、语调、声调等)掌握了。

形象思维的概括性既有浅层次的，也有深层次的。对某一具体的人或事物特征、本质属性的概括是浅层次的，而文学艺术的典型、科学上的模型(如原子模型)、图像(如细胞图)，却具有高度的概括性和普遍性。因此，形象思维的概括性，在思维活动中起着非常重要的作用。

四、跳跃性

跳跃性是形象思维的又一个特点。逻辑思维是一步一步地有顺序地推下去的，是线性的，而形象思维没有一定程序，是跳跃的、发散的，是属于平面的、二维的。诗人张继的《枫桥夜泊》中，月落、乌啼、霜天、渔火、钟声、客船等事物没有任何内在的联系，诗人却通过他的情感感受，把它们连在一起。托尔斯泰看到睡衣袖口上的花纹图案，产生一连串的联想，他说：

> 我坐在书房里，仔细地看着睡衣袖口上那用白丝线镶成的花纹图案，它非常好看。于是，我想，人们怎么会想出这么多花纹、装饰、刺绣；有一个女人们感兴趣的女红、时装、见解的整个世界。这该多么令人神往呵。我明白，女人们喜欢这些东西，才会去做。当然，现在我该想想(即小说的构思)安娜……忽然，这个花纹图案，揭示我写出整整一章。[1]

人们的创造活动，一般是在问题情境具有不明确性的情况下进行的。创造性的突破往往是发现隐蔽关系的结果。牛顿就是通过思维的“跳跃”看到苹果落地和月球绕地球转动两个不同现象中所隐

〔1〕 彼得罗夫斯基．普通心理学[M]．朱智贤，等，译．北京：人民教育出版社，1981：380.

含的关系——引力。这就是思维跳跃性的意义。

五、直觉性

形象思维的直觉性是指对事物的识别、判断，不是以规定的程序、步骤一步一步地做出，而是瞬间做出的。右脑(形象思维)根据整个表象同时进行加工，即右脑倾向于平行思维，也称并行思维。下面是一个实验：当单词呈现在右视野时，先前所记忆的单词量越大，被试的反应时就越长。这表明，左脑倾向于有顺序地将该单词与所记单词逐一进行比较。当单词呈现在左视野时，无论先前记忆多少单词，被试的反应时都保持不变。因此，右脑所使用的是平行的加工方式，不需要对每个单词进行逐一检查。〔1〕

由于形象记忆是将一个完整的表象作为一个单一的单位来处理，因而它能容纳的实际信息量是十分惊人的。“同仅靠语言记忆相比，表象记忆在数量上可以高出前者100万倍左右。”〔2〕因此，直觉思维能同时分析大量的数据，并做出判断。这就说明为什么一个临床经验十分丰富的医生，能依靠直觉对病症做出诊断；一个有丰富指挥经验的指挥员，能根据地形、形势下定作战决心；一个高级企业管理人员，能依靠直觉做出决策。

直觉不仅具有敏捷性，还具有跳跃性，它可以突破一般思维的常规，跳过某些阶段，直接识别事物或获得最终结果，使形象思维成为科学技术发明创造中一个不可缺少的关键因素。

六、非语言性

形象思维是对表象的加工改造，而表象是没有语言的，表象的运动也同样没有语言。形象思维就像看无声电影，虽然没有语言，脑子却能理解一幕幕景象。一个舞蹈演员熟练地进行表演时，是有

〔1〕 布莱克斯利．右脑的奥秘与人的创造力[M]．董奇，杨滨，译．北京：国际文化出版公司，1988：140.

〔2〕 品川嘉也．揭开记忆的奥秘[M]．杨舒，等，译．长春：吉林人民出版社，1989：74.

感觉的，这种感觉来自视觉表象与动觉表象的思维活动，要是问他刚才怎样舞蹈时，他却说不出什么来。

> 当我们用高度激活的一个半球完成某件事而另一半球处于闲散状态时，处于闲散状态的半球是无注意力的。因而一个半球可能学到的东西，另一半球则学不到。这就是为什么当我们用非语言的方式学会一个右脑任务时，却难以向他人解释如何去做。我们的语言半球不知道怎么做，因为它没有注意到。[1]

当我们用形象的语言叙述一件事情的经过或描绘一个情境时，看起来好像用语言进行形象思维，其实，语言只是间接地表达形象思维的结果，因为我们从小开始学习说话、识字，就把描述性语言和形象紧密地联系在一起，许多熟悉的事情、情境，语言的表达已经熟练到可以脱口而出。但是，若要表达一个陌生的情境时，人们头脑中先有画面、情境，而后用语言表达出来的情况是十分明显的。

七、富有情绪色彩

认识是主体对客观世界的反映，情感是主体对客观事物的态度的体验。情感与认识不同，但二者又密切相关。情感由事物是否满足人的需要而产生，它渗透在人的一切活动之中，是伴随认识一起出现的，并且和认识交织在一起。通常说触景生情，那么情感的产生和认识是什么关系，是不是一见到情境就直接产生情绪，或是经过某种中介的作用而产生？美国心理学家阿诺德认为情绪与个体对客观事物的评价联系着，情感产生的公式是：情境→评价→情绪。这说明情感不是直接对客观的反映，而是客观经过主体的评价以后，才折射产生情感。根据这个学说，我们认为这种对情境的评价、分析，由于左右脑的功能不同，采取了不同的方式：右脑运用形象思维，对情境的评价是瞬间做出的，而左脑则是通过概念、判

〔1〕 布莱克斯利．右脑的奥秘与人的创造力[M]．董奇，杨滨，译．北京：国际文化出版公司，1988：144-145.

断、推理，通过认知的“折射”做出的。由于这两种方式的不同，其所产生情绪的深度也不相同。脑科学的实验表明：

> 右脑以一种更为原始和直接的方式对感觉信息作出反应,因而感情仍保持着快速和力量。在左脑中,感觉输入需要先翻译为词的形式,因而失去了大量的情绪价值。
>
> 几个成年病人的左脑被完全切除了……他们的情感和非语言的人格实质上仍完整无缺。相反,六个右脑损伤的病人,几乎完全丧失了对句子中情绪语调的感觉。[1]

由于左右脑的功能不同，有时语言不能准确鲜明地反映人们的心境的不同态度和细微的差别，复杂而丰富的情感往往难以用语言来表达，正如人们所说：“可以意会，不可言传。”相反，许多内心情感却可以通过表情、动作来表达，如舞蹈等。

因此，我们认为富有情绪色彩，是形象思维特别是艺术形象思维的一个重要特征。人的情感的丰富性，是和他的形象思维联系着的。由于这个特点，教学中通过直观形象化的方式可以激发学生学习的兴趣和热情；通过生动的、丰富多彩的文艺形象去阐述抽象哲理，更容易为学生所接受。

---

〔1〕 布莱克斯利．右脑的奥秘与人的创造力[M]．董奇,杨滨,译．北京:国际文化出版公司,1988:117,16.

第三章 形象思维方法

第一节 思维与思维方法

人们要认识客观事物的本质，在感知觉的水平上是不能实现的，必须在感性认识的基础上，上升到理性认识，通过思维活动才能达到对事物内部规律性的联系及其本质的认识。思维是人脑这个高度组织起来的物质的机能，是对外部现实的能动的反映。有人把人脑比喻为既像照相机，又像加工厂。说它像照相机，是因为它能通过视觉、听觉、触觉、味觉、嗅觉等对客观事物做出多方面的反应，获得种种信息，产生感觉、知觉、表象。但是人脑的认识活动，不是简单的反应，而是对从外界获得的种种信息，进行各种各样的加工，于是人脑又像一个奇异的加工厂。

客观世界千姿百态，形形色色，本质的东西往往隐藏在现象之中，事物的必然性总是通过大量的偶然性表现出来，事物的无限多样性又都包含统一性。人们如何拨开现象与偶然的迷雾，揭示出事物的本质和必然呢？这就需要通过思维的加工，经过去粗取精、去伪存真、由此及彼、由表及里的加工制作，才能抓住事物的基本特征，达到对事物的本质的、规律性联系的认识。

思维的加工是在头脑中进行的，一要有被加工的材料，就是语言(内部语言)和表象；二要有科学的加工方法，就是思维方法。思维活动就是在头脑中，按照一定的思维方法，对语言或表象进行加工的过程。

语言(概念)、表象的丰富性是思维的基础，没有丰富的思维材料，再好的加工方法也是徒劳的。语言系统中，语言具有可分离性和可组织性的特点，可以按语言规则组成大大小小的语言单位，所以语言材料就其自身来说，是十分丰富的。丰富的语言储备，是一个人听、说、读、写的基础。苏联诗人马雅可夫斯基说："你想把一个字安排停当，就需要几千吨语言的矿藏。"关于表象系统，一切物质的东西，都能为人的意识所反映，都有它的视觉的或其他感觉的形象表征，表象材料同样具有无比的丰富性。丰富的表象积累是人们思考和工作的基础。一个乒乓球运动员，他要能即时判别一个迅速变化的球路，就要有经过成千上万次训练积累起来的丰富的球路的表象。

思维方法的科学性是进行思维活动的依据。科学的思维方法是怎样发生的呢？人类在长期生产实践和科学实验过程中，不断积累认识世界、改造世界的种种运作方法、操作方法。当其中一些基本的操作方法反复地被运用时，就会慢慢地内化为思维方法。例如，古埃及尼罗河经常泛滥，淹没了大片田地，生产的需要促使古埃及人在反复实践中掌握了丈量土地的操作方法，这些实际操作方法，逐步被古埃及人内化为思维方法。欧几里得几何就是在这个基础上产生的。

第二次世界大战爆发不久，英国组织了一个以罗威为首的研究小组，研究新型雷达早期警报预测系统，接着又发展到分析夜间作战的各种局面，这种研究后来成为作战研究或运筹学的样板。这种用数量表达军事活动和经济活动中有关运用、筹划、管理的问题，就形成了运筹学。所以，思维方法是人类长期实践中的各种实践方法不断内化而逐渐形成的。

思维方法多种多样，可分为特殊的思维方法和一般的思维方法，各个学科、各种专业都有其学科(专业)的思维方法，这就是特殊的思维方法；而一般思维方法是指普遍适用的基本的思维方法。抽象思维的基本方法有分析、综合、抽象、概括、归纳、演绎等；形象思维的基本方法有分解与组合，类比与概括，联想、想象等。

下面分别对形象思维的基本方法进行阐述。

第二节 分解、组合

整个自然界，从微观基本粒子到宏观宇宙天体，从无机界到有机界，从原生物到人类，都有一定的组成，都有一定的层次、结构，因此，都是可分的。原子可分为电子、中子、质子，细胞可分为细胞核、细胞质和细胞膜等。人们在实践中对分解、组成的认识，逐渐形成一种分解、组合的思维方法，成为一种揭示事物内在联系与规律的方法。

表象的加工改造，是从表象的分解、组合开始的。分解(分离)、组合(整合)是形象思维的一种基本方法。儿童在幼儿园里就学会了简单的表象的分解、组合。绘画课上，当老师让儿童画出他见到的圆的东西时，他们马上能画几个，其中多的达二三十个。这里儿童已经能把在生活中见到的圆的形象，从头脑里实物的表象中分离出来了。他们能做各种拼图活动，把五颜六色的板块，组成完整的图像。

图形的分解、组合是几何学、制图学等学科的基本的思维方法。复杂的几何图形，一般都是由若干基本图形(基本概念图形、基本定理图形)组合成的。解题时，如果能从复杂图形看出(分解)基本图形，并且根据所给条件，把其中的一些基本图形重新组合起来，问题就很容易解决。例如在图 3-1 中，找出垂直与对顶角，就是要求学生用头脑中储存的垂直概念的图形结构与对顶角的图形结构为蓝图，进行判别，也就是去分解已知图形。

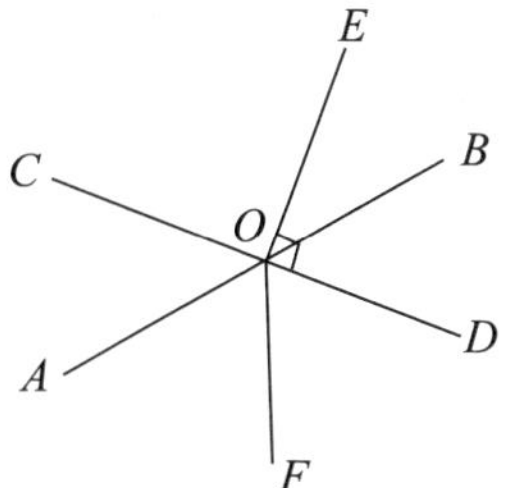

分解已知图形

图 3-1

工程图学的教学经验也说明，任何一个组合体，都是由少数几个基本体叠加、相交和截切而成的。

地理学中对地图的分解、组合，是培养学生读图能力的常用方法。学生常用的地图有政区图、地形图、气候图、资源分布图、交通城市图等。将有关的图相互叠加来识读，可以使学生对图的认识立体化，便于认识地理事物的空间关系、因果关系和相互制约的关系。如把“地球上气压带、气流运动示意图”与“全球年降水量的纬度变化图”相叠加，把不同纬度带的降水量多少与气压带控制下的下沉、上升气流运动有机结合，其相互关系就一目了然了。

表象的分解、组合在文学艺术的构思中，有着重要的意义。许多著名的作家、文艺理论家都有过生动的叙述。高尔基说：

> 假如一个作家能从二十个到五十个，以至几百个小店铺老板、官吏、工人中每个人的身上，把他们最有代表的阶级特点、习惯、嗜好、姿势、信仰和谈吐等抽取出来，再把他们综合在一个小店铺老板、官吏、工人的身上。那么这个作家就能用这种手法创造出“典型”来——而这才是艺术。[1]

学生写作文需要从生活经验中取材，所谓“取材”，就是从头脑里的经验(表象)背景中，把有关表象分离出来，重新组合成为文章

〔1〕 金开诚．文艺心理学概论[M]．北京：人民文学出版社，1987：84.

的内容。比如写一篇游记，就要经过回忆，从整个旅游活动纷繁的表象中，突出那些生动的、感受深的、有意义的事，把它从整个回忆中分离(分解)出来，再把它按文章结构重新组合起来。所以，分解、组合是文章构思的一种基本思维方法。

表象的分解、组合也是科学技术中一种基本的思维方法。下面我们用20世纪生物学伟大的发现——DNA的双螺旋结构为例来说明。英国物理学家克里克和美国生物化学家沃森，在他人关于DNA分子结构研究的基础上，经过了两次失败后，在1953年巧妙地设计(想象)出一个DNA分子模型。这个双螺旋结构中，两个糖-磷酸骨架就像一个两边有扶手的、绕着同一垂直轴旋转的楼梯。DNA自我复制的过程，显示了发现者运用分解、组合等思维方法的非凡的想象力。

DNA的增殖是半保留式的。它不是从原来的DNA分子产生一个新的DNA分子，而是原来的DNA分子的两条链分开，在每一条旧的单链上合成一条新的双链(图3-2)。[1]

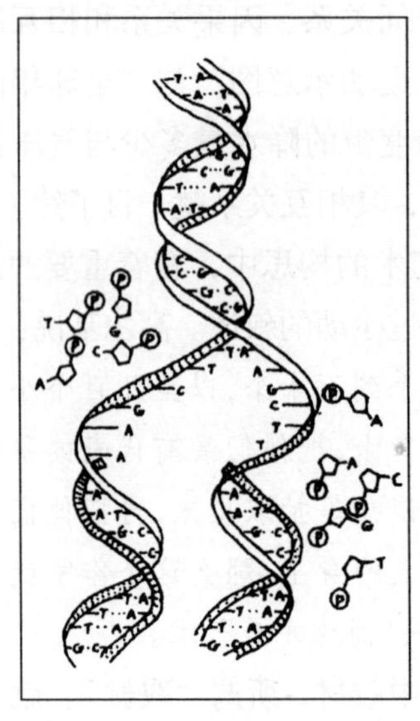

DNA自我复制示意图

图3-2

〔1〕 徐纪敏．科学美学思想史[M]．长沙：湖南人民出版社，1987：706.

第三节 类比

自然界、人类社会中的万事万物在其形态、运动形式、功能诸多方面存在大量相似之处。相似就是有相同又有差异，就是客观事物存在相同与变异的矛盾的统一。我们知道，各种物质都由原子组成，而原子又由稳态电子、中子、质子所组成，这是物质间相同的一面。但是，在物质的发展进程中，又出现电子、中子、质子种种不同的组合与排列，周期律和原子结构理论告诉我们，这种不同的组合与排列，就是元素本质不同属性的由来。这就是物质变异的一面。生物发展的历史也是这样，从最低级的动植物到人类，它们的细胞结构都是相似的，其根本原因在于组成细胞染色体的 DNA 分子基本上是相似的，这是一切生物相同的一面。但是，在遗传物质 DNA 分子自我复制的漫长过程中，总会有偶然的因素，使自我复制发生一些差错，DNA 分子中一个碱基对的改变就可以引起遗传信息的改变，造成基因突变。突变一经产生，就会不断地复制，从而产生与原来 DNA 遗传物质不完全相同的新的物质，这就是生物变异的一面。就是由于这种遗传与变异，自然界在其亿万年的漫长进程中，才形成了各有特色的物种。

事物发展过程中这种相同与变异的矛盾现象，经常大量地反映到我们头脑中来，形成思维的方法。类比就是运用事物间这种相似性，通过形象思维比较其同异。 抓住事物的特征和本质属性的思维方法，是一种最为常用的方法。我们要认识某一事物，就要把它同其他事物做比较，对头脑中积累的表象进行多角度、多方面的比较，一方面找出它的共同点，指向某一类模式，另一方面找出它的不同点。前者我们称为“类化”，后者称为“个别化”。前面说的，幼儿园的孩子，能在几分钟内，从几个甚至二三十个物体中，找到并画出共同的东西——圆形，这就是一种简单的类比。人们就是在丰富的表象积累的基础上，通过类化和个别化，以及结合其他思维方法，从简单到复杂、从浅层次到深层次，一步步地认识事物的。比如，在生活中对两个长得很相似的人，开始分辨不清，通过仔细地观察和多次接触，这时头脑对他们多次观察获得的表象，自觉或不自觉地进行了比较，抓住了他们各自的特点，就能分辨清楚了；又如，要使学生掌握正方形的属性，就要将它与和它相似的图形(平行四边形、矩形、菱形等)进行比较，抓住图形的特点、差异，进而掌握其本质的属性。

表象的类比是右脑的功能，类比的思维活动，有的是自觉的，有的是不自觉的。如在上面例子中，让学生掌握几何图形的性质，是一种自觉的认识活动，而认识人，抓住其特征，往往是不自觉的。当人们对某一事物有丰富的表象积累时，在一种变化了的情境中，能即时识别它，就是运用表象类比的方法。日本物理学家汤川秀树曾说："直觉和想象力自行发展的方式，这儿有各种各样可能性，但是其中最重要的一种就是类比，类比是这样一些方式中最具体的一种。"〔1〕在许多情况下，人们常常自觉或不自觉地运用类比的方法，如医生熟悉各种各样病人的病征、足球守门员熟练地掌握种种球路、建筑工程师头脑中充满各式各样的房屋的模型，等等。

类比的方法总是和分解、组合相联系的。把两种相似事物的相同、相异点分别找出来，就是分解；把分解出来的东西综合起来，抓住它的特征属性，就是组合。大千世界形形色色、复杂纷繁，人们就是用类比的思维方法，并结合其他思维方法，不断地将它们分类，在同一类中又加以区别，或再分类。"一切知觉经验都必定是某种分门别类的加工过程的最终产品"〔2〕，如果没有这种能力，人类将无从认识这个世界。

---

〔1〕 汤川秀树．创造力和直觉[M]．周林东，译．上海：复旦大学出版社，1987：44.

〔2〕 阿恩海姆．视觉思维[M]．滕守尧，译．北京：光明日报出版社，1987：142.

分类可以多种多样。有的是几何相似，如正方形，可以是一张图、一扇窗、一堵墙、一块地，等等；有的是结构相似，如树木，凡是树木都有根、干、枝；有的是功能相似，如房子，有平房、楼房，有厂房、校舍等。科学的分类，使我们能够分门别类地来研究不同性质的学科，如物理学、化学、生物学等。生物学又用类比方法，把自然界千千万万的动物，按门、纲、目、科、属、种分类，揭示动物之间的联系与区别。又如《本草纲目》收录药物 1892 种，分 16 部 60 大类。

由于事物的相似性，类比的方法又可以派生出一系列思维方法，如文学的典型方法，包括典型人物、典型环境等；如研究方法，包括典型调查、“解剖麻雀”等；如科学方法中的模型方法、模拟方法等。

关于概括的方法，在第二章第四节关于形象思维的特点一节中，已做了阐述。

第四节 联想

客观事物的普遍联系，是唯物辩证法的基本范畴。世界上的每一个事物或现象都同其他事物或现象相互联系、相互制约、相互依赖、相互转化，任何事物都不能孤立地存在。这是一切事物或现象所共有的本性。唯物辩证法的规律是自然、社会和思维发展的普遍规律。我们要从事物的种种联系中，去寻找、发现那些本质的、规律性的联系，从而认识事物的本质。联想就是这样一种思维方法，它是事物普遍联系规律在人的头脑中的一种反映。

联想的具体方法很多，一般分为接近联想、类似联想、对比联想，还有功能联想、自由联想等。其中有抽象思维的联想，有形象思维的联想，有的是两种思维相结合的联想。下面讨论以形象思维为主的联想。

一、接近联想

日常生活中经常运用接近联想。我们常常由甲事物(表象)想到乙事物、丙事物。比如，见到一个朋友，容易想到他的妻子、孩子或有关他的往事；见到一个字，或想到形象相近的字，或想到一首诗，等等。表象积累越多，联想就越丰富；联想越丰富，思维就越敏捷。

二、类似联想

这是由于对一件事物的感受所引发和该事物在性质上或形象上相似的事物的一种联想。这种联想的思维方法和类比的方法都起源于客观事物或现象的相似性。但联想和类比的思维方式的特点不同，类似联想是发散的，而类比是聚合的，也可以说类似联想是类比的进一步展开。电影导演谢添谈到联想时说：“有时，我会对着天上的云彩，墙上的水渍乃至形状各异的土豆端详上半个钟头。别人说我‘有病’，可我却从那天然的、变幻莫测的形态中发现、联想出许许多多妙不可言的画面，从而体味到无尽的乐趣。”

文学上的比喻、象征、拟人、摹物等手法，就是运用类似联想，它可以加深对事物的认识，或揭示事物的本质。如矛盾在《白杨礼赞》中这样写道：

> 当你在积雪初融的高原上走过，看见平坦的大地上傲然挺立这么一株或一排白杨树，难道你就只觉得它只是树？难道你就不想到它的质朴、严肃、坚强不屈，至少象征了北方的农民？难道你竟一点也不联想到，在敌后的广大土地上，到处有坚强不屈，就像白杨树一样傲然挺立的守卫他们家乡的哨兵？

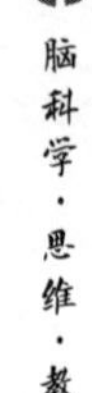

在科学技术研究中，经常用类似联想，联想成为发明创造的一个十分重要的思维方法。英国哲学家培根说："类似联想支配发明。"科学家贝费里奇说："独创常常在于发现两个或两个以上研究对象或设想之间的联系或相似之处。"瓦特从蒸汽推动水壶盖产生联想，发明了蒸汽机；悉尼音乐厅的设计师从橘子瓣产生联想从而创造了奇特的音乐厅外形；阿基米德在一次洗澡时，看到浴盆水面升高了，认识到上升的水的体积等于他身体浸在水中的体积，联想到皇冠掺假的问题。

三、对比联想

这是由一事物(表象)想到相反事物的联想，是一种逆向思维方法。例如，由电子是带负电的而想到正电子的存在，由炎热的夏天而想到严寒的冬天，由动想到静。一辆小车如果不再推它时，它便慢慢停下来，这是大家都熟悉的现象。但是伽利略却想：如果没有摩擦，则小车将永远运动下去。伽利略的这个"理想实验"，后来发展为牛顿力学第一定律："任何物体只要没有外力作用，便会永远保持静止或匀速直线运动的状态。"爱因斯坦高度评价这个思想，他说："伽利略的发现以及他所应用的科学推理方法，是人类思想史上最伟大的成就之一，而且标志着物理学的真正开始。"爱因斯坦本人也是具有这种伟大联想的人，他从坐标体系在低速度状态下的问题，转向对高速度(接近光速)的研究，从而阐明了时间的相对性。

四、自由联想

怎样使思维的联想更加开阔，更加多样化？人们常借助于自由联想来实现。自由联想是使联想者不受任何外界因素限制，完全自由地按照自己的思维方式、思维习惯、思维经验进行随意的联想，从中找到解决问题的方法。自由联想的实质是思维的自由探索，把思维的触角伸向各种可能的方面，以找到尽量多的可能答案。如"脑风暴法"就是自由联想的一种。

从以上几种联想的思维方法，我们可以看到，作为一种思维方法，联想有许多特点，如灵活性、发散性、跳跃性等。在客观世界复杂纷繁的种种联系中，联想的这些特点，非常有利于我们寻找、发现、揭示事物之间的那些规律性的联系。但是也必须看到，联想的方法有它的不足和缺陷，即它具有直觉性和随意性，其结果不都是正确可靠的，必须把它和多种方法尤其是逻辑思维结合起来，才能保证思维的正确与成功。如上述自由联想中“脑风暴法”产生的种种结果，必须根据问题的需要和逻辑的方法逐一加以判定。

第五节 想象

想象是人们在头脑中，把原有表象加工改造成为新的表象的思维方法。人们在日常生活、学习和工作中，经常运用想象的方法来认识问题和解决问题。例如，同朋友下棋，如果你是一个熟练的棋手，就能一眼看出往后的几步棋，到了棋的残局，你一眼能看出结局。这里主要运用了想象。在家中，如果要布置一下房间，桌子、书柜、沙发等怎样摆放，墙壁又如何装饰，要先想一想(想象)，再动手去做。解一道数学或物理题，常常先想象问题提供的情境、现象，再画个草图，然后找到解题的途径。组织一次旅游，对路线的选择、活动的安排，要先有一个方案，这也需要想象，如此等等。

一、创造想象

创造想象是不依现成的语言描述或图像而独立地创造出新表象的思维过程。想象的过程往往综合上述分解、组合、类比、联想等多种思维方法。例如，解一个几何问题，就要从问题图形中，经过

图形的类比或联想，在头脑中重新组合成新的图形，找到解题的途径。作家构思一个典型人物，需要从众多同一类人物中，运用类比、分解的方法找出他们共同的特征，再把这些特征综合在一个人身上。前面说过，分解、组合的方法是灵活的、多样的，联想的方法是发散的、跳跃的。因此，想象能使人跳过某些思维的阶段，想象出最终的结果。这是想象具有创造性的缘由。

社会发展对某种新的物质的、文化的产品的需求，是创造活动的源泉。为了生产和生活，当我们祖先创造了第一张弓、第一张犁、第一张桌子时，不论当初是如何粗糙，却已显示了祖先的想象力。如今，人类已有了丰富的知识和经验，而创造性想象仍然是科学技术、文学艺术和其他创造性活动的不可缺少的一个方面。一方面，科学发展史告诉我们，由于科学知识的不断积累和研究方法的日新月异，甚至在最稳定的科学领域里，都会发生已有认识与一些事实的冲突，这些事实不能用原有理论或公式来解释。像 19 世纪末的古典物理学就是这样。“以太漂移”实验的结果与理论预测相反，从而使物理学开始酝酿一场革命。另一方面，在科学发展进程中，有些重大难题长期得不到解决，如生物遗传基因的化学实体和基因自我复制问题。这里需要创造性的想象。20 世纪的一些伟大发明，如物理学的相对论和量子力学的诞生、生物学遗传分子 DNA 的结构的发现等，都证明了这一点。由此可见，想象始终是科学研究的前锋，为发现新事物、新理论不断地发挥作用。

文学艺术作品是一种创造性的产品，好的作品既要在题材、内容上有特色和新意，还要在艺术技巧上有突破和创新。其中最重要的是艺术家要有强烈的艺术感受力和丰富的想象力。例如，作家王愿坚在谈到《七根火柴》的创作时说：

> 我眼前浮现了这样一个形象：在翻越大雪山的时候，一个红军战士不慎掉下雪坡去了，几番挣扎，他终于被雪埋葬了。但是，在白雪上却鲜明地高扬起一只手。在这只手心里托着一个共产党员的党证。说不上这个形象是哪里来的，但那

只手却那么清晰，那么豪迈。当然，雪山这个环境没有话语，没有动作，是难以表现的，于是在构思时把它搬到草地上。[1]

《牛虻》的作者伏尼契说她常常看见书中主人公亚瑟站在自己的面前，他那么年轻，全身黑衣，面露忧戚，眼含痛苦。这时，小说成了她思想活动的中心，她想着它、讲着它、梦着它。[2]

凡·高是一个具有特殊感受力和丰富想象力的大画家，他说：

> 当我画太阳时，我希望使人们感觉到它是以一种惊人的速度旋转着，正在发出威力巨大的光和热的浪。当我画一块麦田时，我希望人们感觉到麦粒内部的原子正朝着它们最后的成熟和绽开而努力。当我画一棵苹果树时，我希望人们能感觉到苹果里面的果汁正把苹果皮撑开，果核中的种子正为结出自己的果实而努力。[3]

日常生活与学习中也经常需要运用创造想象。如学习几何，想出一个新的图形或添一条辅助线，从而找到一个新的解题方法，就是一个创造想象活动。写作课上，学生写出文字优美、富有新意的记叙文，他的构思就是创造想象。在课外小组活动中，制作出一个新颖的模型、雕像或其他艺术品，或在游戏中，想出一个攻破对方堡垒的新方案，等等，都是富有创造性的想象。

二、再造想象

再造想象是人们在阅读文艺作品、阅读工程图或欣赏艺术作品时，根据语言的描述或图形、图像在头脑中产生它们的表象。这些未感知过的事物的表象，是以读者头脑中原有表象为材料，根据作者的描写进行加工改造而形成的新表象。如阅读文艺作品或听别人讲故事时，在头脑中会浮现一个个生动的情境和画面；阅读历史书时，书中那些生动的叙述，使人感到一幅幅历史的画卷展现在眼

---

〔1〕文艺理论教研室．作家谈创作[M]．北京：北京师范学院中文系，1978：228.

〔2〕十四院校《文学理论基础》编写组．文学理论基础[M]．上海：上海文艺出版社，1981：22.

〔3〕参见：《光明日报》1990年9月23日。

前；地理课中，世界各地人情风貌、风景名胜的描述，使人感到如同到各地旅游，身临其境。

空间想象能力也是一种再造想象。如地理课的读图，能从图上的方向、位置、高低、距离、走势，产生一种空间感，能从平面图形想象它的立体形象，或把空间事物变为平面图形；立体几何学习中能从平面图形想象它们的空间关系；制图课中由两个已知投影画出第三个投影，由零件图拼画装配图等。

书本知识是前人科学认识的成果，学习过程是把他人认识的成果变为己有的过程，所以学习是一种再认识的过程。再造想象就是一种再认识过程。阅读文艺作品，要能把文中描写的情境、人物、情节一幅幅生动画面想象出来，阅读自然、物理、化学、生物教材，要能把教材中描绘的事物现象、性质、结构、过程等形象地、具体地想象出来，这就是理解知识的一个认识过程。解应用题时，对那些具有情境性的问题，要根据问题的文字叙述，把它的现象、状态、过程想象出来，画一个草图。就是说，先形象地理解研究的问题，而后分析问题、解决问题。

第六节 形象思维方法与抽象思维方法的关系

形象思维方法和抽象思维方法是两种不同的思维方法，但二者又存在密切的联系，互相渗透、互相补充、互相结合。

为什么说它们是两个不同的思维方法体系呢？首先，二者的思维材料不同，形象思维的材料是表象系统，逻辑思维的材料是概念（语言）系统。“在促进（思维）活动开始的问题情境中存在着这一活动结果意识的两种超前系统：组织起来的形象（表象）系统和组织起来的概念系统。形象选择的可能性是想像的基础，概念重新组合的可能性是思维(指抽象思维——作者)的基础。”〔1〕多数认知心理学家也认为，人脑中储存的信息，可以是图形编码，也可以是语言(概念)编码。其次，两种思维方法的特点不同。这些不同特点在形象思维方面有：形象性、整体性、跳跃性、直觉性、非语言性等；而逻辑思维方面有抽象性、概括性、逻辑性、深刻性等。最后，归根结底，两种思维方法的不同，是由大脑左右半球的功能不同决定的。

两种思维能不能互相代替呢？不能。虽然形象思维一般(不是全部)可以用语言来表达，但是，这里语言只是用来表达形象思维的结果，而形象思维活动本身仍是用表象来活动的。由于两种思维的思维材料和特点不同，两种思维是不能互相代替的，就如艺术家的构思不能用哲学家的思考代替一样。由此可见，一些儿童心理学著作中关于“小学儿童从具体形象思维向抽象逻辑思维过渡”的提法，是值得商讨的。我们之所以指出这一点，是由于这个观点对小学教育产生了广泛的影响。

两种思维是互相渗透、互相结合、互为补充的。

形象思维存在有意的形象思维和无意或潜意识形象思维的区别。有意的形象思维，如联想、想象，总是渗透着抽象思维，也正因为如此，使形象思维具有一定的目的性、自觉性和组织性。比如，一次旅行活动之前，脑子先有一个方案，如路线的选择、活动的安排等，要用形象思维，但路线选择的合理性，安排活动的目的性、组织性则属于逻辑思维。又如，一项科学的观察，观察主要是形象思维，但其中包括观察的目的、计划、组织等，又属于抽象思维。至于抽象思维是不是也渗透着形象思维呢？我们用逻辑思维的始祖亚里士多德的一句话来回答：“心灵没有意象就永远不可能思考。”〔2〕

〔1〕 彼得罗夫斯基．普通心理学[M]．朱智贤，等，译．北京：人民教育出版社，1981：374.

〔2〕 阿恩海姆．视觉思维[M]．滕守尧，译．北京：光明日报出版社，1987：55.

形象思维和抽象思维是相互联系、相互补充的。两种思维都有各自的特点和优势，但同时又都有各自的不足。没有抽象思维的作用，形象思维就会缺乏目的性、自觉性，并且是不严密的；而没有形象思维的作用，抽象思维是枯燥、贫乏和呆板的。实际上，两种思维总是以多种多样的方式相互结合，这样，既可发挥它们各自的优势，又能弥补对方的不足。一切发明创造无不是两种思维相结合的结果。如前面讲到的 DNA 分子双螺旋结构，是许多生物化学家经过半个世纪研究的成果——无数的假设、想象、研究、实验、论证，一步步地积累了丰富的资料，克里克和华生两人，就在前人研究的基础上，经过无比的想象力最后得以完成。其中假设、想象、验证，再假设、再想象、再验证，直至把问题解决，就是两种思维相结合的创造过程。文学艺术的创造过程也是这样。作家的构思“一是从最基本、最丰富、最生动的文学矿藏中加以精心地选择和提炼，从而确定主题和题材；二是经过长期孕育，一个直观的形象便在作家的头脑中渐渐地活起来，一个故事的粗略的轮廓也逐渐形成……经过反复咀嚼、提炼、综合和发展，主题和一系列艺术形象融合在一起了”[1]，就是两种思维在整个构思过程中融合在一起了。

如今，当我们对自然界的研究越来越深入时，许多科学概念也越来越抽象，依赖于非常高深的数学，那么是不是科学研究只需要抽象思维而不用形象思维了呢？我们引用日本物理学家、诺贝尔奖获得者汤川秀树的话来回答这个问题。他说：

> 不管我们从日常生活的世界走开多么远，抽象也不能通过它本身来起作用，而是必须伴之以直觉或想象。在任何富有成果的科学思维中直觉和抽象总是交相为用的。不但某种本质性东西必须从我们丰富的然而多少有点模糊的直觉图像中抽象出来，而且同样真实的是，作为人类抽象能力的成果而建立起来的某一概念也常常在时间的进程中变成我们

[1] 十四院校《文学理论基础》编写组．文学理论基础[M]．上海：上海文艺出版社，1981：221，224.

直觉图像的一部分。从这种新建立起来的直觉中,人们可以继续作出进一步的抽象。从现代物理学中得来的一个这方面的例子,就是爱因斯坦相对论的四维时空世界,它比牛顿力学的空间和时间概念要抽象得多,但是它在今天成了物理学家们当作进一步抽象基础的直觉图像的一部分。[1]

由此可见，抽象思维与形象思维的相互结合、相互渗透，促使人脑左右半球协调发展，是发展思维、提高人的聪明才智的最佳途径。

〔1〕 汤川秀树. 创造力和直觉[M]. 周林东,译. 上海:复旦大学出版社,1987:93.

第四章 观察、观察力与直觉

第一节 观察的重要性

事物是发展的，一切事物都在发展变化之中。要掌握研究对象的情况，只有书本的知识是不够的，需要亲自去调查、实验、观察，获得第一手真实的材料。“问渠那得清如许，为有源头活水来。”观察是科学研究、文艺创作和许多工作的源头活水。

观察是科学研究中一种最基本、最常用的科学方法，任何联系实际的科学研究都离不开观察。西方近代科学的产生是以波兰天文学家哥白尼创立的太阳中心说作为标志的。这一学说就是观察方法与数学方法相结合的产物。哥白尼在他的《天体运行论》一书中记有 27 项观测实例，其中 25 项是他自己观测的结果。[1] 观察有自然条件下的观察和实验条件下的观察，实验方法是在观察方法基础上发展而来的，是观察方法的延伸和扩充。随着近现代生产的发展和科技的进步，观察的工具和手段有了巨大的改进。科学家通过射电望远镜可以观测到百亿光年远的广阔宇宙，运用电子显微镜和加速器，观察的视野已深入分子、原子核层次。科学家不仅在地球上观

〔1〕 王续琨．科学观察[M]．沈阳:辽宁人民出版社,1985:18.

察，还可将观察仪器用运载工具发射到别的天体并进行观察。

社会生活是文学作品的描写对象，是作家创作的源泉。作家要深入生活、观察和体验生活、储备丰富的生活经验(表象)，这是进行艺术加工的基础。俄国作家契诃夫把“观察一切，注意一切”，当作一个作家的“本分”来看待。鲁迅曾说过：“作者写出创作来，对于其中的事情，虽然不必亲历过，最好是经历过。”[1]

在社会科学研究中，社会调查、文物考证等都离不开观察。医生要学会观察病人，球类运动员要学会观察球路，教师要学会观察学生。苏联教育家马卡连柯每天注意观察工学团学员的行为，他能根据学员的外部表情、说话的腔调、走路的姿势，正确判断他们干过什么或想干什么等。学生也一样，其观察力是获得知识的一个重要能力，观察的积累又是学生知识的基础。目前，中小学各科教学大纲，有8门学科都提出培养观察力的任务。因此，观察是学习和工作中一个十分重要的问题。

第二节 观察与思维

什么叫观察？心理学把观察放在“知觉”中，认为观察是“有目的方向的有计划的知觉”，把观察看作感性认识。又说观察是“同思维活动(这里指的是抽象思维)联系着的知觉”，是“思考着的知觉”[2]。究竟是“知觉”还是“思维”，我们认为在抽象思维的范畴内是难以讲清楚的。因此，需要从思维的两种形式和人脑左右半球的功能，进一步研究观察与观察力问题。

〔1〕 十四院校《文学理论基础》编写组．文学理论基础[M]．上海:上海文艺出版社,1981:116.

〔2〕 克鲁捷茨基．心理学[M]．赵壁如,译．北京:人民教育出版社,1984:144,145.

观察是一种基本的认识活动，贯串于人们的社会生活、科学研究和日常生活中。对于认识一个事物，视觉参与的约90%的观察活动起着最主要的作用，但视觉不是唯一的感觉器官，还有听觉、味觉、嗅觉、触觉都是能够感知外部世界的感官。所以，观察是人脑通过人的各个感觉器官对客观事物的一种认识过程。同一般认识活动一样，观察也有感性认识和理性认识之分。

一般情况下，人们初次的观察或表面的观察，只看到事物的现象，获得对事物的表面的、非本质的认识，这时它只是一种感知觉，属于感性认识。日常生活中大量的观察多属于知觉范畴，如古老的"天圆地方"说，就是感性认识。

当观察继续深入，即有计划、有目的地深入观察，抓住了事物本质的特征和规律性的联系，这时观察已不是感性认识而属于理性认识了，这就是一种思维活动。科学的观察属于这一种。通常说的观察力，就是这种思维能力。

观察作为思维活动，有以下几个主要特点。

第一，当人们深入地观察某一事物时，总是把现在的观察同过去多次观察获得的表象联系起来，并且不断地进行比较、补充、修改和概括。只有这种对已有表象进行加工改造，经过去粗取精、去伪存真、由此及彼、由表及里的改造制作，才能抓住事物的本质特征。"现有的知觉同过去经验的交织，而这恰恰是一切真正的思维活动的典型特征。"〔1〕因此，它是一种思维活动(形象思维)。例如："某个人留在我心中的，是从他的多方面和他所处多种情境中攫取出来的精华，是不断地对它的原形中某些典型特征突出、放大和修改之后的产物。"〔2〕

我们阅读文章时，抽象思维也有类似的情况，当我们感知一句话或一段话时，必须联系一系列已有的知识、经验，加以分析、综合，才能达到理解的目的。如我们讲"直角三角形斜边平方等于两

〔1〕 阿恩海姆．视觉思维[M]．滕守尧，译．北京：光明日报出版社，1987：150.

〔2〕 同〔1〕，第145页。

直角边平方之和”这个命题时，先要理解其中各个概念的含义，然后加以综合，才能理解整个命题。如果只有感知而无过去知识的参与，也就没有思维活动。同样道理，如果只有一次观察，没有表象的积累，没有对这些表象的加工改造，也就没有形象思维活动。

由此可见，表象的积累愈丰富，观察则愈能深入，能看到的东西就愈多，即所谓“外行看热闹，内行看门道(规律)”。

第二，观察时对过去表象的加工，是右脑的功能，与左脑的功能不同。“左脑倾向于以顺序的、一次一步的方式进行思维，而右脑则倾向于平行思维。”〔1〕正是由于这种机制，当一个人对于某项活动具有大量表象积累后，对于一个新的信息，右脑能同时处理大量信息，即时做出识别与判断，这就是直觉判断或称直觉思维。如医生对病人的诊断、地矿学家对矿物的识别、文物专家对历史文物的鉴别、运动员对球路的判断，等等，都是由于他们有大量的表象积累而瞬间做出的。所以，直觉是一种观察能力，后面将有详细阐述。

第三，由于过去表象的参与，观察能对现时知觉加以补足、修正。例如，当我们观察一个残缺的东西，如一件残缺的文物、一个有缺损的图形或一个潦草不清的字时，我们仍能识别它，就是由于有过去有关表象积累的参与，可以对现在感知的文物、图形或字加以补足、修正的缘故。关于“知觉补足”现象，米考特曾研究了所谓的“隧洞效应”：当一列火车穿进一截很短的隧洞时，虽然有一部分被隧洞掩盖着，但看上去仍然是一个连续的火车长列，丝毫没有被遮断。〔2〕这一点在审美中有着十分重要的作用，也是绘画中线条表现力之所在。

以上说明，深入的观察主要为形象思维，观察力是一种思维能力。一般地说，观察力表现在能迅速透过现象抓住事物的本质，表现在对一些表面似乎不相同的东西，能迅速找出它们共同的特征或

〔1〕 布莱克斯利．右脑的奥秘与人的创造力[M]．董奇，杨滨，译．北京：国际文化出版公司，1988：140.

〔2〕 阿恩海姆．视觉思维[M]．滕守尧，译．北京：光明日报出版社，1987：146.

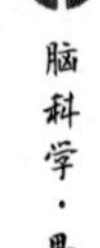

彼此规律性的联系，表现在从一些平凡事物、现象中，发现别人未曾发现的特点或发现新的事物。例如，1945 年美国发明家珀西·斯本塞观察到了微波能使周围的物体发热。有一次，他把一袋玉米粒放在波导喇叭口前，发现玉米粒的变化与放在火堆前一样。第二天，他又拿了一个鸡蛋放在喇叭口前，结果鸡蛋受热突然爆炸。于是，他在公司支持下研制出第一台微波炉。一个文艺作家必须具有敏锐而精细的观察力，能看见别人察觉不到的东西，对自己所写的人物、事物体察入微。法国雕塑家奥古斯特·罗丹说："所谓大师，就是这样的人：他们用自己的眼睛去看别人见过的东西，在别人司空见惯的东西中能够发现出美来。"〔1〕契诃夫说：即使观察人们已经观察了千万次的月亮时，也应"得到自己的发现，而不是别人的已经陈旧的东西"〔2〕。

但应该指出的是，在许多情况下，观察又是两种思维的结合。例如，观察要有目的、有计划地进行，在观察过程中分清主次，进行分析、综合等，则属于逻辑思维。有时两种思维交替进行。如作家深入生活，有了丰富的积累之后，一方面通过提炼、集中，产生主题思想，用的是抽象思维；另一方面，从丰富的积累中，通过构思形成人物、环境的形象与典型，用的又是形象思维。随着一个个形象的形成，作品的轮廓逐渐清晰起来，作者的创作意图越来越明确，于是主题思想和一系列艺术形象融会在一起了，即两种思维融会在一起了。科学观察也是这样，随着观察工具的不断改进，科学观察不仅重视定性观察，而且重视定量的观测。当代工业生产技术，为科学观察提供了精密的天平、钟、压力计、温度计、流量计、分光镜等观察仪器，所以我们观察事物时，不仅能定性地把握它的形态、构造、过程、特征，还能根据观察数据，分析它的数量关系，综合它的性质特点，建立起各种定理定律。这里两种思维已密不可分地联系在一起了。

---

〔1〕 十四院校《文学理论基础》编写组．文学理论基础[M]．上海：上海文艺出版社，1981：220.
〔2〕 蔡仪．美学原理[M]．长沙：湖南人民出版社，1985：242.

第三节 观察与知识

观察作为一种思维活动，是将现在的观察与过去的观察获得的经验(表象)联系起来，进行加工改造，得到对事物的理性认识。所以，观察的结果是思维的产物，也就是知识。我们日常生活中所遇、所见、所闻的事是很多的，但往往杂乱无章，只是一堆感性认识；而科学的知识，来源于有目的的、深入的观察，观察中获得的丰富的表象积累，是进行思维加工的基础。基础越厚，思维越深入，观察到的东西就愈多，知识就愈丰富。举一个简单的例子：

小学语文《雷雨》一课，学生对雷雨时的种种情境知道不多。南京师范大学附属小学斯霞老师为了讲好这一课，在一个雷雨天，带领学生注意观察雷雨前满天乌云、空中黑沉沉的自然现象，观察风不吹、树不动、蝉不叫、天气闷热的情境。一阵大风吹来，树枝乱摆，雷电交加，哗哗哗下起雨来了，斯霞老师让学生注意大雨中的景色：树啊，房子啊，都看不清楚了；一会儿雨过天晴了，斯霞老师又让学生体验空气清新、凉风迎面扑来时凉爽的感觉；又一会儿太阳出来了，天空中还挂着一道彩虹，等等。有了表象的储备，当上《雷雨》一课时，学生通过对已有表象的加工(再造想象)，自然就加深了对课文的理解。

我们所学的自然、社会的许多知识，都是科学观察的结果。一幅地图、一张人体心脏图、一个原子模型、一个化学课堂实验，无论是图像还是它的文字叙述，都是科学观察的结果。为了获得新的科学知识，创立新的学科，不少科学家对于观察倾其毕生之精力。著名科学家竺可桢是我国气象学、物候学的创始人，他数十年如一日，孜孜不倦地进行气象和物候观察，养成细心观察的良好习惯。他每天观察并记录气象和物候，留下了近900万字的日记。法国昆虫学家法布尔用其毕生精力对昆虫世界进行了系统的、长期的、精心细微的观察，写出了200多万字的科学巨著《昆虫记》。不少学科就是主要依靠科学的观察获取的科学事实建立起来的，如天文学、地质学、地理学、气象学、气候学、生态学、动物形态学、植物形态学等。

以上是从观察作为形象思维过程产生知识这一方面来说的，从抽象思维来说，观察获得丰富的感性材料，是形成概念、明确判断、进行推理的基础。因此，观察的重要性，不仅由于它为我们提供获得知识的方法与技能，还由于观察的结果是人们学习与研究的重要基础知识。这里观察与积累是技能(能力)与知识的关系，学生在获得知识的过程中发展了观察力，而观察力的发展，又为其获得更多的新知识提供了条件。

科学实验与观察是学习自然科学的基础。小学生就是在观察与实验中学习自然常识的。中学生学习物理、化学、生物等学科，也要通过观察与实验掌握这些学科的基础知识。

观察对于儿童尤为重要，儿童的认识首先来自观察。苏联教育家苏霍姆林斯基说："在低年级，观察对于儿童之必不可少，正如阳光、空气、水分对于植物之必不可少一样。这里，观察是智慧最重要的能源。"[1]儿童观察的事物越多，他了解事物的种种联系就越多，他的表象积累多了，思路自然就开阔了，他对阅读的内容就容易理解了，他的说话、写作练习才有了内容。一些教师和家长重视儿童的阅读，也急于想提高儿童的写作能力，却不重视指导儿童学会观察，他们不了解观察才是儿童阅读与写作的基础。

---

〔1〕 苏霍姆林斯基．给教师的建议:下[M]．杜殿坤,译．北京:教育科学出版社,1981:54-55.

第四节 观察力的培养

观察力是一种思维能力，培养观察力既要培养观察方法、思维方法，又要培养观察者的观察品质。

一、科学的观察方法与态度的培养

(一)兴趣与爱好

兴趣是认识需要的一种情绪表现，兴趣是进行观察的直接动力。兴趣能使人在观察时全神贯注，积极思考，甚至达到废寝忘食的境地。达尔文在他的自传中说："就我记得我在学校时期的性格来说，其中后来对我发生影响的，就是我有强烈而多样的兴趣。沉湎于自己感兴趣的东西，深喜了解任何复杂的问题和事物。"[1]就是这种强烈而多样的兴趣驱使他对自然、生命现象进行长期不断的观察和研究，才成为伟大的生物学家。有人问诺贝尔奖获得者丁肇中，是什么原因使他发现了J粒子，他回答说："兴趣"，"比如搞实验，因为我有兴趣，我可以两天两夜甚至三天三夜待在实验室里，守在仪器旁，我急切地希望发现我所探索的东西"[2]。

(二)细致入微

大自然的奥秘是不轻易显露的，有的表面看来没有明显的特征，有的显现的机会太少，有的隐藏很深。只有通过全神贯注、细致入微的观察，才能揭示自然的奥秘。达尔文在他的自传中曾说："我没有高度敏锐的理解力或智慧"，"好的一方面，我以为在容易逃脱注意的事物上和细心观察事物上，我要比一般人高明些。在观察

〔1〕 达尔文．达尔文回忆录[M]．毕黎，译．上海：商务印书馆，1992：18.

〔2〕 梁国钊．诺贝尔奖获得者论科学思想、科学方法与科学精神[M]．北京：中国科学技术出版社，2001：218.

和搜集事实上，我几乎尽了勤勉的能事”。[1] 法国作家福楼拜认为，世界上没有两只苍蝇、两只手、两个鼻子是完全一样的，要描写它们，就必须找出它们的不同点来，而基本功夫全在于认真和细致的观察。

（三）敢于质疑

我国古代伟大的诗人屈原在他的名作《天问》中提出了172个问题，打破了古人“天尊不可问”的常规，他认为天没有什么了不起，是可问的。在把“地心说”看成天经地义的时代，哥白尼通过精心的观察，大胆地提出“日心说”，说明地球是围绕太阳转动的。一千多年来，人们对亚里士多德关于物体坠落的速度与其重量成正比的观念从未怀疑过，而伽利略却大胆地质疑，在比萨斜塔上做了那有名的实验。观察就要敢于质疑，在观察中发现问题，提出问题，并且通过观察与实验解决问题。

（四）贵在坚持

客观事物是发展变化的，是多方面多层次的，要认识事物的基本特征和它的本质，不是一次或几次观察就能解决的，有时还可能遭到失败。因此，要养成坚持不懈、长期观察的习惯，要持之以恒地进行深入、系统的观察。前面讲到的法布尔对昆虫的观察，竺可桢对气象、物候的观察就是很好的例子，他们就是这样一种在科学上“肯下死功夫”（鲁迅语）的人。

二、在学校中观察力的培养

（一）从小培养儿童观察兴趣，教给他们观察方法

儿童通过活动与观察认识周围世界。他们对于外面世界那些鲜明的，富有色彩、色调和声音的种种形象，既敏感又好奇，教师就要根据儿童的这些特点，积极引导他们去认识周围世界。许多幼儿园的教师就是这样做的。春天来了，教师带孩子们到户外去观察桃

〔1〕 王续琨．科学观察[M]．沈阳：辽宁人民出版社，1985：121.

花、玉兰花是怎样由含苞欲放到花蕾绽开的；花丛里的蝴蝶长着几个美丽的翅膀，翅膀上又有什么样的花纹。秋天到了，带孩子们到公园去观察秋天的枫叶，并把枫叶捡回来，画在自己的画纸上。教师还请家长配合，在家里养花、养鱼、养鸟，让学生观察它们的形态、动作和生长变化。

幼儿园和小学低年级儿童的观察常常是无意、无目的的，他们东看看西看看，什么新奇看什么。教师要教他们学会观察，要教给他们各种各样的观察方法，引导他们由浅入深、由简单到复杂地进行观察。这方面苏霍姆林斯基为我们提供了一个典范。苏霍姆林斯基在他的学校里，经过周密的思考，规定孩子们在小学 4 年内应当按顺序进行观察，每周进行 2 次，共进行 300 次观察。他说："这样就形成《自然界的书》300 页。"[1]

(二)把儿童观察与说话、写话结合起来,促进左右脑协调发展

在儿童观察的时候(包括观看图片、实物等)，要使观察与说话、识字、写话结合起来。从说一句话、写一句话到说一段话、写一段话、写一篇短文。教育儿童把观察的结果，用语言表达出来。前者属于表象系统，是形象的、具体的、生动的；后者是语言系统，是可组合的、系列的。把二者结合起来具有多方面的意义。第一，可以增强儿童学习语言的兴趣，提高学习语言的效率。第二，可以提高学习语言的质量。结合观察进行说话、识字、写话的训练，儿童说、写的训练就有了具体内容，可以克服生吞活剥、死记硬背的弊端。儿童的观察愈是深入、细致，他的语言就愈丰富，思维也愈加发展，而儿童语言的发展，又可促进观察的深入。第三，可以减少儿童写作的难度，提高写作的水平。第四，表象系统是右脑的功能，语言系统是左脑的功能，二者早日结合，可促进左右脑协调发展。

在这方面，许多教师创造了不少好的经验，如有的教师教儿童写"绘画日记"，这种日记有图有文，先把观察到的事物的特点，用

---

〔1〕 苏霍姆林斯基. 给教师的建议:下[M]. 杜殿坤,译. 北京:教育科学出版社,1981:55.

绘画形式画出来，然后写一段话来说明画。有的学校从小学一年级开始开设“观察、说话、写话”课，儿童说话、写作水平得到显著提高，二年级时的作文水平就可达到没有开设该课程学校的三年级学生作文的水平。

（三）根据学科特色，深入观察，培养儿童的观察力

随着儿童年龄的增长，儿童的观察技能提高了，视野扩大了。到小学高年级和中学，许多学科提出培养观察力的任务。需要根据学科内容特点，指导他们深入观察。如语文结合情境教学，学习作家敏锐而精细的观察力；写作教学培养学生把深入细致的观察和自己的感受结合起来；生物课学会观察动植物的生活习惯、生物形态结构等；物理课学会观察物体的状态、性质、运动及其相互关系等。观察力是在学生对自然现象和社会生活所做各种各样的观察过程中、在兴趣小组活动中逐渐发展起来。观察力的发展是个性全面、和谐发展的必要条件。

第五节 直觉及其特点

直觉（直觉思维）广泛运用于日常生活、体育活动、艺术欣赏、各种判别和科学技术的发明创造中。人们在生活中，认人、认地方、做游戏（儿童游戏），都是用直觉来判别的。运动员的特殊感觉，是一种直觉能力。例如，体操运动员的节奏感能使运动员准确判断和控制时间上的延续过程，保持动作的协调性，体现动作的美感，高质量地完成动作；游泳运动员的水感，能使运动员及时地察觉水的阻力、压力和浮力的变化，从而调整自己动作的强度、速度。

艺术欣赏通常是一种直觉，当你欣赏一首名曲、一幅名画时，你立即被作品的魅力所吸引，心灵为之一震，你的思绪、情感瞬间被激发出来，这就是艺术直觉。例如：

1995 年秋季的一天下午，纽约美术研究院的凯丝琳·布兰特教授下班路过位于第五大道大都会博物馆附近的法国使馆文化中心。她一眼望见大厅内喷泉上的丘比特塑像，立即感到触电一般的激动。学者的敏感和直觉告诉她，这是一件米开朗基罗的作品。经过数月的研究，布兰特确信这尊雕塑是大师在初出茅庐 20 岁左右时创作的。[1]

人们在工作中，经常用直觉来进行诊断和判别。优秀售货员，“看手拿鞋”，就是只要看买者的手，就知道他鞋的尺寸；音乐指挥家，能从管弦乐演奏中，辨出细微的不和谐之音；优秀教师能根据学生的行为举止，了解学生的内心世界；医生通过察言观色，能知道病人的病情；文物专家根据颜色、质地、风格能对历史文物做出鉴定，等等。

科学技术的发明创造，也经常运用直觉。一项对创造性思维的调查表明：“在回答问卷的化学家中，有 83%的人声称他们经常或偶然得到无意识直觉的帮助。”[2] 1912 年德国地球物理学家魏根纳因病在家休养时，一次他观看世界地图，发现大西洋两岸，特别是非洲和南美洲海岸轮廓惊人地相互吻合，由此提出“大陆漂移说”。这就是一个直觉的例子。

什么是直觉？当人们对某种事物深入地进行观察，多次获得极为丰富的积累（表象、经验）后，认识上能产生一种飞跃（不是必然的），当他在一种新的情境中再次观察时，能即时做出判别，这就是直觉。所以，直觉是一种观察能力，是一种对事物的识别、判断的思维能力，是一种形象思维。直觉具有以下特点。

---

〔1〕 参见：《北京日报》1996 年 7 月 30 日。

〔2〕 布莱克斯利．右脑的奥秘与人的创造力[M]．董奇，杨滨，译．北京：国际文化出版公司，1988：39.

●即时性。产生直觉要有一个前提，即对所研究的事物要有丰富的表象积累。这些表象经过加工，一般抓住了事物的基本特征和本质联系。前面讲过，这种表象加工，是右脑的功能。与左脑的功能不同，当一个人对某种事物具有大量表象积累后，对于一个新的信息，右脑能同时处理大量信息，即时做出识别与判断，这就是直觉的即时性。

●直感性。上面所举的大量事例说明，直觉思维是和直接感知(有视觉的、听觉的、触觉的、动觉的等)联系着的。既然和感知直接联系着，为什么说它是思维活动呢？这是因为在表象积累过程中，已对表象进行了加工，直觉把现在的知觉和过去加工过的表象积累联系起来，从而做出判别，所以是一种思维活动。

●不能用语言来解释其过程。直觉要有对所研究的事物丰富的表象积累与加工。这种表象加工，有的是有意识的，表象加工过程有语言、抽象思维的参与，表象和经验是结合在一起的；而更多的是无意识的，我们这里所说的无意识，并非指真的无意识，只是表象加工过程没有语言参与，因此，不能用语言来描述它的过程。常常有这种情况，当学生把一道难题巧妙地迅速解出来时，若问他是怎样想出来的，他可能会说："我也不清楚这个想法是怎样来的。"我们可从一个脑实验得到说明："只将病人的左半球麻醉，然后让病人用左手触摸一个隐蔽物体。等药物效果消失，病人说话能力恢复后，让病人命名其触摸过的物体。但是经过大量的探索，病人仍然不能做到。当将该物体与其他几个物体展现在病人面前时，他们能立即认识它。显然右脑贮存的有关该物体的非语言记忆，不能被左脑言语意识所采用。然而，只要一见到物体，右半球就能再认它。"[1]因此，抽象思维与形象思维(直觉)在判别一事物时，其方式是不同的。抽象思维的特征是步骤明显，一次前进一步，而且能由思维者向别人做适当的解释。我们通常用概念进行判断、推理就是这样做的。而直觉对事物的判断，不是以规定的步骤、程序一步

〔1〕 布莱克斯利．右脑的奥秘与人的创造力[M]．董奇，杨滨，译．北京：国际文化出版公司，1988：23.

一步做出的，而是瞬间做出的，而且对于为什么这样做，不能用语言来解释。

第六节 直觉的意义

直觉来自经验，又不等同于经验。直觉在科学研究、工作与日常生活中具有重要的意义。

一、直觉是创造思维的一个关键因素

实验表明，直觉具有对形式或所处背景已经改变了的事物的再认能力。人们的创造活动，一般是在问题情境具有不明确性的情况下进行的。创造性的突破往往是发现隐蔽关系的结果。这正是直觉思维的特点。直觉思维没有严格的步骤和规则，可以突破思维的常规和定式，“跳跃”过某些思维阶段，想象出最终的结果。当然，这种结果不一定可靠，必须用逻辑手段进行分析、论证。直觉与分析论证，都是创造过程中不可缺少的关键因素。1834 年德国天文学家贝塞尔观察天狼星运行时，发现它并不沿着直线(大圆的弧)运动，其运动轨迹是呈波浪形的曲线，他猜想(直觉)这是由于天狼星被另一颗紧挨着它的星所摄动而产生的。1844 年，贝塞尔经过详细计算后，从理论上断定这颗星的存在。1862 年美国天文学家克拉克运用新制的天文望远镜观测时，果然发现这颗天狼星伴星。科学史上，这种直觉与论证，不少是由前后两代科学家共同完成的，如伽利略与牛顿、法拉第与麦克斯韦。英国科学家法拉第从电能生磁的现象，猜想(直觉)磁也一定能产生电。1831 年发现了变化的磁场可以产生感应电流。他的发现奠定了电动力学的实验基础。英国数学和

物理学家麦克斯韦在法拉第的大量实验成果的基础上，提出了十分重要的麦克斯韦方程，建立了定量的理论形式，并从中推演出电磁波的存在，推论光也是一种电磁波。爱因斯坦曾经指出："在法拉第—麦克斯韦这一对同伽利略—牛顿这一对之间有非常值得注意的内在相似性——每一对中的第一位都是直觉地抓住了事物的联系，而第二位则严格地用公式把这些联系表述出来，并且定量地应用了它们。"〔1〕

二、直觉是科学研究不可缺少的因素

在科学研究进程中，常常有这样一种情况，收集了大量的经验事实，但是，"要找出不同量度所遵守的共同定律都非常困难……唯一有效的方法就是采用假说"〔2〕。所谓假说，是科学家提出来的，有关自然现象及其规律的一种不完备的，其基本观念有待验证的学说。科学家在大量实验事实面前，凭着想象力，抓住某种基本观念——假说，来开辟研究问题继续前进的道路。所以，假说是由经验到理论的桥梁，是自然科学研究必须具备的思维形式。假说这种思维从何而来，是一种什么样的思维呢？量子论创始人普朗克说："每一种假说都是想像力发挥作用的产物，而想像力又是通过直觉发挥作用的。"〔3〕我们知道，想象、直觉都是形象思维方法。许多重大科学发现都经历"大量科学事实—假说—理论"的路子，所以直觉是科学研究、科学假说不可缺少的因素。例如，丹麦天文学家第谷用30年时间观察行星的位置，获得大量资料，他不擅长理论分析，得到错误的结论。他的助手开普勒对第谷的资料进行了分析以后，第一次假设太阳绕地球转，与观察资料不符；第二次假设火星绕太阳做圆周运动，也与观察不符；最后假说火星绕太阳做椭圆运动，才得出正确的答案。

---

〔1〕 许良英，范岱年，等．爱因斯坦文集：第1卷[M]．北京：商务印书馆，1976：15.
〔2〕 王梓坤．科学发现纵横谈[M]．上海：上海人民出版社，1982：66.
〔3〕 同〔2〕，第67页。

关于经验、直觉、理论的关系，爱因斯坦在给索洛文的一封信中有一段相当精辟的阐述，我们从中可以看到直觉的作用。

事情可以用图(图 4-1)来说明：

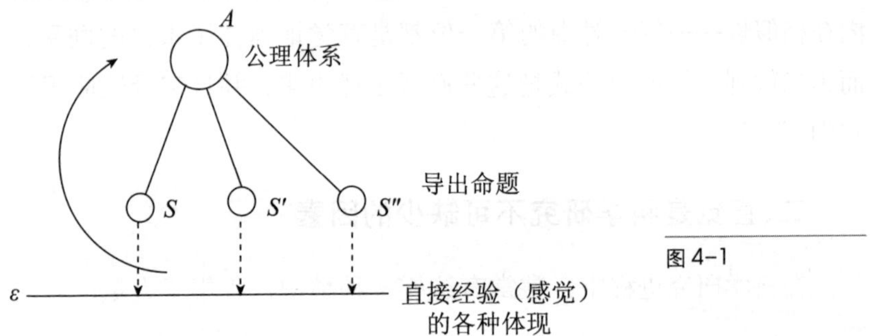

图 4-1

(1) ε(直接经验)是已知的。

(2) A 是假设或者公理。由它们推出一定的结论来。

从心理状态方面来说，A 是以 ε 为基础的。但是在 A 同 ε 之间不存在任何必然的逻辑联系，而只有一个不是必然的直觉的（心理的）联系，它不是必然的，是可以改变的。

(3) 由 A 通过逻辑道路推导出各个个别的结论 S，S 可以假定是正确的。

(4) S 可以同 ε 联系起来(用实验验证)。这一步骤实际上也是属于超逻辑的(直觉的)，因为 S 中出现的概念同直接经验 ε 之间不存在必然的逻辑联系。[1]

至于在工作中，在一些情况下，人们需要即时做出判断，如作战指挥、乐队指挥、体育活动等，直觉的方法是不可替代的；还有一些情况，人们对问题的判断，只能用直觉的方法，如文物鉴定、艺术欣赏、教师对学生心理的了解等。日常生活离不开直觉是显而易见的。

〔1〕 许良英，范岱年，等．爱因斯坦文集：第 1 卷［M］．北京：商务印书馆，1976：541.

第七节 直觉的培养

我们现在的教育体系是以逻辑思维为基础的，不重视直觉思维的培养。如何培养直觉是一个没有现成经验而需要探索的问题。下面谈谈培养直觉的一些设想。

直觉可以从小开始培养，在幼儿园里可以通过游戏培养直觉能力，通过绘画、音乐活动培养儿童初步的审美直觉、节奏感等。

数学是一门培养直觉能力的非常有价值的学科。平面几何可以培养对图形的直觉。在图形训练中，从复杂图形识别基本图形，“看出”解题的途径，就是一种直觉。代数、分析数学中，许多问题可以转化为图形来解答，从图形中培养解题的直觉能力。在解题过程中，学生通过直觉、论证，再直觉、再论证，不断提高直觉能力和解题能力。例如：

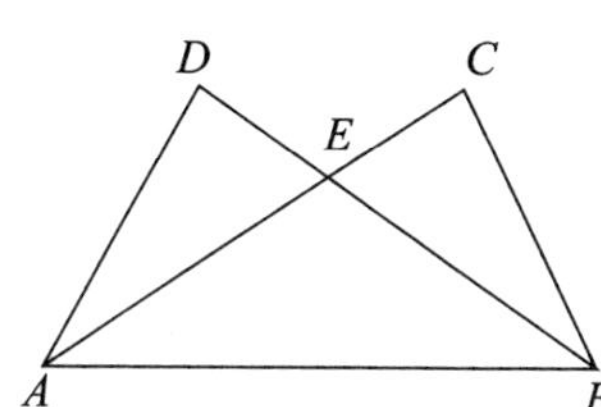

图 4-2

已知：$AD=BC$，$AC=BD$（见图 4-2）

求证：$\angle DAC=\angle CBD$

分析：从直觉，存在$\triangle DAC=\triangle CBD$

并且$\triangle DAC\cong\triangle CBD$

证明：连接 DC

在$\triangle DAC$ 和$\triangle CBD$ 中

$AD=BC$

$BD=AC$

$DC=CD$

$\therefore \triangle DAC \cong \triangle CBD(S.S.S)$

$\therefore \angle DAC=\angle CBD$

自然科学可以从多方面培养学生的直觉能力。第一，在科学观察和实验的基础上，丰富学生对自然现象的知识，研究事物的表象积累，培养他们的直觉能力。如对化学单质、化合物形态、结构等的直觉鉴别能力，对一些常见动植物的识别能力，地理学科要求对地形、地貌的识别能力等。第二，无论教师讲解或学生解题，对问题的情境，可画出草图，通过图鼓励学生“猜想”（直觉）解题方法或结果，而后证明。这种方法应该受到重视，加以提倡。第三，讲点科学史。现行的教材一般只讲科学发现、科学实验的结果，而省去了科学发现的中间阶段。正是这些被省略的发现过程，有不少闪烁着科学思维的火花。应该结合教材，适当选择一些科学史材料，讲讲这些想象与直觉的思维方法。例如，关于元素周期律，门捷列夫说：

> 人们不止一次问我，根据什么、由什么思想出发而发现了并肯定了周期律？让我尽量地来答复一下吧！……当我在考虑物质的时候……总不能避开两个问题：多少物质和什么样的物质？就是说两种观念：物质的质量和化学的性质。……因此，自然而然（直觉）就产生出这样的思想：在元素的质量和化学性质之间，一定存在某种的联系，物质的质量既然最后成为原子的形态，因此就应该找出元素的特征和它的原子量之间的关系。……因此，一方面寻求元素的性质和其原子量之间的关系，而在另一方面寻求其相似点与原子量之间的关系，要算是最简捷和极自然的想法了。[1]

这些自然的想法，就是一种直觉。

〔1〕 王梓坤．科学发现纵横谈[M]．上海：上海人民出版社，1982：100-101.

课外小组、兴趣小组是培养直觉能力的好形式。如绘画组、摄影组培养审美直觉能力，航模组可以培养对材料的直觉能力，游泳球类小组培养水感、球感，博弈小组培养对对策、决策的直觉能力等。

以上各种训练方法，都要激发、培养参与者的兴趣，培养他们对直觉能力的信心。把直觉与分析、直觉与论证、直觉与总结结合起来，把左脑和右脑结合起来，不断提高直觉能力的水平。

第五章 形象思维的表达

第一节 思维与表达

思维活动是在头脑中进行的，是主体内在的精神活动，外界既看不见，也不知道。要使自己的思维让别人知道，进行人际间的交往和思想交流，就需要把思维的过程或结果表达(传达）出来，把主体内在的东西变为外在的东西，把精神活动变为物质现实。

思维活动表达的重要性在哪里呢？马克思说："人的本质并不是单个人所固有的抽象物。在其现实性上，它是一切社会关系的总和。"[1]马克思关于人的本质的这个经典论述告诉我们，社会上所有的人都是不能孤立存在的，他们要相互交往、相互学习、彼此交流，以共同创造人类社会物质的、精神的财富。这种交往、学习、交流，一刻也不能离开人的思维的表达。即使是一个对自然或人类社会研究有着深刻认识和重大发现的科学家、艺术家，如果不把他的认识、发现表达出来，发表出来，人们也无从得知他的发现与认识，这些发现与认识也就无从发挥它们的社会作用。人类创造的科

〔1〕 中共中央马克思、恩格斯、列宁、斯大林著作编译局．马克思恩格斯选集：第1卷[M]．北京：人民出版社，1972：18.

学和艺术这两座宏伟的殿堂，就是通过科学思维和艺术构思的表达而建造起来的。

一方面，思维表达的物质化形式，如语言文字、书籍、绘画、雕塑、建筑、科技产品等，记录和保存了人类思想的精华，并且不断地丰富和发展了人类精神文明和物质文明。另一方面，只有通过思维的表达，才能使人的智力活动不断得到发展和完善。思维的表达，要借助一定的物质活动。如借助声音把它说（或唱）出来，借助文字、符号把它书写出来，借助线条、颜料把它勾画出来，借助石料、泥土把它雕塑出来，借助形体、姿态、动作把它表演出来，等等。这样才能使精神活动变为物质存在。

抽象思维以语言作为它的物质外壳，虽然头脑中的思维与口头或书面语言不尽相同，但某种思想、概念一旦形成，表达这种思想、概念的工具——语言就找到了。因此，这种思维与语言是同步的，可以说，没有语言就没有抽象思维。所以，抽象思维同它的表达（语言、文字）可以说是直接性的，怎么想就怎么说、怎么写。当然，对于这种表达，即对语言文字的掌握，需要经过训练，而且语言的训练和思维的训练，基本上是同时进行的。

形象思维是右脑的功能，形象思维活动是表象的运动，是对表象的加工改造，没有语言的参与，所以人们称右脑为静默的半球。形象思维的表达比抽象思维的表达要复杂得多。人类在漫长的历史进程中，创造了许多表达形象思维的方式，从古老的岩画、象形文字到今天的文学、艺术，形式丰富多样。概括说来，形象思维的表达，大致可分为三种方式：即语言文字的方式、图像的方式和艺术的（具象的）方式，将在以下各节分别阐述。

第二节 形象思维的语言文字表达

人们从咿呀学语开始，就把他所见到的、感觉到的事物、现象和它的表象同语言连在一起，会叫“妈妈”，会说“猫”、“桌子”等。学生识字也是从具体字词开始，把字词和事物、现象及其表象连在一起。左右脑这种语言与表象的联系，从小就开始建立了。显然，这里先有事物（表象）而后有它的表征——语言。人们日常生活大量的感性认识，就是用语言文字表达的。

语言文字同样可以用来表达思维——抽象思维与形象思维。关于抽象思维的语言表达，上节已阐述了。形象思维是用表象来思维的，表达的时候，头脑中先有形象思维的结果（表象），再用语言表达出来，语言对形象思维的表达与抽象思维不同，不是直接的而是间接的。

用语言文字来表达形象思维是很普遍的，是一种主要的方式。这里有两种情况：一种是，当人们深入地观察、考察某一事物的变化过程、状态、结构、性质，掌握了它的基本的、本质的特征之后，通常用语言文字以叙述、描写或说明的方式把它表达出来。这就是知识。上一章我们讲过，我们所学的自然、社会的许多知识，都是科学观察的结果，不少学科就是主要依靠科学观察获取的科学事实建立起来的。学校教材中许多教学内容是科学观察、形象思维的结果，是用叙述、描写或说明的方式表达的，都是人们进行深入的科学考察、观察后的概括的表述。

另一种是文学，文学是语言的艺术，是形象思维表达的艺术形式。作家根据丰富的生活积累和体验，经过思考、提炼而形成主题，然后通过艺术构思找到表现主题的艺术形式，这就要从丰富的生活积累（表象）中，进行取舍、提炼，通过联想、想象，塑造人物、情节、场面，形成艺术的画面。然后再运用生动、鲜明、准确的语言和一定的形式、结构，把这些形象画面描写出来。这里我们可以看到，用语言来描写艺术画面，是带有间接性的。要把一个绚丽多彩、千变万化的形象世界，用语言生动、形象、准确地表述出来，是件很不容易的事。老舍在小说《骆驼祥子》中有一段描写暴雨的文字：

几个大雨点砸在祥子的背上，他哆嗦了两下。雨点停了，黑云铺满了天。又一阵风，比以前的更厉害，柳枝横着飞，尘土往四下里走，雨道往下落；风，土，雨，混在一处，连成一片，横着竖着都灰茫茫冷飕飕，一切的东西都裹在里面，辨不清哪是树，哪是地，哪是云，四面八方全乱，全响，全迷糊。风过去了，只剩下直的雨道，扯天扯地地垂落，看不清一条条的，只是那么一片，一阵，地上射起无数的箭头，房屋上落下万千条瀑布。几分钟，天地已经分不开，空中的水往下倒，地上的水到处流，成了灰暗昏黄的，有时又白亮亮的，一个水世界。

写得多么淋漓尽致啊！ 这就是为什么语言必须经过加工、锤炼才能成为文学艺术语言的缘由。我国文学史上流传着许多“字斟句酌”的著名范例，如贾岛的“僧敲月下门”的“敲”字，王安石的“春风又绿江南岸”的“绿”字，都是反复锤炼、修改的产物。

语言文字的最大特点和优点，是可分离性和可组织性。由于可分离性，才可能按照一定语言规则组成无比丰富的大大小小的语言单位，使其表达能力深入人类认识的各个领域。因此，语言文字成为人们进行思想交流和交际的最重要的工具，语言（口头的、文字的）表达能力，成为智力中一种基本的能力。但是，应该指出，用语言来表达形象思维是有局限性的，面对五光十色、千姿百态的形象世界，语言的表达是贫乏的。举例来说，仅红的颜色就有 50 多种，地球上的苍蝇有 30 万种，对此，人们可以区别它，却难以用语言来描述。再者，用语言来表述图像(表象)时，不少信息丢失了，往往造成语言描述的不确定性。如对人物面貌的描写，曹雪芹笔下的林黛玉，十个画家，可能画成十个模样。对许多几何图形、空间形体、空间观念，语言是难以表达的。如一条曲线、一个不规则的立体图形、一个舞姿，用语言难以表述得十分准确；人的情绪活动，也是语言无法表达的，只能意会，不能言传。

第三节 形象思维的图像表达

用图像、图片、流程图、工程图以及模型等来表达形象思维，如地形图、细胞图、等高线图、几何图、三视图等。科学技术领域已形成不少以图像为主要内容的学科。随着电视的普及、计算机的运用，图像这种视觉的信息，已遍及我国城乡，进入千家万户；一些报纸已有专版图像新闻。图像已成为人们认识客观世界、进行信息交流的一种十分重要的工具。

是不是所有的图像、图片或模型都是形象思维的表达呢？当然不是。图像、图片中大量的内容没有经过形象思维的加工，只是反映感性认识。但那些对自然现象、社会生活经过深入的、细致的观察，反映事物的基本特征或本质联系的图像、图片，则是人们理性认识(形象思维)的一种表达了。如中国地图中那蜿蜒曲折的“长江图”，就是地理学家经过了不知多少次实地勘察，积累了大量的资料，然后概括出来的认识成果。这种概括是形象的概括。又如细胞图(图 5-1)，19 世纪 30 年代，德国植物学家施莱登和德国动物学家施万分别发现了植物细胞和动物细胞，创立了细胞学说。细胞是表现生命现象的基本结构和功能单位，一般是由细胞核、细胞质、细胞膜组成。细胞图就是从诸多的生物体细胞的具体形象中概括出来的一般图像，表达了 19 世纪这一重大发现的基本认识。恩格斯称细胞的发现为 19 世纪三大发现之一。无疑，这是理性认识(形象思维)的图像概括(表达)。

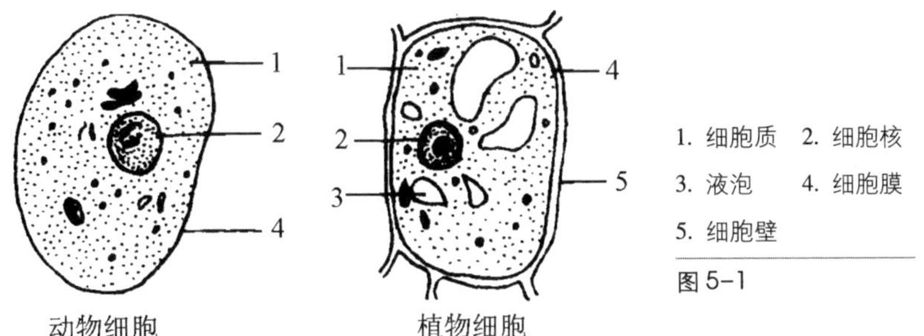

图 5-1

人们(包括学生)掌握这些图像时，是不是都经过形象思维的活动呢？对此，需要做一点说明。我们知道，掌握知识有一个理解的过程。理解是通过思维活动认识事物的种种联系和它的本质的过程。那么，一个中学生理解 2+3 = 5 或识别一个圆、一个长方形或三角形时，有没有经过思维的活动呢？一般地说，没有。因为这些知识是中学生早已掌握了的旧知识。知识对于一个人来说，有新旧之分，今天的旧知识是过去某一个学习阶段的新知识。上面的命题，对于小学一年级或幼儿园的孩子，是新知识。一年级小学生对于 1+1 = 2，是经过思维活动(抽象思维)才掌握的。幼儿学画圆时，问他什么是圆的，他会说皮球、车轮、钟等，他已能从这些实物中概括出一个图像——圆，说明他已有简单的形象思维了。幼儿园的孩子，当学会用一条直线来表示马路，用一条弯曲的线来表示他家门口的一条小河时，他已能把一条直线与马路的表象进行类比，把一条弯曲的线同一条小河的表象进行类比，他已能运用类比进行简单的形象思维了。小学生第一次学习“长江图”时，教师让他们根据小河的表象来想象长江，进行类比，指出它们的同异，进而理解了这个“长江图”。所以，学生对长江图的认识在小学时就已解决了。但是，对于细胞图、电子云图等新知识，情况就不同了，学生要真正理解这些图像，必须运用形象思维，经过联想、想象的活动，才能掌握图像所表达的微观的、动态的现象及其意义。

图像的表达方式有许多特点。其一，形象性、直观性。其二，整体性。图像总是整体地表达思维认识的成果，如心脏图，反映了心房、心室、动脉、静脉间相互联系的整体的结构。其三，所含信息量多。如长江图，它不仅标明发源地、流经省份、入海口，还包括了位置、流向、距离、弯曲状况等。其四，对于一个初学者来说，图像特别是彩色的图像，容易引起学习兴趣，同时图像也比文字更易于记忆。但是图像存在一个突出的不足，就是可分离性、可组织性差，在这点上，它较之文字就逊色多了。所以，图像表达往往同文字表达结合起来，才能形成连贯的、系统的知识。

综上所述，采用图文结合、图文并茂的方式来表达形象思维，既可发挥文字表达和图像表达的优点，又能弥补各自的不足。中小学教材中有关形象思维的内容，应充分运用图文结合的方式。图文结合既可以增加学习兴趣，又能使学习内容易于理解和记忆，同时还可促进左右脑协调发展。

第四节 形象思维的艺术（具象）表达

所谓具象，是作家、艺术家从其丰富的生活积累中，经过取舍提炼所创造的形象。它不仅对众多的表象进行了加工、改造，而且融进了作家、艺术家自己的体验和感情。[1]人们认识世界的方式，

〔1〕 中国大百科全书总编辑委员会《心理学》编辑委员会，中国大百科全书出版社编辑部．中国大百科全书·心理学[M]．北京：中国大百科全书出版社，1988：172.

最基本的是理论和艺术两种方式。理论的方式主要使用抽象思维，艺术的方式主要使用形象思维。前者是从对大量具体事物的感性认识中，舍弃其具体的、感性的东西，抽象出事物的一般属性和本质，从个别上升为一般，形成概念、理论；后者则以典型概括的方式，把完整的客观世界(自然、社会)按照通过典型反映一般的规律，具体地、整体地、生动地用艺术的方式，也就是具象的方式，再现出来。

所谓具象的表达，就是运用一定的物质材料、工具，把艺术家、作家的艺术构思，通过创造性的实践活动，用艺术形象客观地传达出来(艺术品)。这种方式主要有绘画、音乐、舞蹈、雕塑、工艺品、建筑等。文学是语言艺术，我们把它作为第一种表达方式。

从艺术认识到艺术表达是一个完整的认识过程。关于这个过程的特点，清代画家郑板桥曾说过："江馆清秋，晨起看竹，烟光、日影、露气，皆浮动于疏枝密叶之间。胸中勃勃，遂有画意。其实胸中之竹，并不是眼中之竹也。因而磨墨、展纸、落笔，倏作变相，手中之竹，又不是胸中之竹也。"[1]这里"眼中之竹"是指画家对竹进行初步观察所得到的竹的表象，是感性认识；"胸中之竹"是画家对竹进行了深入的观察之后，对竹的表象(眼中之竹)进行加工改造所得到的形象，它已反映了竹的基本特征和本质，是理性认识；而"手中之竹"则是画家通过手的精巧，运用工具和物质材料，将"胸中之竹"显现和表达出来，物化在纸上，是一种实践性的活动。从"眼中之竹"到"胸中之竹"，再到"手中之竹"，这三个阶段，说明了从艺术认识到艺术表达的完整过程，说明先有艺术构思，而后才有艺术表达，即前人所说的"意在笔先"、"画尽意在"。

艺术的构思和艺术的表达，是艺术创作过程中两个相互联系不可分离的方面。有的心理学家把书法、绘画和吹、拉、弹、唱等音乐活动列为动作技能，忽视其中的智力活动，即构思。绘画、书法、音乐活动是不是没有智力活动的参与呢？回答是否定的。绘

〔1〕 蔡仪．美学原理[M]．长沙：湖南人民出版社，1985：256.

画、书法和音乐活动都是艺术活动，是艺术的构思与表达的统一，同前面讲到的写作的构思与语言表达的统一在本质上是一样的。固然，初学绘画的临摹、初学写字的临帖、音乐的视唱练耳等，是一种模仿性的练习，智力活动是简单的。但当掌握了基本的技能后，创作性地作画、写字，进行有自己风格的吹、拉、弹、唱时，作者、表演者的技能已是他的艺术思维的一种表现了。要达到这种境界，须下一番功夫。绘画，要深入观察，抓住对象的基本特征，要具有一定的审美能力；写字，要“胸中有字”，具有对字体形式美的鉴赏力；音乐活动要理解乐曲的旋律、节奏、音调、和声等所表现的思想意境，等等。如果没有这些艺术想象力或再造想象力以及一定的情感体验，要真正把画画好，把字写好，把乐曲唱好、演奏好，是不可能的。

因此，艺术学科的教学，不仅是教给学生绘画、唱歌的技法、技能，还要教会学生思维(形象思维)，培养他们的观察力、想象力和形象记忆力，引导他们注意观察、善于观察，丰富生活体验，热爱社会，热爱大自然，把思维的培养、情感的体验和技能、技巧的训练结合起来。

艺术表达方式的一个重要特点，是它比语言文字表达或图像表达要繁难很多，这是因为它的表达要运用物质材料和工具，如绘画中的颜色、笔墨，音乐中的乐器，雕塑中的石料、青铜、刻刀、泥土，舞蹈中的服装、道具，等等。戏剧是各种艺术手段的综合运用，电影是利用现代摄影技术吸收各种艺术的表现方式。这些物质材料和表达工具，掌握起来是不容易的，要用它来完美地表达艺术构思是一件艰苦而复杂的工作，需要有相当高的技巧，不是一般人都能掌握的。

然而，艺术的成果——艺术品，黑格尔称为“理念的感性显现”，是艺术家构思的结晶。艺术家的情感融化在其中，它是具体的、形象的、可感知的和具有魅力的。因此较之科学理论成果，艺术品容易被群众接受，为群众所喜闻乐见，拥有广大的欣赏者和群众基础。一件真正的艺术品，是启迪智慧、陶冶情操、激励奋进、鼓舞斗志的有力的精神武器。这是艺术表达的功能，是艺术表达方式的又一个特点。

第五节 思维表达与技能

心理学认为，技能是顺利完成某种任务的一种活动方式，或智力活动方式，它是通过练习获得的。前面所述观察、思维的表达都是技能。由于技能在人的智力发展中具有十分重要的意义，下面具体谈谈技能问题。

一、技能的一般概念

我们先来分析一下写作文、解数学题、体育运动的技能。学生写作文时，一般先要进行细致的观察，在头脑中积累了种种表象，再根据写作意图(主题)进行构思，对丰富的表象进行加工改造，进行分解、组合、联想、想象等形象思维活动，通过系列形象(表象)来表现主题，然后把构思的结果，用语言和一定的结构形式表达出来。

解数学题时，首先要感知文字，在已有知识基础上，了解题目中概念、图形、符号的意义，理解题意，这时思维活动已经开始了；接着对问题的条件进行分析、综合，对解题途径进行假设或直觉，思维过程主要为抽象思维，也有形象思维(图形的观察、直觉)，然后通过解题、论证、计算，把思维内容外化，并把思维结果表达出来。

学习体育技能，学生先要观察教师的示范动作，听教师讲解；

在练习过程中，教师根据学生练习存在的问题，再做示范，讲解要领；同时，对于变化多、动作快、力度强的动作，用电教手段把示范动作进行分解、放慢和定格，让学生继续观察。学生观察时，不断对头脑中某些示范动作加以补充和强化，获得准确、清晰的示范动作视觉表象。与此同时，学生通过练习和回忆技术动作的方法，使动作的视觉表象和动觉表象结合起来，不断调整、校正自己的动作，使自己的运动表象和示范动作一致起来，最后形成运动技能。因此，体育技能也通过观察(思维活动)获得运动表象，然后通过肌肉、骨骼的动作表现出来。

通过写作文、解数学题、体育运动等具体活动的分析可知，技能可以分为两大类：一类是外界客观事物的信息，通过人的感官、肢体的活动与操作输入大脑，内化为思维，获得(理解)知识、经验是认知内化的活动方式，即内化的技能，有观察、听(语言、音乐)、读(文字、图像、符号)等；另一类是人脑内部的思维活动及其结果(知识、经验)通过感官、肢体的活动与操作表达出来，即表达的技能，有说(语言)、写(文字、符号)、画(图像)以及绘画、音乐、雕塑、建筑、体育活动等。所以，技能是认知过程中内化与表达的具体活动方式。

技能有以下特点：第一，内化的技能是将外界的信息转化为思维(抽象思维、形象思维)，是物质变精神；表达(外化)的技能，是把人脑内部的思维活动及其结果转化为输出信息，是精神变物质。所以，技能是一个中介、一座桥梁，它的一边是客观物质世界，另一边是人脑的主观精神。第二，技能是感知、肌体运动、表象和思维的结合(合成)，只有感知、肌肉运动、表象而没有思维的形成与调节，则不能认识客观事物的基本特征和本质；只有思维活动而无感官、肢体活动的参与，则思维无以表达。因此，技能一般由外部动作(感官、肌肉)和内部智力活动(思维)两部分构成，动作技能和智力技能是不能分开的，只是一些技能侧重智力活动，如写作、解数学题，一些技能则侧重动作活动，如体育运动。

二、技能与知识

“知识是人对客观现实认识的结果，反映客观事物的属性与联系。知识一般以经验或理论的形式存在于人们头脑中，也通过物化贮存于书本中或其他人造物中。”[1]知识是认识的结果，也可以说是技能的产物，当它作为内化技能的产物，它以经验或理论形式存在于人的头脑中，是观念形态的；当它作为思维表达的产物，它以物化形态储存在书本中或其他人造物中，如绘画、雕塑、建筑物、机器等。技能与知识，前者是认识过程，后者是认识的结果。人们认识过程的种种方式、方法，如观察、阅读、听讲等是技能，而通过观察、阅读、听讲获得的结果是知识。所以，知识与技能相辅相成、相互促进，知识是技能的产物，而技能又是在获得知识的过程中发展起来的。

知识的重要性早已为人们所认识，如 16 世纪英国哲学家培根就提出“知识就是力量”的著名口号，而技能的重要性却没有被人们所普遍认识。我们的书籍、教科书，一般只讲结论、原理，不讲或很少讲获得原理、结论的过程与方法，教学重知识的传授，不重视技能、能力的培养。这样既不利于学生对科学知识的深刻理解和智力的发展，也难以培养学生对科学知识的兴趣和不断追求新知、勇于探索、敢于创造的精神。法国物理学家保罗·郎之万说：“如果认为只需从已经获得的确定不移的定理做出结论就够了的话，那就是一种绝对错误的想法，这种想法会使科学丧失掉它的全部教育价值。”

三、技能与智力发展

各种技能都是在认识客观世界、改造客观世界、掌握知识过程中，经过不断练习而形成和发展的。例如，学生学习代数因式分解，通过听讲或阅读的技能了解因式分解的意义及一般步骤，这是

〔1〕 潘菽．教育心理学[M]．北京：人民教育出版社，1980：99.

内化(理解)过程，再经过外化(表达、运用)才能掌握。所以，因式分解的技能在内化(理解)和外化(表达、运用)中形成。又如小学生阅读的技能，可以分解为若干步，即从理解课文中的词语和句子，到初步理解每个自然段并会分析自然段，再到能归纳段落大意和概括课文的中心思想。这其中每一步都是一项技能，都要经过反复的理解与练习才能掌握。所以，语文阅读的技能，要经历4年(一年级到四年级)才能完成。教学活动就是在教与学这对技能的双向反馈系统中得到发展和完善的。例如，小学生学习四则运算感到容易，是因为学生根据运算法则、计算顺序进行运算，思维过程和运算顺序(技能)是一致的，这时技能是外显的，看得见，摸得着，可以自我反馈，所以容易学，而学习解应用题则感到难。为什么呢？主要原因是解题的思路(顺序、步骤)复杂，缺乏应有的训练，从审题到列式，思维过程少则几步，多则十几步，只能用内部语言及表象的方式进行，是内隐的、看不见的。学生会不会想，想得对不对，既无训练，又无反馈，所以难学。一易一难，关键在于是否将思维过程表达出来，经过训练，形成技能。

一种复杂的或系统的智力活动，必须借助技能才能使之完善和完成。当智力活动还只是在人的头脑中时，如科学家探索性的思考或艺术家的构思，往往带有某种程度的不确定性，有时甚至模糊不清。只有把这种思考、构思表达出来，使不确定的东西确定下来，模糊的变得清晰，并且加以检验、修改，这时科学家的论证、艺术家的构思才算完成。牛顿用了5年时间完成开普勒关于行星运动定律和万有引力定律之间相互关系问题的论证，其中经过无数的数学计算；托尔斯泰对《安娜·卡列尼娜》一书进行了90多次的修改，才最后定稿。这些典型事例，生动地说明了智力活动是如何在表达过程中不断修正而达到完善的。

由此可见，人的智力就是在智力活动不断内化与外化（表达)的过程中发展的，也就是在智力技能的训练、运用中，由简单到复杂、一步一步地得到发展的。每一步(项)智力技能，都是经过一定的练习、运用、检验而形成，沿着认知(内化)、表达(外化)，再认知、再表达的轨迹，循环往复，以至无穷，每进行一个循环，智力就向前发展一步。

第六章 形象思维与教学过程

第一节 感知——两种思维的基础

学习活动从感知开始，感知是思维的源泉。感知活动是和知识的理解联系的，也就是和思维的形成密切联系。关于感知的作用，有关教育理论认为："教师要选择具有全面性和典型性的感性材料，引导学生从这些材料出发，进行抽象思维，形成正确的概念、判断和推理。"〔1〕"直观性原则……帮助学生实现从具体思维向抽象思维的顺利过渡。"〔2〕这种只把感知和抽象思维联系起来的观点，从脑功能的理论看来，是不全面的。感知材料既是抽象思维的基础，也是形象思维的基础，由于两种思维形成过程不同，其感知活动的作用、特点是有区别的。

关于抽象思维，毛泽东在《实践论》中说："只有感觉的材料十分丰富（不是零碎不全）和合于实际（不是错觉），才能根据这样的材料造出正确的概念和理论来。"从感知到抽象思维，具有以下特点：一是根据教材提供丰富的、切合实际的感性材料；二是对这些材料进行比较、分析、综合、概括形成概念；三是到了理性阶段，运用

〔1〕 上海师范大学《教育学》编写组．教育学[M]．北京：人民教育出版社，1979：152.

〔2〕 王策三．教学论稿[M]．北京：人民教育出版社，1985：161.

概念来思维，脱离了具体的事物。例如讲直角三角形，如果教师只画一个图，把直角三角形的直角画在右下方，这时学生容易把“直角在三角形右下方”看成直角三角形的本质属性。因此，要采取变式的方法，即向学生提供直角在三角形中不同方位、边长大小不一的三角形，并引导学生对这些材料加以分析、比较和概括，认识到“三角形中有一个直角并且不论直角在何方位，都叫直角三角形”。

关于形象思维，从感知到思维的特点与抽象思维不同。一是根据教学内容提供典型的材料（不是丰富的材料）或示范动作，形成表象，如情境、图像、图表以及演示、表演等；二是对所形成的表象，直接进行加工（分解、组合、类比、联想、想象），不经过概念的中介；三是到了理性阶段，形象思维过程始终伴随着具体的形象，直观材料仍然有用。

• 情境教学。文学艺术作品是用形象、图画来描写现实的，文艺作品中的形象包括人物、景物、场面、环境和一切有形之物。语文、音乐、美术情境教学就是根据教学内容塑造的形象来创设情境，以此来引发学生进行再造想象。通过生动的富有情感的语言，把学生引入文章的意境。

• 直观教学。采用图像、图片、图表、模型、幻灯片、影视等典型材料进行直观教学，如化学的原子结构图、电子云图，力学的物体受力图，地理的地图，历史的插图等，通过直观的作用形成表象，结合教师生动的描述，引发学生开展想象，从宏观到微观，从静态到动态，从二维到三维。只有直观而没有引导，为直观而直观，是达不到教学目的的。如学生观看电子云图（图 6-1），教师必须引导学生展开想象，学生只有通过想象才能理解微观世界中电子运动的规律。

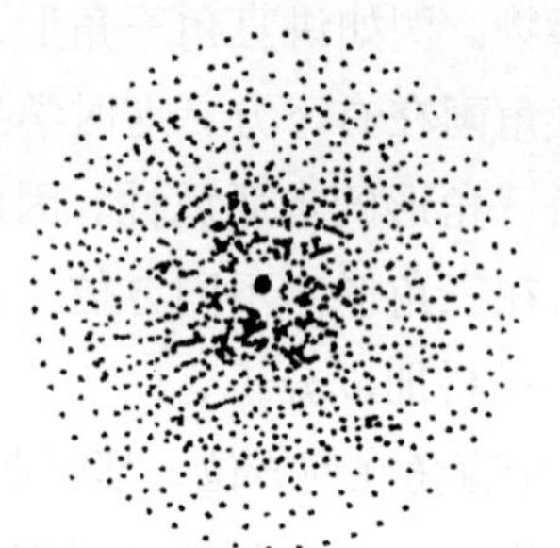

氢原子的电子云示意图

图 6-1

• 教师的演示、示范。实验操作、体育训练时教师的演示、示范和动作姿势的图片、图解，可在学生头脑中形成动作视觉表象。练习时，学生将自己操练动作的知觉所产生的动作表象，对照老师的示范动作表象不断进行加工和调整，从而逐渐形成准确完整的动作表象。

第二节 理解——两种思维的过程

知识的理解是学生在教师指导下，根据已有知识、经验(表象)，在丰富的或典型的感性材料基础上，通过思维活动认识事物之间的种种联系，进而认识事物本质的过程。对于理解过程的思维活动，抽象思维一般起着主导作用，但是，有关教育理论只强调抽象思维，认为“在教师指导下，通过他们自己对客观事物的分析与综合、比较、抽象与概括、归纳与演绎等积极的思维活动……形成概念和掌握规律”[1]。教学实践表明，由于忽视了形象思维在教学过程中的作用，对许多学科知识的理解过程脱离了学科思维方式的特

〔1〕 上海师范大学《教育学》编写组. 教育学[M]. 北京:人民教育出版社,1979:130.

点，使知识变得抽象、难懂，增加了学习的难度。

怎样全面地认识学生掌握知识过程的思维活动呢？我们认为，要根据脑科学的新成果，结合学科的思维方式进行具体研究。总地来说，知识的理解过程是两种思维的过程，其中有的学科以抽象思维为主，有的以形象思维为主，更多的是两种思维的有机结合。以抽象思维为主的理解过程是大家所熟悉的，下面着重阐述后面两种情况。

第一，在开展形象思维基础上，把两种思维结合起来，如语文、历史学科。

语文教学中，学生学习文学作品，在感知文章的语言和篇章结构时，学生对文章中场景的描写，人物的外貌、语言，故事的梗概有了一定的了解，但这时学生还没有真正理解形象所蕴含的思想内涵和艺术境界。学生只有根据教师创设的情境，在生动的富有感情的语言启发下，通过再造想象，唤起记忆中的有关表象和生活经验，引起联想，使文章中的情境、人物在自己头脑中清晰起来，产生一种身临其境、耳闻目睹的感觉，才会对文章有真正的领悟。教师接着引导学生分析人物的变化、情节的发展，分析篇章的结构、写作方法，并概括文章的中心思想，而这种分析、比较、概括不是脱离课文，而是紧密结合课文中人物的形象，把两种思想结合起来，达到深入理解全文的目的。

例如，北京师范大学附属实验中学廖昌燕老师是这样教《鲁提辖拳打镇关西》一课的：

先让学生观看视频，使学生对课文中的人物有了生动的感性认识之后，再来体会人物感情，分析人物特点。当分析到鲁达三拳打死郑屠的精彩场面时，让学生把文中写的语言同视频的画面加以比较，体会两种形式的表达效果有什么不同。学生因为头脑中有了鲜明的表象，所以阅读这段课文时，趣味盎然，情绪格外高涨，分析也格外认真。经过细致钻研课文的语言，大家认为：课文语言所表达的艺术效果，是视频中的形象表现不出来的。视频是让人们看到郑屠被打时的丑态，而课文是从味觉、视觉、听觉三方面分别设喻，通过郑屠的自身感受细致表现他被打时鼻口流血、乌珠迸出、头昏耳鸣的丑态，给人印象更深刻。经过和头脑中生动表象的比较，学生对作品语言的分析、理解加深了，领会到了文学作品语言的精妙之处。

这个认识过程正是一个想象与分析相结合的、生动的、富有情感色彩的过程。

历史是一门描述性学科，也是一门思辨性学科。历史事件离不开代表人物的活动、关键的历史场面和事件的发展过程，这些都是具体的、形象的。历史事件的意义就寓于这些具体形象之中，历史的规律又寓于具体历史事件之中。然而，历史是过去的事，历史事实不可能再现，学生不可能直接感知。因此，教师要用文物、模型、图片以及录音、录像等典型生动的材料，引导学生开展再造想象，使这些历史形象在头脑中一幕幕地浮现出来，然后运用逻辑思维，通过分析、综合、比较与概括，阐明历史事件的意义，揭示历史的本质和规律。这样不仅给学生以真实感，提高学习的兴趣，而且能更好地理解历史事件和它的意义。因此，学习历史要运用形象思维，并且把两种思维有机地结合起来。

第二，在感知基础上，把两种思维有机地结合起来，如数学、地理以及物理、化学、生物等学科的部分知识。

地理是研究地理环境及人类活动与地理环境关系的一门学科。地理环境是一个空间观念，它包括地理事实、现象的位置、分布、范围、形状、方向和地理圈层中各种物质运动。此外，地球自转和公转、昼夜变化、四季更替，以及由此产生的地球表面温度、气流、气候等变化也是具体的空间观念。人类活动就是在地理环境这个空间中进行的。地理教学要把地理事实、现象和空间观念结合起来，运用地图、地理图表，把地理知识和图形结合起来。这里既要形象思维的想象，又要抽象思维的分析、综合，所以地理教学是两种思维的有机结合。地图、图表不仅记载着大量的地理事实，还可以从图中认识地理事实存在的环境条件、特征、彼此关系，以及它们的变化和形成原因。例如通过等温线的疏密、曲折、走向可以推断海陆分布、地势高低、地形特点、洋流性质等影响气温的因素。读图训练就是要使学生做到“胸中有图”，能从整体到部分，从部分到整体，从平面到立体，从立体到平面，运用自如，增强地理教学的效果。

数学是研究客观世界中数量关系和空间形式的学科。客观世界中的问题和过程(不是全部)，可以用代数来表达，也可以用几何来表达，对许多问题，二者是可以相互转换的。所以，从总体来说，数学是形、数结合的学科，是左右脑并用的学科，其中几何学最为突出。几何问题的解决，要依靠图形，把右脑的直觉转化为左脑语言的逻辑证明。因此，几何学是训练创造思维的好方法。但是，长期以来，人们只重视逻辑推理的训练，忽视图形的训练，使几何成为一门难懂难学的学科。近年来，一些优秀教师在突出几何图形教学方面，已有了不少好的经验。如北京市高级教师高敬东在平面几何教学中有以下经验：第一，把图形与概念结合起来，建立图形与概念的对应关系；第二，把图形和性质结合起来(图形是性质的载体，性质是伴随图形而产生的)，引导学生看懂图形，挖掘出图形隐含的性质；第三，教会学生分解、组合图形，看出某一概念的图形，从而分解出带有某种特征的图形；第四，教会学生用运动变化的观点研究图形的演化规律。

物理、化学、生物的许多知识，都是科学实验观察的结果，是关于物体(物质)的属性、结构、状态及其相互联系、相互作用的知识。这些知识既有性质、状态等叙述，又有数量的分析与论证，也是两种思维的结合。例如，解决一个具有情境性的问题，就需要通过再造想象把有关情境(如状态、相互作用等)想清楚，画一个草图，然后结合图形对问题进行分析、论证、解答。图解式的思维，既是直观的，又能帮助学生摆脱逻辑思维的束缚，把握那些非语言的变幻莫测的东西，使问题得以解决。

第三，以形象思维为主的学科，如体育、音乐、美术。

体育教学中，田径、球类、体操是教学的主要内容。学生对体育技术(技能)的学习，包括身体肌肉动作和这些动作在头脑中形成的表象两部分。肌肉动作的知觉形成动作动觉表象，动作的视觉形成动作视觉表象。初学时，学生观察教师演示的示范动作，把自己在练习中产生的动作表象与教师的示范动作做表象对照，对自己的动作表象进行调整，这时动作视觉表象起着主要的作用。在这个过程中，学生对教师示范动作的细致观察、获得清晰的表象，以及在练习中对自己的动作视觉表象进行调整校正，都是心理活动，主要为形象思维活动。随着运动的逐步熟练，动作的动觉表象在运动中的作用增加，通过有意识的训练，使动作视觉表象和动作动觉表象结合起来，纠正一些不准确的动作，运动表象可不断完善。这时，两种表象的结合又主要是形象思维活动，使头脑中的运动表象和示范动作的表象一致起来，从而使运动达到技术(技能)训练的目的。

在美术教学中，学生绘画过程，可以分为准备阶段和构思与传达阶段。准备阶段就是让学生认识生活，丰富自己头脑中的表象。教师应鼓励学生到大自然中去，到社会中去，多看、多听、多记，通过写生、写绘画日记等形式培养学生的观察能力、形象记忆能力，在头脑中积累丰富的表象，并使这些表象变得准确、全面和清晰。构思和传达阶段，就是学生绘画时，从自己头脑里丰富的表象中，抓住那些最能表现主要特征的东西，经过分解、组合，形成新的表象，或通过联想、想象，对原有表象进行加工、改造，产生新的表象；与此同时，还要考虑画面构图、表现形式和工具运用等，然后运用绘画技巧把它传达出来。传达就是通过不断练习，使手的活动(运动表象)和构思(视觉表象)一致起来，使“胸中之竹”转化为“手中之竹”。所以，学生绘画的过程主要是形象思维及其表达的过程。

以上分析了一些学科知识的理解过程。由于注意了两种思维的

结合，可以发现知识理解过程的思维活动呈现许多新的特点。

● 抽象与具体形象结合。抽象思维活动可以通过图形以及各种形象使之具体化。电磁力是抽象的，通过“磁力线”，教学就变得形象、具体了。解数学题一般是抽象的，通过线段图、函数图像，问题就变得具体、明白了。形式逻辑的始祖亚里士多德，也发现表象对于思维的必要性，认为离开心理图像去思考是不可能的。

● 想象与分析结合。学习语文、历史等学科时，通过想象得到的形象，只是以表象的形式存在于观念之中。必须通过对文章形象描述的具体分析，才能深刻领会文章的内容。运用图形、图表、地图、模型等学习数学、地理、物理、化学等学科时，要一边开展联想、想象，一边进行分析、推理，把想象和分析结合起来。

● 直觉与论证结合。学习时，通过数学图形、地图、物理和化学的图像，直觉猜测问题的结果，再经过推理、论证得出正确的答案和科学的结论。

● 整体把握与局部分析结合。当分析一个数学图形、观察地图、研究某一地理现象或对作品中的某个典型进行分析时，由于两种思维结合使思维活动既注意局部又抓住整体，观察地图“胸中”有东西南北中，分析作品脑子里有个整体的形象（人物、场面），分析数学问题用图形勾画出问题的整体轮廓。这就是既见森林又见树木。

第三节 理解过程的情绪活动

知识的理解过程有没有情绪活动，情绪是怎样产生的？这是教学过程中一个十分重要的问题，也是教育理论未曾解决的一个问题。苏联教育理论家斯卡特金认为，虽然我们建立了很合理的、很有逻辑性的教学过程，但它给积极情感的粮食很少，引起了许多学生的苦恼、恐惧和消极情绪，阻碍了他们全力以赴地学习。情绪的认知理论和大脑两半球功能的研究成果，为我们开辟了进一步探索这个问题的途径。

情绪的认知理论把认知因素看成情绪产生的原因。认知心理学家阿诺德把情绪和认知评价联系起来，认为任何评价都带有情绪性质。脑科学的实验研究表明，大脑两半球具有不同的情绪深度，右脑具有较强的情绪色彩。形象思维是右脑的认知功能，因此，我们认为应该从不同学科形象思维的特点，去研究理解过程与情绪、情感的种种联系。

第一，语文、音乐、美术等学科学习过程的一个重要特点是形象思维过程始终伴随着情感活动。黑格尔曾说过，艺术家“形象表现的方式正是他的感受和知觉的方式”，“例如一位音乐家只能用乐曲来表现他的胸中鼓动的最深刻的东西，凡是他所感到的，他马上就把它变成一个曲调，正如画家把他的情感马上就变成形状和颜色，诗人把他的情感马上就变成诗的表象，用和谐的字句把所创作的意思表达出来”[1]。画家傅抱石一生热爱大自然，对祖国的壮丽山河有着真挚的情感。他好画山水，主张“山川脱胎于予也，予脱胎于山川也，搜尽奇峰打草稿也，山川与予神遇而迹化也”，所以其笔下一山一川无不深深地渗透着画家对祖国的情感。作家曹禺写《雷雨》时对当时一位大学朋友说：“我想通过一个家庭的毁灭，表达自己一种复杂而又原始的情绪。……我总觉得有一种汹涌而来的感情。”所以，情感附丽于艺术形象，而艺术形象是反映客观世界时受到情感的激发而产生的。

作家在丰富生活体验基础上，进行艺术构思时，把他的情感体验灌注到形象中去。文学作品中这种把形象和情感融合在一起的思维活动，正是作品生动感人和富有魅力之所在。语文课的一个主要

〔1〕 王朝闻．美学概论[M]．北京：人民出版社，1981：186.

内容就是学习文学作品，学生学习时，文章生动、形象的描写，引起头脑中的想象，回忆起生活中相应的体验，进而产生与作者思想感情上的共鸣。

绘画是一门运用色彩、线条和形体反映现实、表达审美感受的艺术。画中色彩的调配、线条的变化、构图的虚实，具有较强的情感表现力。学生在绘画或欣赏美术作品时，典型的情境或作品中的艺术形象，通过视觉感官的感知，可在头脑中产生联想，引起情感上的共鸣。

音乐是声音的艺术。音乐通过旋律、节奏、和声、拍子、音色、音量等要素，以一定规律的组合，造成富有感染力的音乐形象。音乐形象凝结着作曲家丰富的情感。与文学、绘画相比，音乐和情感的联系最直接，也最能表现和激发感情。学习音乐时思维活动同情感的联系是十分明显的。

因此，在语文、音乐、美术等学科的学习过程中，这种理性与情感的交融，应该成为这些学科教学法的一个重要特点。一些优秀教师创造的“情境教学”、“听读欣赏教学”，以及国外的“暗示教学法”等，就是突出了这个特点。南京师范大学附属小学的“听读欣赏教学”，将所学课文配上根据课文谱写的音乐和富有感情的朗读，并绘制幻灯片，把语文、音乐、绘画结合起来，充分发挥艺术形象思维的特点，从而使学生在教师引导下，通过反复地听、读和适当的议论，自由自主地欣赏、品味课文，进入文中情景交融的意境，达到领悟、理解课文的目的。

第二，历史、地理学科教学情感因素十分丰富。历史教学的情感主要体现在对历史人物、历史事件和历史场面的形象描述之中。李大钊说：“史学于人生的关系，可以分知识方面和情感方面二部去说，从情感方面说，史与诗(文学)有相同之处，如读史读到古人危急存亡之秋，能够激昂慷慨，不论他是文人武人，慨然出来，拯民救国。我们的感情，都被他激发鼓动了，不由得感奋兴起，把这种扶持国家民族危亡的大任放在自己的肩头。这是关于感情的方面。”[1]地理教学可以使学生领略那千姿百态的地理景观之美，生发出热爱家乡、热爱祖国、热爱地球家园之情。这些都是和形象思维活动联系着的。

第三，在数理学科学习过程中可以培养学生科学美感。对于自然现象中客观存在的美，可以通过各种艺术美从形式上来反映它，也可以通过研究自然现象之间的联系，概括出自然规律，从内容上来反映这种美的内在联系。当化学家凯库勒面对火炉遐想发现了环形的苯分子结构时，当生物学家华生发现 DNA 的双螺旋结构时，其中有形式美，又有内容美。科学美学思想史指出：近代和现代的自然科学家，有 70%以上的人承认在科学研究中有美感直觉。19 世纪末，对迈克尔逊以太漂移的否定的实验，爱因斯坦说：“我总认为迈克尔逊是科学中的艺术家”，“迈克尔逊的地球转动实验是多么美丽呀!”。[2] 在这里，我们看到科学与艺术的统一，这个统一体现在科学家与艺术家同样有着丰富的想象力和美感直觉。因此，在数学、自然科学的教学中，一方面，要运用图片、图像、声像等直观方法，引起学生学习的乐趣和美感；另一方面，也要把科学理论中隐含的科学家丰富的想象力、美感直觉、创造精神，通过具体事例和教师的体会，运用生动的语言去感染学生。

第四节 表象、情绪与记忆

记忆是教学过程的重要环节，有了记忆才能积累经验和知识，才能进行学习。但记忆也常常给学生带来苦恼。充分发挥右脑的功

〔1〕 李大钊．李大钊史学论集［M］．石家庄：河北人民出版社，1984：78.
〔2〕 许良英，范岱年，等．爱因斯坦文集：第 1 卷［M］．北京：商务印书馆，1976：161，162.

能，将大大改善学习的记忆。表象记忆是将一个完整表象作为一个单位来记的，它的容量十分惊人。同语言记忆相比，表象记忆在数量上可以高出 100 万倍左右。加拿大的艾伦·帕维欧曾在一个实验中证实了有关表象记忆的优越性。“实验结果表明，对图形的回忆比对抽象的词的回忆要好得多：图形在一周后偶然回忆起的成绩比抽象词在 5 分钟后的有意回忆还要好。有趣的是，对具体词的回忆比对抽象词的回忆多 75%，原因可能是具体词可以诱发它所代表的事物的心理表象。”[1]教学过程中已有不少运用表象进行记忆的好经验，大致有以下几方面。

第一，运用图像、形象，易于记忆。如对儿童的识字教学，结合实物、图片，把形与义结合起来，这样学起来既好懂又好记。文学作品学习，要求学生逐字逐句记忆是困难的，但让学生通过想象，回忆文章中人物、场面和故事情节发展的表象，就能容易记起文字的描写来。学习地理也一样，如北美洲南北走向的山脉，阻挡了东西两侧海洋湿润气流对大陆内部的影响，而面积广大的中部平原，地势平坦，可使来自南北的气流畅通无阻，造成冬季寒冷、夏季炎热。通过地形图，这些特点一目了然，而且很容易记住。又如物理课抛射运动公式也无须死记硬背，一张抛射运动图，清楚地说明了速度、过程、距离的关系，而且公式可以很容易地被推导出来。

第二，图形概括性强，好学易记。学了课文后，教师把课文内容概括为一个图形或图解，并附上少量关键字词，这时，一幅图就可以顶千言万语了。沙塔洛夫的“纲要信号”图示就是一个很好的例子。如苏联历史教科书上有一课“俄土战争中的一次战役”，内容是：苏沃洛夫率领的俄国军队有 7000 人，奥地利盟军有 18000 人，土耳其军队有 10 万人；土军将奥军团团围住，但没有注意到距离较远的俄军的动向；苏沃洛夫乘敌不备，连夜兼程，以骑兵迂回袭击敌人的侧翼和后方，使敌人溃不成军，狼狈逃窜（图 6-2）。

---

〔1〕 布莱克斯利．右脑的奥秘与人的创造力[M]．董奇，杨滨，译．北京：国际文化出版公司，1988：58.

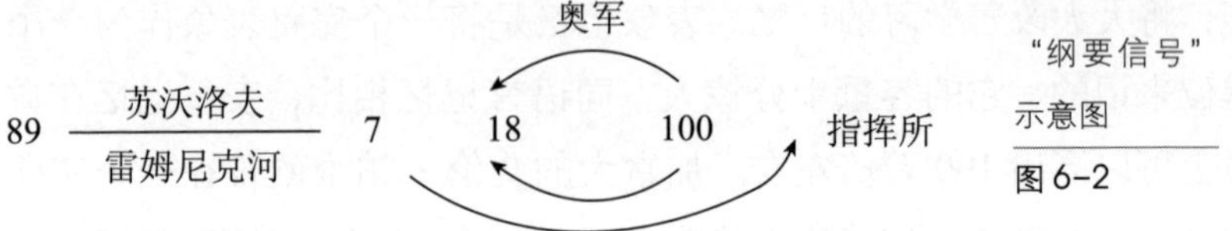

"纲要信号"示意图

图 6-2

又如"雷达与蝙蝠"一课，教师写了下面的板书（图 6-3），概括了全文：

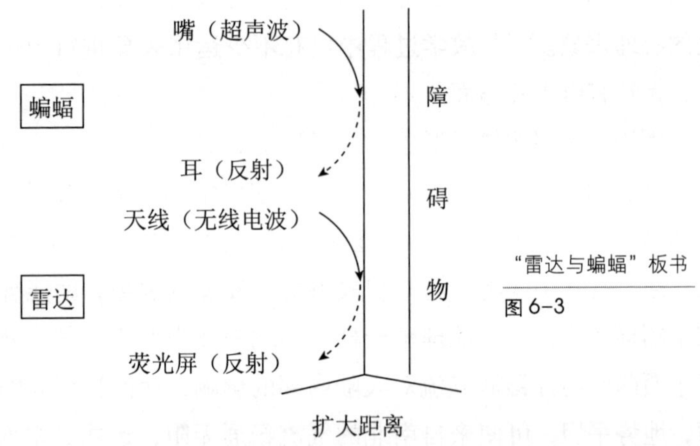

"雷达与蝙蝠"板书

图 6-3

上述这种图示法目前已被一些历史课、语文课老师广泛采用。

第三，轻松愉快的情绪，可以增强记忆。凡是引起愉快情绪的东西，总是被我们轻易地识记，这种识记常常是全面的、牢固的，有时是终生难忘的。学习时，生动、直观、形象的感知，往往引人入胜，使人产生兴趣，知识理解过程中的形象思维(主要为艺术形象思维)常伴随着情绪的激动。如果充分激发学习过程的情绪活动，不仅可使学生产生轻松愉快的情绪，还可以增强记忆。情境教学、听读欣赏教学和暗示教学就是运用了这个特点。如暗示教学利用情境、音乐、声调、游戏等，通过形象、色彩、韵律、节奏，激发学生的学习兴趣和良好的情绪体验，为学习材料的接受、理解、记忆创造了轻松愉快的气氛。这样，就能够收到良好的学习效果。

以上，我们扼要地阐述了形象思维与教学过程的几个主要问题，也就是两种思维结合的教学过程问题。

我们认为，学习是从感知开始的，感知材料既是抽象思维的基础，也是形象思维的基础，情境教学、直观教学和教师的演示、示范等教学手段对于促进学生全脑思维起着越来越重要的作用。知识的理解过程是形象思维和抽象思维的过程，在各个学科中，有的学科以形象思维为主，有的学科以抽象思维为主，但更多的是两种思维的有机结合，这些观点，为我们在教学中促进学生全脑思维提供了新的思路。脑科学研究告诉我们，形象思维是右脑的功能，右脑具有较强的情绪色彩。在本章中，我们研究了不同学科知识的理解过程，阐述了各学科知识理解过程中思维活动呈现的特点。我们认为，应该从不同学科形象思维的特点出发，去研究理解过程与情绪、情感的关系。在教学过程中，科学把握、利用理解过程与情绪、情感的关系，对于提升学生的理解力，挖掘学生的想象力、审美直觉和创造精神，具有不可忽视的作用。

通过研究，我们对教学过程有了一个新的比较全面的认识。这个认识是经过教学实验与研究获得的。这个认识在理论上和实践上都有重大意义。如果把教学过程比喻为人走路，那么，它是用抽象思维和形象思维两条腿来走路的。但是过去只强调抽象思维，就如同人偏重用一条腿来走路一样，必然深一脚、浅一脚，存在这样那样的问题。如改用两条腿来走路，就自然顺当多了。发展形象思维，教学过程中把两种思维结合起来，一些优秀教师和课题组实验教师，已为我们提供了新鲜的经验，他们的课是一种新型的课。这种课是生动活泼、有声有色的课，是充分感知、积极思维的课，是情景交融、知情结合的课，是使学习内容变得容易理解和记忆的课。

教学过程是教学工作的核心，古今中外的教育学对其进行过各种探索和研究，丰富和深化了对教学过程的认识。尤其是马克思主义教育理论把教学过程解释为一种特殊的认识过程，揭示了教学过程的本质。但是，长期以来，囿于我们对人脑功能认识的局限，教育理论对教学过程的阐述还不全面。我们认为，教学过程主要是抽象思维和形象思维同时存在的两种思维的过程，这点已被许多先进教师的教学经验以及我们课题组从幼儿园、小学、中学到大学 15 门课程的教学实验所证实。为了培养学生用全脑来思维，为了培养更聪明和富有创造力的新一代，我们应该在马克思主义认识论指导下，用脑科学的新成果，进一步深入研究教学过程，继续进行抽象思维与形象思维相结合的教学改革实践，必将为我国教学工作开辟一条新的更加广阔的道路。

第七章 形象思维一般发展测验的初步研究

第一节 测验编制的提出

20 世纪 60 年代，斯佩里等人关于大脑左右两半球功能的研究成果，为在教学中如何发展学生形象思维的研究，奠定了神经心理学的基础。“开发右脑，发展形象思维的教学实验与研究”课题，就是以脑科学最新成果为依据，通过教学改革实验，试图促进青少年形象思维的发展，有机地把形象与抽象两种思维结合起来。形象思维是右脑智力的主要功能，课题研究也就是以右脑智力开发为主的教学实验与研究，其目的是使左右脑智力都得到充分的发展，造就左右脑并用、更加聪明的新一代。通过多年的实验研究，课题研究取得了显著成果。我们认为，在发展形象思维的教学与训练中，亟须编制一套适合考查我国中小学生形象思维发展的诊断工具，以便对学生形象思维的发展状况进行科学的评估和有针对性地实施教育培养。但是，国内外尚无一套专门测查形象思维的量表，因此，从 1992 年起我们开始酝酿编制中小学生形象思维一般发展测验(以下简称测验)。

这是一项全新的、探索性的工作。为了使测验成为考查中小学生形象思维一般发展的指标，我们确定了编制这套测验的指导思想，其内容如下：

- 测验应适用于对儿童形象思维一般发展水平的评价诊断，不属于特殊能力测验。
- 测验应充分反映北京市中小学生心理发展的事实，以适用于北京市实际使用。
- 测验的内容力求精练，便于施测。
- 测查对象限于北京市在校中小学生。

根据上述指导思想，遵照量表编制的原则理论，从北京市中小学生的实际情况出发，我们着手编制这套测验。在编制过程中，我们根据课题组关于形象思维的研究成果，确定了量表的基本构成，并借鉴了已有量表中有关形象思维类型的某些题目。为了使量表能比较全面地测查形象思维的发展，我们反复研究、讨论，并召集一线中小学骨干教师、科研工作者研讨论证，并经过小范围的预测分析，五易其稿，并在全市范围内取样试测。

本测验可个别施测也可团体施测，使用方便、省时省力，结果解释直观简明，量表内容能够为教育工作者及家长提供一种发展中小学生形象思维的思路和科学研究的工具。

第二节 测验的基本构成

编制一套能够考查中小学生形象思维一般发展测验，可供借鉴的资料甚少。在理论上，我们主要依据斯佩里关于大脑左右两半球的功能是不对称的、“左脑倾向于用语词来思维，右脑则倾向于以感觉形象来直接思维”的论断，确定了形象思维一般发展测验的主要

研究方向是右脑的功能。同时，依据斯佩里关于大脑右半球“被发现事实上在执行某种智力任务时是较高级的大脑中的一员。右半球的特征事实上完全是非语言的、非数字的、非连续的。它们主要是空间的和想象的”[1]的论断，以及课题组关于形象思维的研究成果，即形象思维的概念、特点、思维方式等的研究，明确了形象思维是运用头脑中积累起来的表象进行的思维，它和以概念作为思维细胞的抽象思维一样，作为人类认识客观世界的基本方式之一，同样具有思维一般概念的特征，它的主要活动方式是直觉与想象，在其过程中包含识别、直觉、分解、组合、类比、联想、想象等复杂的心理过程。[2]据此，我们确定了识别、直觉、分解、组合、类比、联想、想象以及与此相关的情感。社会化等方面的发展，是构成中小学生形象思维一般发展的主要方面，于是我们确定了测验的主要内容应由直觉判别、图形类比、分解组合、联想想象、直觉速度5个部分，17个项目，共178个小题构成。测验的基本结构及各项分测验名称见表7-1。

表7-1 形象思维一般发展测验基本结构及各项分测验一览

测验系列	测验项目	题数	权重分数	时限
SET A 直觉判别	A1 是什么？	5	2	5分
	A2 有什么？	3	3	
	A3 缺什么？	7	5	
SET B 图形类比	B1 找相同	5	8	9分
	B2 找不当	2	4	
	B3 找类同	3	6	
SET C 分解组合	C1 几何图形的分解组合	8	16	20分
	C2 零件装配	8个零件	8	
	C3 倒置临摹	3个部位	7	

〔1〕 斯佩里．分离大脑半球的一些结果[J]．张尧官，方能御，译．世界科学，1982(9)：3-5.
〔2〕 详见：《教育研究》1993年第4期、第11期，1994年第11期；《北京教育研究》1995年第2期。

续表

测验系列	测验项目	题数	权重分数	时限
SET D 联想想象	D1 识方位（1、2）	10	6	20 分
	D2 数立方体	10	6	
	D3 联想	4	6（有加分）	
	D4 空间判断	3	6	
	D5 空间旋转	4	6	
SET E 直觉速度	E1 译码	94	3	2 分
	E2 迷津	5	3	2 分
	E3 位置判断	4	5	15 秒 ×8
合计	17	178	100	60 分

在测验构成上，我们力求对形象思维一般发展各项能力因素有所评定。在每一测验题目的编选上，都努力使其对右脑功能有较好的探测性。如倒置临摹一项，呈现给被试的是一幅倒置的人物肖像画(图 7-1)，要求被试在一定的时间内，临摹下这张画。由于临摹被倒置的肖像时所采取的是不寻常的定位方法，学生们不再限于理解“这是一个人”或“这是一个男人”这类由左脑主导的命题范围，而是仅仅感觉那些难以用语言描述的线条和空间，正因为如此，也就将学生的思维功能从左脑引导到右脑，从而有效地探测出被试的空间形象思维能力。又如零件装配一项，呈现给被试的是一组拆开了的机器零件图(图 7-2)，要求被试在一定的时间内将这些零件图拼画成一台机器的图样。解决这个问题需要被试有较好的空间想象力、形象记忆能力以及辨别部分与整体关系的能力。

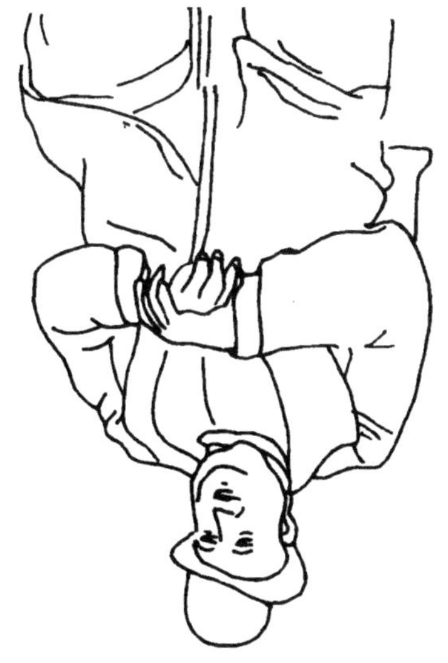

C3 倒置临摹

图 7-1

这是一幅倒置的人物肖像画。请你不要把它正过来，照此在答卷纸上画出这幅画。

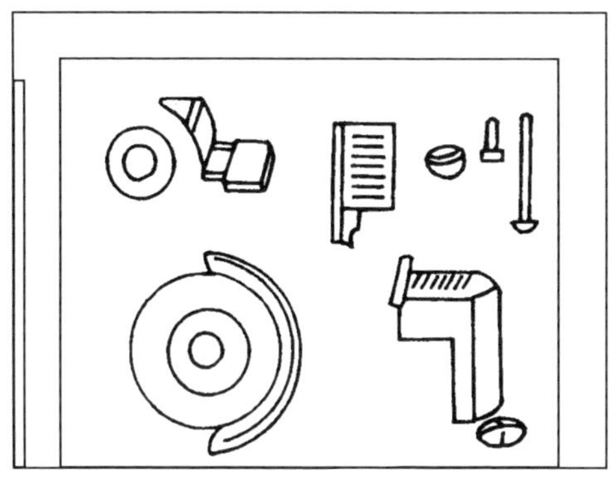

C2 零件装配

图 7-2

这是一台拖拉机的零部件图，请你在答卷纸上相应题号下把它们拼成一台拖拉机图。画得基本像就可以。

关于测验对形象思维一般发展诸能力因素的评定见表 7-2。

表 7-2 测验构成对形象思维一般发展诸能力因素的测量评定

能力分类	能力诸因素	测验构成
直觉判别	直觉观察、把握整体的图形识别能力以及凭直觉判别事物基本特征和细小差别的能力	A1、A2、A3
图形类比	对图像的判别、概括、类比、推理能力	B1、B2、B3
分解组合	对图形表象的记忆能力、把握部分与整体关系的能力	C1、C2、C3
联想想象	方位直觉能力、围绕原型展开联想的能力以及理解立体和平面图形关系的能力	D1、D2、D3、D4、D5
直觉速度	对图像的识别速度和灵活性以及空间形象、位置判断能力	E1、E2、E3

第三节 初测结果与分析

本测验于 1995 年 5 月印刷成册，并与指导手册、答卷纸及记分登记表、测量报告书相配套，按预定样本分布，在北京市中小学内取样试测，目的是对测验编制进行初步论证，同时对北京市中小学生形象思维一般发展的状况进行研究以及对课题研究的成果有所评定。

样本的选取是按分层(年级)成组(自然班)取样为主，从小学一年级一直取样至高中一年级。根据中小学生招生总数的分布，城区与乡镇、农村的在校人数比例约为2∶1∶1，总体按城区50%、乡镇和农村各约25%控制，以适应北京市的自然状况和将来被试来源分布的需要。男女比例各半。

1995年7月底，在北京市东城、西城、崇文、宣武、朝阳、海淀、石景山、昌平、房山、怀柔等区县进行了取样，总人数1500人，每层平均人数为150人。

由于取样试测正值初三、高一统考，加之其他客观原因，取样未达到预想分布，故在统计分析中舍去了这部分数据。

一、测验编制的质量分析

为了检验量表的编制质量，我们对样本团体的测验结果，进行了初步的技术分析。

（一）测验的难度、区分度

测验项目的难易程度叫难度，一般用P值来表示。P值用数字表示，即受测者答对的分数占总体平均分数的百分比。数值越高（越接近于1），题目越容易；数值越低（越接近于0），题目越难。难度指数P值的统计曲线如图7-3所示，各年级总平均得分率随年龄增长而提高，这说明本测验有较适宜的难度。

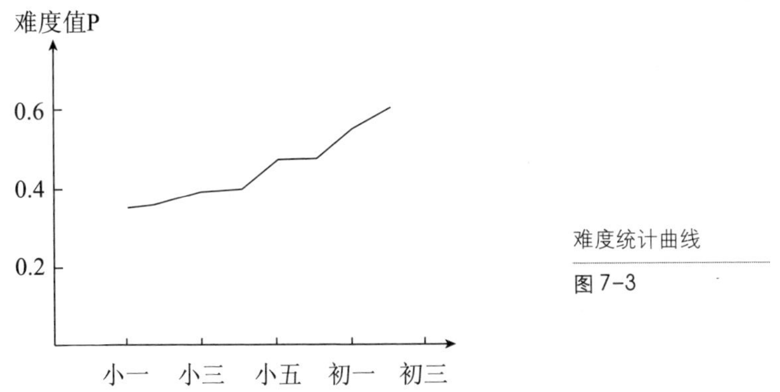

难度统计曲线

图7-3

所谓区分度，是指测验项目对所测心理特性的区分程度或鉴别能力，一般用指数D来表示。它的计算方法是取样本团体中最高端27%的人数在该题上的得分率减去最低端27%的人数在该题上的得分率。D 值一般控制在 0. 2 以上为宜。鉴别指数 D 值的统计曲线如图7-4所示，明显高于控制线。由此可确定，本测验的各项内容能较好地鉴别中小学生形象思维一般发展的水平。

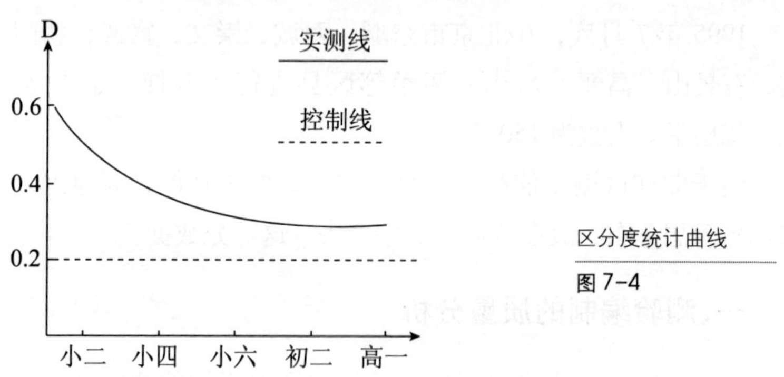

区分度统计曲线

图 7-4

(二)测验的信度

测验的信度，表示测量的一致性程度。我们通过对项目的再测统计对测验的信度值进行了分析，结果见表 7-3。

根据文献，一般能力测验或成就测验的信度系数在 0. 80 以上，即可认为该测验有一定信度。上述统计结果，呈现了较为满意的信度值。

表 7-3　形象思维一般发展测验信度统计

信度类型	人数	时间间隔	信度值	P 值
再测信度	54	5 个月	0. 906	< 0. 001

(三)测验的效度

效度表明测量的正确性，即测验能够测量出其所要测量的东西的程度。本测验的效度，从以下几方面得到证实。

(1) 测验的研制过程中，有关专家一致认为，美术、音乐两门学科对学生形象思维发展有重要意义。用本测验对初一美术实验班与对比班进行测查，结果见表 7-4。

表 7-4 初中美术实验班形象思维一般发展测验统计

年级		人数	平均分	标准差	T 检验	重叠量
初中一年级	实验班	48	66.9	7.88	11.4***	2%
	对比班	45	44.4	10.77		

注：＊差异显著，＊＊差异非常显著，＊＊＊差异极其显著。下同此，不另注。

统计结果表明：由于实验班在课程设置上或教法上都加强了绘画技能技巧的培养训练，学生的直觉判别、图形类比、分解组合、联想想象等形象思维一般发展的水平也普遍高于对比班，均达到显著水平。

根据文献，在效度统计中，往往会因统计人数多而产生“差异显著”的结果，而这种结果对于证实效度是无实际价值的，所以必须统计“重叠量”，即“对比班中得分超过实验班平均分的人数所占实验班总人数的百分率”来进一步证实其差异显著性，重叠量一般不超过 10%。本统计结果，重叠量为 2%，从而证实实验班与对比班差异显著的客观性、测验结论及现实表现与专家构想一致。

（2）目前，我国常用的韦克斯勒智力量表，是比较有特色的智力测验，该测验在编制上分为言语和操作两部分；根据科学家对左脑切除病人的观察发现，病人在切除左脑后，其在韦氏操作测验上的智商得分(110 分)，竟与手术前完全相同，而其言语智商则从手术前超过平均水平的 115 分降为零[1]。这一科学观察，使我们看到韦氏操作测验具有形象思维的性质。为此，我们取同年级学生用本测验与韦氏操作测验分别进行测试，求得两项测验的相关系数为 0.75，由此证实本测验对右脑功能的探测性。

（3）在测验编制过程中，我们曾两次专门召开会议，请各方面专家学者以及教学第一线有丰富经验的教师和幼教工作者，对测验题目的选择进行推敲论证。最后确定的题目，得到广泛的认可。与会

〔1〕 布莱克斯利. 右脑的奥秘与人的创造力[M]. 董奇，杨滨，译. 北京：国际文化出版公司，1988：126.

者根据自己的经验，认为测验试题能够很好地反映中小学生形象思维一般发展水平。这个工作保证了测验的构想效度。

综上所述，测验的难度、区分度、信度、效度均在实测统计结果中得到了证实，表明测验的编制质量是好的，是可用的。

二、中小学生形象思维一般发展的现状

从图 7-5 可见，样本团体的测验成绩(总平均得分率)随年级升高呈现上升的趋势。这一统计结果说明学生形象思维的一般能力的发展是随其年龄增长而不断提高的，这与人类智力自然发展的趋向相一致。但小学阶段的发展水平略显偏低，小学高年级到初中发展也不够均衡。

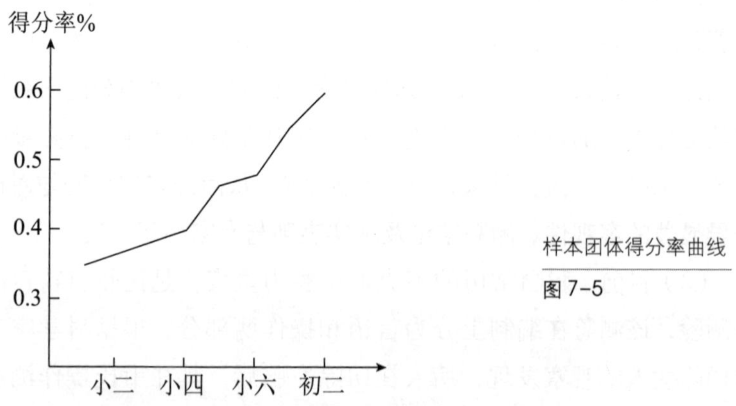

样本团体得分率曲线

图 7-5

测查结果表明，中小学生形象思维一般发展在性别上差异不显著。单项统计结果表明，直觉判别一项差异不显著，图形类比方面女生略有优势，分解组合、联想想象和直觉速度几方面男生均有优势。

测验对实验班进行了抽样测查，结果见表 7-5。

表 7-5　实验班与对比班形象思维一般发展测验统计

年级		人数	平均分	标准差	Z 检验
小学三年级	实验班	90	41.8	10.61	2.81**
	对比班	46	37.2	8.12	

续表

年级		人数	平均分	标准差	Z 检验
初中一年级	实验班	48	66. 9	7. 88	11. 4***
	对比班	45	44. 4	10. 77	

所抽测的实验班，虽然都只有一两门课进行教学实验，但由于课题组实验教师遵循“开发学生右脑，发展形象思维”的实验宗旨，在教学进程中，有意识地挖掘学生的右脑潜力，把抽象与形象两种思维方式有机结合、协同发展，使教学过程发生了深刻变革。统计结果表明，实验班学生形象思维能力的发展明显高于对比班，达到显著水平。这一测查结果给我们一个很大启发，即形象思维能力是可以通过教学培养而提高的，教育教学应高度重视形象思维的开发。

三、结论

从课题研究需要出发，依据一定的理论，编制一套形象思维一般发展测验是具有重要意义的。经过统计分析，该量表有一定的质量保证，是可用的。但是，编制一套科学可用的测量工具，需要遵循一定的科学程序，进行大量精细的工作。形象思维一般发展测验的编制工作还需要依据初试结果和获得的反馈信息，对测验的个别题目、测查方式以及测验的各项权重分数、施测的时间控制等进行调整、完善，并进一步拓展施测，建立北京市常模。

通过取样试测的结果，我们了解了北京市中小学生形象思维一般发展的现状，但由于取样还不够充分，这个结果仅能作为进一步研究的基础；测验经进一步修订拓展常模后，会全面展示北京市中小学生形象思维一般发展的现状及其发展趋势，为教育教学改革提供科学依据。

第二编

中小学生创新能力的培养

第八章 培养创新能力是时代的使命

第一节 中华民族是富有创造精神和创新能力的伟大民族

胡锦涛同志指出："实现创新驱动发展，最根本的是要依靠科技的力量，最关键的是要大幅度提高自主创新能力。只有具备强大科技自主创新能力，才能在全球日益激烈的竞争中牢牢把握发展主动权，才能真正建成创新型国家。"〔1〕

百年大计，教育为本。建设创新型国家必须依靠教育。在21世纪，培养人的创新能力已成为教育工作的一个重要主题。特别是培养青少年的创造精神和创新能力，这是人类社会赋予我们教育工作者的历史使命，也是中华民族持续生存与发展、立足于世界民族之林的必然要求。在中小学构建培养创新能力的教育教学机制，已成为摆在教育工作者面前的一项紧迫的任务。

中华民族有过历史上的辉煌。中国与古埃及、古印度、古巴比伦一样，也是世界上最古老的文明国家。由奴隶制向封建社会过渡的春秋战国时期，就是我国历史上的一个重要的发展时期。当时，

---

〔1〕 胡锦涛．在中国科学院第十六次院士大会、中国工程院第十一次院士大会上的讲话[N]．人民日报,2012-06-12(2).

铁器的发明和使用提高了劳动生产力；私田和佃耕制的实行以及商业和都市的发展说明了生产关系的变化；诸侯各国采取“礼贤下士”的政策，促成了思想解放和学术上“百家争鸣”的局面。在这一时期，有着许多重大的发明创造。指南针在战国时期已有应用。齐国管仲著《管子》一书，总结了天文、历法、农业、水利等多方面的科学知识。鲁国墨翟撰《墨经》，在力学、光学、几何学以及杠杆原理和时空观方面，都有重要的论述。这一时期，还有以《吕氏春秋》为标志的农学成果，以《黄帝内经》为标志的病理学和针灸学成果，以《禹贡》为标志的地学成果。这些成果的取得，使古代中国呈现文化科学发展的盛世，并集中地表现了中华民族的聪明和智慧。

先秦之后，数学的发展有了突出的成就。公元前 100 年最古的天文算学《周髀算经》问世，勾股定理在中国产生。古代数学的重要典籍《九章算术》在公元前 3 世纪到 1 世纪成书。西晋之后，刘徽和祖冲之分别注释了《九章算术》，在数学上取得辉煌成就。祖冲之对圆周率 π 的研究取得了当时世界上最好的结果，即 $3.1415926 < \pi < 3.1415927$。这个结果比欧洲早了一千多年。祖冲之的这一精心推算应该说是数学史上的一个奇迹。汉代张衡制作的浑天仪、132 年发明的地动仪都是世界上最早的测候地动的机械装置。从汉代到魏晋南北朝，我国的医学也有了很大的发展，出现了张仲景、华佗等著名的医学家。华佗精于方药、针灸及外科手术，其医术在当时世界上处于领先的地位。造纸，古代早已有之，105 年蔡伦总结推广前人的经验改进了造纸术，用树皮、麻头、破布等为原料，开始大量造纸。这对人类社会也是一大贡献。

唐、宋两代时中国封建社会已处在发展的盛期，科学技术方面的创造发明也有其突出的成就。唐代天文学家已能进行大型天文观测，并取得高度准确的各种天文数据，用以制定历法。全国大地图《海内华夷图》在 785—801 年绘制完成。在唐代，农学著作《四时纂要》《种植法》先后问世，第一部国家药典《新修本草》修订完成，农业、冶金、纺织、城建、水利等行业的技术也都获得了很大的提高。到了宋代，科技又得到了长足的发展。四大发明之一的火药在我国出现的最早，宋人曾公亮、丁度撰写的《武经总要》已有火药配方的记载，这是世界上最早的书面记录。我国也是最早发明印刷术的国家，公元前就已流行印章捺印，5 世纪已出现拓印碑石的方法。造纸和制墨技术出现之后，又逐渐发明了雕版印刷，这在唐代已经很盛行，并先后传到朝鲜、日本、越南、菲律宾、伊朗等国。到了宋代庆历年间(1041—1048)，毕昇又发明用胶泥刻字，火烧成坚，制成活字版。这是世界上最早的活字印刷。此外，沈括的《梦溪笔谈》全面总结了已有的科学成就，并在天文、数学、光学、磁学、地学等方面又有新的建树。宋代在医学，特别是解剖学、针灸和外科医术方面也有突出的成就。正如香港《亚洲周刊》一篇文章中所言：一千年前，整个西方仍在蒙昧时期，中国则是北宋开国不久，一片繁荣升平景象。根据西方人所著游记《光明之城》，以及马可·波罗留下的《东方见闻录》，南宋及元代的繁荣程度对西方人而言，简直不可思议。由此可见，当时东西方的差距之大。

中华民族五千年的历史培养了一大批有创新精神和创造能力的科学技术方面的专家。除了上面提到的张衡、祖冲之、毕昇等，还有隋代李春设计建造了赵州桥，它是世界上第一座大跨度(37.37 米)的单孔石拱桥；明代李时珍用一生的心血著成了医学巨典《本草纲目》；明代徐宏祖历时三十余年考察祖国的山川地貌，开世界石灰岩地貌研究的先声，撰写了《徐霞客游记》。在中国这块土地上，许许多多知名与不知名的专家学者，用自己的智慧和辛勤劳动谱写了我国古代科学技术发展的辉煌篇章。正如英国著名的科技史学家李约瑟所说，中国古代的许多发明、创造都远远超过同时代的欧洲，特别是在 15 世纪之前更是如此。古代的这些科学技术专家之所以取得优异的研究成果，是和他们追求真理、敢于创新的精神分不开的。就拿历法来说，古代的每一次历法改革，都要冒着“非圣无法”、“诬天背经”的风险，通过斗争才取得的。我国“成文的历法，从周末到汉初的古四分历开始，经过了一百多次的历法改革，在改革和斗争中不断进步和完善，达到了相当高的水平”[1]。古代的封建统治者常以水患为神意而不可抗拒，明代治理黄河的专家潘季驯大胆指出：“神非他，即水之性也。”他认为把水患“归天归神”完全是“愚夫俗子之言，庸臣愎吏推委之词”。他在非神观念的指导下，在治理黄河的实践中发展了我国的水利科学。[2]还有清代的医学专家王清任认为“业医诊病，当先明脏腑”，敢于冲破封建礼教的束缚，不怕疫病的传染，不顾尸体的恶臭，曾去坟冢考察患瘟疫死亡的儿童尸体，去刑场检验尸体脏器结构。经过四十二年坚持不懈的努力，终于写出了《医林改错》一书，并绘制了二十五幅人体腑脏图，修正了古代医书的一些错误。这种追求真理的科学精神和求实的作风是非常宝贵的。潘季驯、王清任以及古代的历法工作者只是古代科技专业方面的普通的代表人物，但从他们身上反映出中华民族坚韧不拔的毅力和无穷的创造力。我国古代的科学技术工作者为中华民族的历史写下了光辉的一页。

中华民族的创新能力还表现在思想文化、文学艺术领域。在长达数千年的悠久的历史上出现了许许多多优秀的思想家，从孔子到孙中山，都给我们留下了宝贵的精神财富。孔子创立儒家学派、创办私学，为我国古代教育思想奠定了基础，这本身就是一种创举。他提出“有教无类”、“礼贤下士”、“举贤才”以及因材施教的教育教学原则等一系列的思想论述，在当时来说，就是一种伟大的创新，而且影响深远。他的许多论述成为警世格言。到了21世纪，世界也不能不公认孔子是我们这个星球上伟大的思想家。老子、墨子和孟子也有他们的独到之处。老子具有朴素的辩证思想。墨子创立了墨家学派。孟子在孔子死后进一步发展了儒家学派的思想，有他的创新。孟子提出性善论，在认识论上强调了“思”。他认为：“心

---

〔1〕 陈久金．中国古代的历法成就[M]．北京：中国青年出版社，1978：38.

〔2〕 毛礼锐．中国教育史简编[M]．北京：教育科学出版社，1984：363.

之官则思，思则得之，不思则不得也。”（《告子上》）同时代的荀子也是儒家学派，但与孟子不同。他发展了孔子思想中的唯物主义因素，并和孟子相反，提出了性恶论。汉代伟大的唯物主义思想家王充反对董仲舒的唯心主义，认为天地就是自然，人的知识来源于感官见闻，“不目见口问，不能尽知也”（《实知篇》）。他用了三十年撰写《论衡》，“疾（反对）虚妄”，批判了当时的封建迷信思想。这是一部被封建统治阶级视为异端的批判性著作，当时不能公开流行，死后千年才公之于世。在唯心主义盛行的现实面前，能够坚定地提出自己的唯物主义观点是非常难能可贵的。在王充身上体现了创造性的批判精神。唐代思想家韩愈提出“文以载道”的思想对后世影响很大，他所作的《师说》成为我国古代教育文献的珍品。他提出，“道之所存，师之所存”，“弟子不必不如师，师不必贤于弟子”，“三人行，必有我师”，应该说是创造性地发展了《学记》中“教学相长”的思想。明代教育家王守仁虽然整个思想体系是主观唯心主义的，但他反对死读儒家经书，对当时的教育提出了非常尖锐的批评，并提倡独立思考，强调“行”的重要性。这在当时程朱理学派占统治地位、迷信权威风行之时，有着解放思想的积极作用。程朱理学把“存天理，灭人欲”作为道德教育的出发点。明末清初的思想家王夫之则提出“有欲斯有理”，天理就在人欲之中，不能理、欲对立起来，“灭人欲”就会阻碍人性的发展，正当的人欲是合乎天理的，应该得到满足。他系统地批判了理学的错误主张，在我国的思想理论发展史上也是很有贡献的。

在文学艺术领域，中华民族的创造与创新精神表现得尤为突出。从《诗经》《楚辞》到唐诗、宋词、元曲，以及明、清两代的小说，出现了多少光辉灿烂的不朽作品；从屈原、李白、杜甫、白居易，到罗贯中、曹雪芹，又有多少伟大的爱国诗人和杰出的文学艺术家。仅唐代著名的诗人就有二百多位，留下的杰作有千余篇。这些文学艺术作品有着共同的现实主义民族文化传统，无论在思想内容还是艺术形式上都有着明显的文化继承关系。比如，李白的诗歌在现实主义的基础上又有浪漫主义的色彩，应该说是与《楚辞》有关，而杜甫的诗歌浓郁的现实主义气息却与《诗经》有着密切的关系。但是，这些文学艺术作品无论在哪一个朝代，都反映出各种不同的艺术流派和各自的独特的艺术风格，是真正的推陈出新，处处表现出文学艺术家们永不枯竭的创造力和生生不息的创新精神。这些宝贵的文化遗产是中华民族的精神财富，它哺育一代又一代人健康成长，并不断为人类社会做出应有的贡献。

五千年的思想文化成果足以说明，中华民族是富有创新精神和创造力的伟大民族。中华民族的创造力，就在于她始终保持了旺盛的积极进取的精神，以批判的务实的科学精神面对复杂的内外社会矛盾，求得生存与发展；就在于她始终以开放的、宽阔的胸怀容纳外来的文化，并不断地吸收其优秀的成分丰富与完善自己；就在于她始终以连续的、完整的、独立的思想文化形态，置身于世界民族之林，并以自己的智慧和辛勤的劳动创造出灿烂的思想文化和卓越的丰硕的科技成果，贡献给人类社会。

第二节 历史的机遇与时代的使命

古代的中国领先于世界，而在近代和现代我们落伍了。三百年前，我们失去过由新兴的工业技术来改变农业经济的一次机遇。17世纪末，中国的康熙皇帝和俄国的彼得大帝都在锐意改革。康熙兴修水利，发展农业，改革税制，经济有了很大的发展，开创了“康乾盛世”。然而，他与彼得大帝的根本不同在于对刚刚处于萌芽状态的工业化认识不同，康熙对发展新产业、兴办工厂没有兴趣，彼得却跟上了时代的步伐。“一个半世纪以前中国丧权辱国的最深层次的原因，就是在海上新航路把世界连为一体以后，新兴的西方工业化经济冲垮了中国的小农经济。”[1]三百年后，我们在现代科学技术特别是信息科技方面仍然落后于美国和西欧国家。随着信息时代和知识经济的到来，我们必须有充分的思想准备，迎接新的历史的考验。过去，我们失去了由“农业时代”向“工业时代”转换的良机，造成一百多年经济发展的滞后和民族的屈辱；现在，由“工业时代”向“信息时代”转换的到来，我们必须抓住这一历史机遇，努力赶上时代发展的潮流，开创民族历史的更加辉煌的一页。

抓住历史机遇的关键，是一个民族在当今社会上能够生存与发展的头等大事。从根本上说，没有创新就没有人类社会的发展与进步。人类社会的历史和现实的发展是如此，未来社会的发展就更是如此。特别是在21世纪，面临着知识经济的到来和激烈的国际竞争，对于一个国家和民族来说，创新就显得极为重要了。

我国社会主义现代化建设从总体发展上来说正处在一个关键时期。虽然改革开放的三十多年来我们取得了伟大的成就，但是从客观上分析，我们与发达国家相比还有很大差距。有些高新技术产业我们还落后于发达的资本主义国家。世界各国都非常重视科学技术的发展以及它在促进经济发展中的重要作用。从科学到技术应用的周期已大大缩短，而高技术的产业化已成为时代的潮流。在世界经济一体化的过程中，谁的高技术产业发达，谁受益就大。因此，高科技领域以及高技术产业的竞争就成为必然的趋势。而在这背后就是高科技人才的竞争，就是教育的竞争。关于这一点，邓小平同志高瞻远瞩，1988年他提出了“科学技术是第一生产力”的英明论断，又多次强调“四个现代化，关键是科学技术现代化”，“科学技术人才的培养，基础在教育”。从知识经济的特点上看，它表现在知识与经济活动密切而广泛的联系方面，包括经济的知识化投入、知识化决策、智力性价值取向、网络化市场，以及保证经济的可持续性发展；而从知识经济的本质上看，作为生产力的核心是高素质的

[1] 吴季松．知识经济[M]．北京：北京科学技术出版社，1998：2.

有创造力的人，“创新是知识经济的灵魂”[1]。为了保证我国社会主义现代化建设的顺利进行，适应世界经济发展的形势，并能逐步缩短差距，赶上和最后超过比较发达的国家，就必须培养大量的有创新能力的高素质的人才。正如邓小平同志所指出的：“我们国家，国力的强弱，经济发展后劲的大小，越来越取决于劳动者的素质，取决于知识分子的数量和质量。一个十亿人口的大国，教育搞上去了，人才资源的巨大优势是任何国家比不了的。有了人才优势，再加上先进的社会主义制度，我们的目标就有把握达到。”[2]

面对急剧发展变化的国际形势，面对知识经济和科学技术的迅猛发展，为适应飞速发展的社会主义现代化建设，我国的教育必须加大改革的力度，走创新之路。其中要把培养学生的创新精神和创造力放在重要的位置。现在提出教育必须走创新之路，并不是说过去的教育一无是处，成绩是显而易见的；强调培养学生的创新能力，也不是说过去的教育一点也没有培养创新能力，而是在不完全自觉的情况下进行和得到的。有的教育甚至会扼杀孩子们的创造力，这在教育发展史上和现实的教育实践中并不少见。对于中小学生来说，并不要求他们像科学家那样有什么重大的发明创造，而首先要求和培养他们有创新的意识、创造的精神。这种意识、精神是在宽松的教育环境和科学的教育实践的过程中不断形成和加深的，并逐步提高他们的创新能力。这就对教育工作提出了更高的要求。传统的以“应试”为主要目的的教育显然不能适应这种要求。这不单是一个教学方法的问题，而是涉及教育思想、教育制度、教育内容、课程结构、教材教法等一系列的问题，是一个综合性、系统性的教育工程。加大改革的力度，实现教育的创新要有几个大的转变。

第一，彻底完成由单纯的升学教育向素质教育的转变。素质教育并不是不要升学考试，而是不要把考试、升级、升学看作唯一的或主要的目标。应该特别重视教育过程，使其科学有效地进行，使

---

〔1〕 吴季松．知识经济[M]．北京：北京科学技术出版社，1998：27.

〔2〕 中共中央文献编辑委员会．邓小平文选：第三卷[M]．北京：人民出版社，1993：120.

学生的素质(包括德、智、体、美等)得到全面的提高，使每一个学生的潜能都能得到充分的开发。这一转变需要包括教师、家长在内的社会整体认识水平的提高，并充分体现在教育实践中。比如，学生评优不能只看分数的多少，要看他的素质全面发展的状况和进步的大小；不能为了升级升学而无限度地加重学生的课业负担，要讲究科学的教育方法。

第二，彻底完成由“灌输”知识式的学习向探究创新性学习的转变。探究创新性学习并不是不要教师的讲授、引导，而是不要那种刻板的机械的讲授。在教育教学的过程中应该使学生始终处在积极向上的主体地位，不是把已有的经验性知识被动地传授给学生，而是让学生充满兴趣地主动地去获取知识。如何使学生积极主动地学习？ 不仅要培养学生的学习兴趣，还要让他们有一种社会责任意识，逐步树立为人类社会探究、创造的远大理想，教给他们探究学习的方法，在日常学习和生活中养成良好的善于思考的行为习惯。

第三，由以课程安排为标志的计划性、标准化培养模式向多样性、个性化培养模式转变。在过去的计划经济体制的影响下，我国的各级各类教育的运行机制过分地强调整齐划一，缺乏机动性和灵活性，不利于创造性人才的培养。应该根据地区、学校和学生个人的实际情况，增加课程和学习方式的多样性和可选择性，使学生的个性特长得到充分的发挥。每一学科在学生的学习过程中，都要使他们感受到内容的丰富性、理论的深刻性、发展的无限性以及和社会生活实践的密切关系。特别是作为学校课程重要组成部分的活动课要充分体现多样性、个性化，致力于培养学生的创造性。

第四，由传统的封闭式的学校教育向开放的社区化教育转变。特别是幼儿教育和中小学教育应该加强与社会实际生活的联系，密切学校与家庭、社区的关系，使其成为一个完整的、有机的、动态的教育网络。为学生创造一个宽松的教育环境，应包括他们生活和学习的每一个角落。从小培养他们的社会实践活动能力，这是创新精神和创造力形成的基础。这种转变不仅需要教育工作者的高度重视，更需要包括社区在内的各级行政领导的大力支持，使学校与社区、社会各方面形成一个有机的整体，保证学生社会实践活动的深入开展，让学生发自内心地爱家庭、爱学校、爱社区，并自觉地为社会大家庭服务。

第五，学校的教育职能由单一性向协调性、综合性转变。创新能力的培养不单是一个智育的问题，更应该注重学生综合素质的全面提高。全面素质的提高是创新能力发展的基础，我们要在这个基础上构建培养创新能力的教育教学体系。

第六，逐步实现比较落后的教育教学方式手段向现代化的转变。现代的科学技术日新月异，电脑软件和信息网络化技术越来越迅速地改变着人们的生活和学习方式。应该加大这方面的投入，使我们的教育能够充分地利用现代化技术，更有效地提高学生的学习效率和智力水平。信息网络化技术的推广普及，不仅是教育改革的需要，也是现实生活与时代发展的必然要求。

完成这六个转变，最重要的是教育思想的转变。让我们以饱满的改革热情，用创新精神和科学的头脑，抓住历史机遇，完成时代赋予我们的特殊使命——为中华民族培养千千万万的创新型人才。

第九章 创造学概述

第一节 创造力、创造与创新

一、对创造力的认识

创造力就是进行创造活动的能力。回顾人类社会漫长发展的历史，我们会发现对创造力的认识有两个重要的方面：一是人类自身的创造力在生产劳动和其他各种社会实践活动中不断得到发展；二是人们对人类自身创造力的认识也有一个过程。

(一)人类自身创造力在不断发展

劳动创造了人类，人类在社会劳动中创造了社会的物质文明和精神文明，与此同时，也不断地提高了人类自身的创造力。

人类的祖先——站立起来的人，手和脚有了分工，用自由了的手开始制造工具，逐步提高了劳动效率，促进了生产的发展。在劳动过程中，人与人之间的协作交往，产生了语言，人脑与其他器官也随之进化，从而发展了思维，首先是形象思维。

人们在生产劳动过程中，不断寻求对劳动工具、劳动对象、劳动组织的规律性的认识。从打制石器产生技术开始，知道了“其然”，再寻求其“所以然”，加强了脑力的劳动。从靠狩猎维持生存，到发明了弓箭等远距离杀伤武器，提高了狩猎效率，因此猎物有了剩余，人类进入畜牧时代。人类从钻木取火、制陶技术发展到冶炼铜铁制造金属农具，从而结束了上万年迁徙不定的游牧生活，进入了“自给自足”的农业生活，开始了几千年的以农业为主的农业社会。

定居的农业生产，改变了群体单一生产的社会结构，出现了按农业、畜牧、手工业等多种生产方式的分工。在社会分工的同时，产生剩余物品的交换。有了交换、有了私有财产，就有了剥削，有了统治者和被统治者，产生了阶级，人类开始进入了阶级社会(奴隶社会)。

农耕畜牧的人群集中在一起生活，形成了最早的村落。从事手工业、商业的人群集中在交通比较发达的物品集散地，形成村镇或城市，人类开始有了自己的文化和文明。所谓文化，是指人类创造的物质财富和精神财富，更多的是指精神财富，即精神文明。所谓文明，是指社会整体的生产手段，主要指人类控制自然、摆脱动物性生存条件的程度，即生活资料、生产技术的进步程度和工具及材料加工的水平，即常说的物质文明。

18 世纪下半叶至 19 世纪中叶发生了产业革命，建立了大机器工业生产，工业资本在经济中占据了优势，由此人类进入了工业社会，而且至今已有几百年的历史。蒸汽机的出现，化工、电力、无线电及核技术的发明及应用，汽车、飞机、宇航等人类划时代的创造与贡献层出不穷。20 世纪中叶以来，以电子信息、生物技术和新材料为支柱的一系列高科技取得重大突破和飞速发展，科学技术日益渗透于经济发展和社会生活各个领域，成为推动现代生产力发展的最活跃的因素和现代社会进步的决定性力量。人类进入所谓后工业社会(或信息社会)，又面临知识经济时代的挑战。[1]

---

〔1〕 宋健. 现代科学技术基础知识:干部选读[M]. 北京:科学出版社,中央党校出版社,1994:序及第一章.

人类在创造自己的物质文明和精神文明的过程中，不断地发展了人类自身的创造力水平。

(二)对人类自身创造力的认识过程

人类赖以生存的地球的年龄约有46亿年，人类的历史有几百万年，人类自己的文化生活有五六千年的历史，形成并发展了如前所述的人类文明。人们对自然界变化和人类社会发展的认识，从崇拜“图腾”到崇拜“神”，从无所不包的“哲学”到建立在实验、观测基础上的近代科学的发展，真实地反映客观世界运动规律是近代科学的起点和标志。人们对自身创造行为的关注，也是在人类社会的发展及人类文明的发展过程中逐步发展的。在古代，人们大都认为创造是神赐予的或“上帝的启示”，尚未认识到自身的力量。后来，人们逐步摆脱了神的束缚，视人为创造者，这时认识到只有极少数的“天才”、“伟人”才具有创造能力，绝大多数人是不具备的，进入工业化时代，人们才逐渐认识到绝大多数人都具有创造力。因此，可以说，人们对自身创造力的认识有三个阶段：神—“天才”—绝大多数人。

二、什么是创造、创新

近年来，“创造”、“创新”是被频繁使用的词语。这些词是在“知识经济”、“国家创新体系”的大背景下提出来的。创造、创新的含义日益丰富，其正名似乎也日益含糊，因此需要有个界定。

劳动创造了人类，人类在社会劳动中创造了社会的物质文明和精神文明，与此同时，也不断地提高了人类自身的创造力。按人们的习惯用语，有关创造活动，在不同领域有所不同。

科学是人类探索自然和社会现象并取得认识的过程和结果，本质上属于认识世界的范畴。科学领域中的创造，通常称为“发现”(discover，find)。

技术是人类在改革世界过程中所采用的手段，技术领域的创造，通常称为“发明”(invention)。

文学艺术领域的创造、创新，通常称为“创作”，体育领域则称为“创纪录”等。

(一)何谓创造

对创造的确切定义众说纷纭，难于一时取得一致，在此不做深究，主要把握创造的主要特征即可。《辞海》的解释是：“首创前所未有的事物。”[1]心理学的解释是：“创造是提供新的、第一次创造的、新颖而且有社会意义的产物的活动”[2]，或“创造是一种行为表现，该行为表现的结果富有新奇与价值”[3]。由此可见，创造包含首创、新颖(新奇)、有意义(有价值)的意思；还有创造是一种活动(行为)或事物(指活动或行为的结果)。我们采用较简单的界定：“创造是提供新颖的、有意义(有价值)的成果的活动。”它包括以下两层含义。

其一，创造必须是新颖的或首创的、独创的。凡是创造必有新的特点，意味着前所未有的、新颖的成果，不能是简单的重复或原样模仿。

其二，创造必须是对社会有意义或有用的，解决存在的实际问题或理论问题。

当然，“新颖的”、“有意义(有价值)的”有其相对性。一般理解的创造，其“新颖”及“有意义”指的是对全人类范围而言，即“首创前所未有”、“第一次”之意，具有世界意义，为人类知识宝库增加了内容。像爱因斯坦的“相对论”，就是“严格意义”的创造，或称“狭义创造”。所谓“原创”(orginal)，即属此类。

“广义创造”是相对一定范围(对个人、本系统或地区、本国等)而言，是“新颖的”、“有意义的”。

人们总是从相对个人或小地域的创造(即“广义创造”)开始，努力做出对更大范围乃至对全世界都是“前所未有”的创造(即“狭

[1] 辞海编辑委员会．辞海[M]．上海：上海辞书出版社，1979：183.
[2] 曹日昌．普通心理学：上册[M]．北京：人民教育出版社，1980：179.
[3] 张春兴．教育心理学[M]．杭州：浙江教育出版社，1998：245.

义创造”或“严格意义”的创造)的成果。例如，运动成绩先要破本人纪录，然后破本校(本市)纪录，努力打破国家纪录甚至世界纪录。从这个意义上说，广义创造是狭义创造的沃土或基础，狭义创造则是我们要为之奋斗的目标 。[1]

(二)何谓创新

对创新的理解，大体有两种，一种是经济领域的，另一种是一般意义的。

1. 经济领域的创新概念

经济领域的创新概念多认为是美籍奥地利经济学家约瑟夫·熊彼特第一次提出的(1912年)。“创新指的是：一种生产函数的转移，或者是一种生产要素与生产条件的新组合，其目的在于获取潜在超额利润。”他把创新概括为五种形式：①创造一种新产品；②采取一种新生产方法；③开辟一个新市场；④取得或控制原材料或半制成品的一种新供应来源；⑤实现任何一种新的产业组织方式或企业重组。[2]这实际上已包含组织创新、管理创新、营销创新等。

2. 一般的创新概念

虽然《辞海》中无“创新”一词，但在中国社会科学院语言研究所编的《现代汉语词典》中，有“创新”及“创造”的解释。“创新：①抛开旧的，创造新的。②指创造性；新意。”“创造：想出新方法、建立新理论、做出新的成绩或东西。”[3]这里，创新与创造含义相近，甚至创新比创造含义更广。

我们在本书中采用“创新”的一般概念，与“创造”的基本含义是一致的。

〔1〕 北京市科技干部局，北京继续教育协会.创造学及其应用[M].北京：科学普及出版社，1998:3-22.
〔2〕 陈伟.创新管理[M].北京：科学出版社，1996:4-5.
〔3〕 中国社会科学院语言研究所词典编辑室.现代汉语词典：修订本[M].北京：商务印书馆，1997:5.

第二节 创造力的研究

所谓创造力研究，从其本源来看，主要来自以下两条途径：①来自实践的或应用的研究，即来自一些有识之士对于人类创造潜力发挥最为凸显的方面，主要是对科学技术，特别是对技术发明领域的特殊关注和研究；②来自心理学的研究。

我们知道，人类的创造实际上是无所不在的，但是，无论是哪一方面，归根结底，首先是因为有了作为“第一生产力”的科学技术的创造，其他的一切创造才成为可能。而且，这也不仅是对现代社会而言，即便是人类早期，同样也是因为首先有了最初的生产工具被发明创造出来，才会有以后的整个人类社会的生存、进步和发展。而最初的生产工具，就是人们的“技术发明”的成果，尽管那还只是非严格意义上的“技术”[1]。

一、创造力研究历史简介

（一）萌芽阶段（18 世纪以前）

在这个阶段，人类大多是迫于生活、生存或简单生产的需要而进行各种创造性劳动，如人们建造各式的住所，种植不同的粮食，饲养多种家禽、家畜，制造必要的自卫武器及生产工具等。

早期，只有少数人对人类的创造行为有所思考。像我国古代的玄学、禅宗在论道、悟道方面，曾提出过一些卓有成效的创造性思维方法。《论语》《汉书》等都有关于“创造”的说法，其后也有学者从多个角度涉及创造。公元前 300 多年，古希腊亚里士多德著有

---

〔1〕 傅世侠，罗玲玲.科学创造方法论[M].北京：中国经济出版社，2000：5-6.

《工具论》《心灵论》等，在《心灵论》中论述过“想象”的思维形式；古希腊的帕普斯在总结前人数学研究成果的《数学汇编》中，首先使用了“发现法”(Heunristics)一词。

以后，人们对创造的一些思维方法，理解得越来越深入。英国哲学家培根在1620年出版的《新工具》一书，就是对创造的实验方式与归纳方法的总结。德国古典哲学家康德当时对创造理论的研究已经比较完善。

总之，在这一漫长的历史阶段中，人们开始摆脱“神”的束缚，并从哲学的角度来探索、研究创造活动及其能力。从事发明创造活动所采用的方法，主要是效率较低的尝试法，“神农氏尝百草，日中七十毒”便是生动的写照。

(二)近代阶段(19—20世纪30年代)

此阶段的重要标志之一，是人们有了自觉的辩证思维，并把它应用于创造。像德国古典唯心论的代表黑格尔第一次系统地阐述了唯心的辩证法，进一步探讨了人类创造活动，把它分为科学的与艺术的。随后，马克思主义唯物辩证法诞生，对创造力研究起了指明方向的作用。马克思的名言“在科学上没有平坦的道路可走，只有不畏劳苦沿着陡峭山路攀登的人，才有希望达到光辉的顶点”，说明了创造过程必须具备坚强的意志去克服曲折、艰辛才能获得成果。

在此阶段，英国心理学家和优生学家高尔顿最早采用统计方法，对历史上各领域近千名杰出人物的家谱进行分析，于1870年发表了《遗传的天才》一书，其研究方法为后来的研究所继承。

20世纪初期，创造力研究出现了两个方向。

一是对创造过程的研究，如英国心理学家沃勒斯于1926年提出了著名的四阶段创造过程：准备、酝酿、明朗及验证。这一过程为后来法国数学家雅克·阿达玛的研究结果所验证(见他1945年写的《数学领域中的发明心理学》)。

二是对创造性人格特征和动机因素的研究，如美国统计学家卡特尔在1903—1932年的近30年，对3637位杰出人物进行了多次统计研究等。这一阶段研究的发展，为创造力作为一个独立研究领域奠定了良好的基础。

(三)现代阶段(20 世纪 30—70 年代)

工业革命以来，随着科学技术方面的发现、发明不断涌现，以及各国在经济发展中竞争的加剧，人们对创造发明产生了更加浓厚的兴趣。同时，相关科学(如心理学、教育学等)的发展也提供了更为有力的学科支持。直到这一时期，人类自身的创造行为才可能发展成为专门的研究领域，并走上科学化的道路。

把人类创造行为作为专门的研究领域来对待，最早始于 20 世纪初的美国。当时的美国经济发展欣欣向荣，技术发明活跃，专利审查制度日益完善。在专利审查人员中有的开始注意到一些发明家的创意和技巧，有可能利用专利制度来加以传授。1906 年，专利审查人员普林德尔为此给美国电气工程师协会提交了论文《发明的艺术》，该文不仅用实例说明，而且建议对工程师进行训练。20 年代末，专利审查人员罗斯曼从积存的专利资料中选出最多产的发明家 700 多人进行问卷调查和统计分析，并写出了《发明家心理学》一书，其中有专门探讨为技术发明者进行创造力开发训练打基础的论述，这为专门的创造力研究开了先河。

在企业界的支持和参与下，到三四十年代，科技人员创造力的实际训练和相应的理论研究，在美国逐渐形成高潮。后来被誉为“创造工程之父”的奥斯本在此期间发明并公布了一套开发创造力的特殊方法：“Brainstorming”，译为“头脑风暴法”或“智力激励法”。由于这种激发集体创造力的方法能迅速见效而受到企业家的重视，很快得到推广。在总结经验的基础上，奥斯本出版了《应用性想象》(1953 年)。随后，他又创办了“创造教育基金会”(1954 年)，举办一年一度的“创造性问题解决讲习班”。

人的创造力终究是一种复杂现象，涉及心理学、教育学甚至脑科学方面的问题。美国心理学会主席吉尔福特于 1950 年发表的题为《论创造力》的就职演说，就是对社会需要的积极反映。此后吉尔福特不仅开辟了应用心理学的新分支——创造心理学，也给创造力的开发研究注入新内容。应该说，这个时期，才真正标志着完整意义上的创造学的产生。[1]

到了50年代中、后期，特别是60年代后，美国的创造力研究不仅内容日益广泛、深入，而且影响也远远超出美国的范围，遍及世界各大洲。八九十年代也逐渐在我国生根开花。就目前来说，无论是在理论研究还是实际应用上，美国对创造学的研究是最成熟的。尽管在创造技法的开发和研究上，60年代中期日本已有长足的发展，80年代以来则已超过美国。限于篇幅，这里只侧重介绍创造学发源地美国的情况，其他国家请参阅其他资料。

首先，从理论研究的情况来看，美国建立了一些专门的研究机构，如以吉尔福特为首的南加利福尼亚大学的“能力倾向研究中心”；麦金农等人领导的加利福尼亚大学的“个性评估研究所”；盖泽尔斯和杰克逊领导的芝加哥大学的“智力和创造力研究中心”；托兰斯领导的明尼苏达大学的教育研究所等，这些只是其中最著名的研究机构。它们的理论成果已在世界各地发挥作用，如托兰斯研究所经长期研究制定的“创造性思维测验手册”（分“图形识别”和“言语识别”两部分），被许多国家采用，我国也已试用。

在理论研究与实际训练紧密结合方面，值得注意的是，奥斯本与心理学家帕内斯合作领导的布法罗纽约州立大学的“跨学科创造力研究中心”。他们在积累早期创造力训练经验基础上，在训练方法上进行实验研究，取得的实验结果有些很有成效。

一些重要的理论研讨会，在美国创造力研究的发展中也起了很大作用。如从50年代中期开始，美国国家科学基金会、空军及海军的研究部门等，资助学术界召开了一系列有关创造力研究的理论研讨会。产生深远影响的有“犹他会议”，从1955年至1963年每两年在犹他大学召开一次“全美科学才能鉴别与开发研究会议”。

其次，在创造力研究的实用方面也有很大发展，涉及的范围日

[1] 傅世侠.国外创造学与创造教育发展概况[J].自然辩证法研究,1995,11(7):58-62.

益广泛，主要表现在以下两个方面。

一是主动开设训练课程。进行有目标、有计划的开发训练已发展到一些大企业、军队或政府机构：如 IBM 公司、美国无线电公司、道氏化学公司、通用汽车公司等企业；又如美国海军研究部自设了专门机构进行创造力研究和开发训练。其中关于想象能力对军事指挥的影响的专题研究，从 1951 年到 1960 年逐渐得到确认，其后将创造性想象能力的训练，直接列为海军军官的必修课程。空军也有类似的训练课，还在全美各地设立约 200 个培训点，对预备役军官进行训练。

二是咨询公司的兴起。在美国，创造力开发咨询公司兴起，在其中任顾问的多为心理学家或教育学家。奥斯本于 1954 年成立了第一家咨询公司，面向美国工商企业界、政府部门和教育界做咨询服务，举办创造性解题讲习班，还向世界各地到美国学习创造学的人讲授创造性解题过程和技法。其他一些公司也有其特色：专为各行各业的领导人或管理者提供创造性领导方法的开发和训练服务；吸收心理学乃至脑科学的最新成果，侧重为科学家、工程师和科研管理者开设“创造性思维策略”课；提供解题和革新开发、人才开发、领导能力训练和开发、思维技巧传授等较全方位的咨询服务。还为其他国家设立委托点，开设各种提高创造能力的训练课程，甚至包括如何提高会议效率、建立优胜工作小组的课程等。

（四）近年动态

经过 20 世纪六七十年代的发展，美国的创造力研究对许多国家都产生了一定影响。到 80 年代后，北美、西欧、日本、东欧一些国家基本上都构建了具有本国特色的创造学和创造教育体系。现在通过多种形式的国际交流，从信息到人才联系的国际性网络逐步形成，推动创造学研究向更成熟的阶段发展。

其一，从跨国联系向进一步国际化方向发展。例如，创建于 1970 年的“创造性领导中心”由美国通用电气公司等企业发起，到现在已成为创造力研究和开发的国际性组织，比利时、澳大利亚、加拿大、英国、法国、荷兰、日本、新加坡、马来西亚、俄罗斯等国都有它的训练基地。活动内容从有关领导者个体的创新问题，逐步过渡到如“创新与协作”、“建立革新组织”，直到创新与文化、技术、未来规划等社会环境大背景有关的更为广泛的问题。活动形式更加丰富。“创造性领导中心”下设一些跨国的专业性质的组织，像最早于1982年成立的“经理创新协会(AMI)”，属于“欧共体”的“潜望镜小组”和北美的“多棱镜小组”等。原来一年一度的“创造活动周”也发展成国际性的专题年会。

其二，在理论研究不断深入并直接向转化为创造教育的实践方向发展的同时，创造力研究更加强调创造学研究的科学基础(主要是心理学和脑神经生理学的基础)。如奥斯本、帕内斯在布法罗纽约州立大学的“跨学科创造力研究中心”，在创造性解题方法方面进行的研究；1974年，美国创造教育基金会还专门建立了“创造性问题解决研究所”，连续12年进行专题研究，获得了不少有益资料。

心理学和脑科学的一些新进展也给创造学的理论研究注入新的活力，带来一些新观念，甚至开辟出新领域。如社会心理学的发展，使得有关创造动机、创造人格等涉及社会心理问题的创造力研究有了新的拓展，出现了创造力的社会心理学。又如在吸收认知心理学某些成果基础上，有关“创造性问题解决”有了新的内容。再如，20世纪80年代初，斯佩里右脑理论的提出，为过去创造力研究和开发的成果提供了科学依据，而且实际上它已推进了创造学研究。近年来，脑神经科学受到世界各发达国家的重视。我国也在考虑脑科学的国家基础研究重点项目。目前，认知科学与神经科学结合的认知神经科学(cognitive neuro science)正在崛起，其研究任务是阐明认知活动的脑机制，这必将推动创造学在21世纪有更大的发展。[1][2][3]

---

〔1〕 傅世侠.国外创造学与创造教育发展概况[J].自然辩证法研究,1995,11(7):58-62.

〔2〕 庄寿强.创造学基础[M].北京:中国矿业大学出版社,1990:25-29.

〔3〕 加扎尼加.认知神经科学[M].沈政,等,译.上海:上海教育出版社,1998.

二、我国创造力研究简况

我国是具有悠久历史文化的文明古国，对人类创造行为的关注，可追溯到人类历史早期。20 世纪初，著名教育家陶行知在创造教育方面做出了许多贡献，1943 年他在《新华日报》上发表了《创造宣言》，指出"处处是创造之地，天天是创造之时，人人是创造之人"的名言，影响深远。

自改革开放以来，我国创造力研究如按时段来划分，可分为三个阶段：提出问题、活跃思想、引进国外研究成果为主的阶段(20 世纪 70—80 年代初)；宣传普及、开发培训、开展创造教育为主的阶段(80 年代中期)；实践探索、理论研讨、进行独立研究为主的阶段，目前正处在此阶段的发展中。

如果从大的方面做概括，可分四个方面：其一，创造技法的研究与创新；其二，创造力测评的初步探索；其三，创造教育研究；其四，创造性思维及相关理论问题的研究。[1]

在推广创造技法的同时，更侧重在科学发现与技术发明的创造性思维的研究，反映了面向现代化建设的需要。首先，重视科技人员的创造力开发培训；其次，在大、中、小学教育和成人继续教育中开展创造教育实践。20 世纪 90 年代以来，一些地方已开始由政府主管部门将普及创造学列为专业人员的必修课程。近年来兴起的企业创新、技术创新方面的研究，取得了许多成效。

这 20 多年来，已出版了一批科普读物、教材和学术著作；建立了学术团体，像中国发明协会(下设高校创造教育分会、中小学创造教育分会)、中国创造学会等；电视台也有专题节目定期播放。

三、人们对创造存在的误解

人类创造了丰富的物质文明和精神文明，但对创造还存在一些误解，这有历史上的原因、认识上的原因，也有现实舆论上的原

〔1〕 傅世侠，罗玲玲.科学创造方法论[M].北京：中国经济出版社，2000：11-22.

因。主要是三个误解：只有天才、伟人才能创造；只看到创造成果而忽视创造过程；创造过程似乎没经过什么困难。

其一，创造不是平常人的事，或者说不是人人都能创造，都能做出创造性的成果。造成这种印象的来源，可能是长期以来，人们所崇敬、赞扬的，大多是一些“天才”、“伟人”的划时代的贡献，忽视了平常人们的创造。只要一提起创造，人们不自觉地想到牛顿、瓦特、爱因斯坦、爱迪生等一批贡献卓越、硕果累累的科学技术的大师，而很少会想到普通人，更少会想到自己也能创造。

其二，对“天才”、“伟人”的赞扬，多是他们发明创造的成果，忽视了他们的具体创造过程。譬如，提起一些名人，很自然联系到他们的贡献：牛顿——万有引力定律、牛顿三定律；瓦特——蒸汽机；爱因斯坦——相对论；爱迪生——1000 多种发明……甚至在浩如烟海的文献资料中，所记载的也只是科学家、发明家的创造成果，或至多是一些实验的简单经过，很少有人关注这些名人在创造过程中所进行的具体思维过程和方法，很少关心到创造活动本身的规律和技巧。也许印象深的是流传于民间的如“牛顿看见苹果从树上掉下来发现了万有引力”（有人更形象地说“苹果砸在牛顿身上”）、“瓦特看到水壶盖被水蒸气顶起来而发明了蒸汽机”等美好的传说。事实是，牛顿发现“万有引力定律”费了多少年的心血，按牛顿的说法：“如果我看得更远，那是因为站在巨人的肩上。”有人问牛顿怎样发现万有引力定律时，他回答说：“靠不停地思考。”他思考时达到了废寝忘食的地步。[1]而瓦特之前已有了纽可门将蒸汽机作为水泵使用(1711 年)，瓦特的贡献是利用“潜热”现象，把冷凝器和汽缸分开这项技术(1769 年)，发明了作为动力机使用的蒸汽机，并在其合作者的支持下实现了工业化生产。[2]

其三，似乎“天才”、“伟人”们的创造过程很少遇到什么挫折与失败。虽然在创造史中，有关于天文学家布鲁诺因为坚信哥白尼

---

〔1〕 郭奕玲，沈慧君.物理学史[M].北京：清华大学出版社，1993：26-37.

〔2〕 杨沛霆.科学技术史[M].杭州：浙江教育出版社，1987：97-104.

的"日心说"被投入监狱，最后被活活烧死事件的记载，但很少记载他们的创造过程本身所遇到的挫折或失败，当然更不会记载不计其数的失败的研究与实验，他们取得历史性的贡献似乎与普通人做一般事一样的顺利，只不过他们更聪明，是"天才"罢了。于是，无形中给人造成一种错觉，似乎创造很"神秘"，似乎高不可攀，非常人可为。

四、创造力研究(创造学)的两个基本原理

从人们对自身创造力的认识过程，得出了两个基本观点或两个基本原理。

其一，创造力人皆有之。除极少数因患有某些疾病、遗传病或精神不正常者外，每个正常的人都具有创造的潜力。

其二，创造力可以训练。人的创造潜力，是可以通过教育、训练、学习而激发出来，并且可以得到不断地提高。国内外大量的事例都证明了这一点。[1]

可能会产生一个问题，为什么现实中人与人的差距很大？其原因在于创造潜力的开发是有条件的，包括先天素质、后天环境(社会、学校)及个人努力等几方面。如有政府、社会、学校支持及个人努力，可以缩小差距，从而出现群众性的创造局面。

〔1〕 庄寿强.创造学基础[M].北京:中国矿业大学出版社,1990:1-2,34-38.

第三节
创造过程

一、创造过程概述

创造活动可以从创造过程和创造成果两个方面来分析。从社会发展的要求来看，无疑更注重创造的成果，这是社会甚至某单位、某部门发展、进步的标志。但是对于提高人的素质、开发人力资源而言，如何实现创造则是更需要关注的问题。这也是探讨创造过程的目的所在。创造成果含于创造过程之中，是创造过程的产物。人们对创造过程的探索研究由来已久，它是创造力研究首先关注的一个重要问题，尚处于总结经验的过程中。

从一般对创造过程的研究资料可以看到，无论是专利获得者的资料，科学家、发明家的自传、自述，还是心理学家、创造力研究学家对创造过程的研究，都反映出一个共同点，即创造过程是有阶段的。这种阶段可以是个人、群体或几代人(可以从科学技术史资料中看到)。由此可见，创造活动有规律可循，而且多数创造能力可以经过训练得到提高。

在创造过程的研究中，其发展阶段模式有美国创造工程学家奥斯本的“三阶段模式”、“七阶段模式”，英国心理学家华莱士的“四阶段模式”等；也有许多包括创造成果工业化、商品化过程的介绍。我们可以把它们大体分为两类：获得科学技术成果的创造过程；创造成果工业化、商品化过程。前者实质是创造性思维过程的发展阶段，研究的较多，而后者是近年来才被重视并开展研究的。

创造过程的模式有多种，现介绍一种经典的模式——华莱士的“四阶段模式”，该模式发表于华莱士的专著《思考的艺术》中，是影响较大、传播较广，且有实用性的创造过程模式。华莱士吸收科学家的经验，明确阐述了创造过程的分阶段模式。华莱士认为，无论哪一种创造活动，无论其规模大小，创造过程一般都要经过四个阶段：准备阶段、酝酿阶段、明朗阶段、验证阶段。

二、华莱士的“四阶段模式”

(一)准备期——准备和提出问题阶段

一切创造都是从提出问题开始的，从本质上说就是现有状况与理想状况之间的差距。人们常说，提出问题是问题解决的先决条件，说明提出问题的重要性。爱因斯坦认为，形成问题通常比解决问题还要重要。因为解决问题，不过牵涉数学上的或实验上的技能而已，然而明确问题并非易事，需要有创造性的想象力。奥斯本则认为，提出问题关键在于对问题的感受性。他认为对问题的感受性是人的重要资源。我们常提到要有创造意识尤指问题意识，就是指这一阶段。

准备期的第一步是对知识和经验进行积累、整理。从长远来说，过去的学习是知识性基础，要在善于归纳和总结经验的基础上明确问题；从当前来看，可根据具体目标，在一定的领域内善于对知识、经验进行观察分析和整理，并了解前人在该领域的成果和教训，直接为提出问题创造条件。

第二步是收集必要的事实和资料，并准备技术条件。不然，明确问题会是空泛的。例如爱迪生为发明电灯，据说收集的有关资料竟有 4 万页之多。

第三步是了解自己提出的问题的意义、社会价值。

通过这些步骤，使问题尽可能既概括，又形象具体，使研究和创造具有可行性。

在准备期，实践者的心理状态会呈现活跃、不安或专注的特征，常常要经历自我肯定、否定、再肯定的反复过程。

(二)酝酿期——沉思和多方假设阶段

对所收集的资料、信息进行思考、探索是解决问题的关键，这常常需要相当长的时间，是大脑高强度劳动时期。而且，还需要不断从正面、反面进行各种假设，让其在头脑中反复地组合、交叉、撞击和渗透，不断否定、选择，形成新的假设和创意。

还应注意把思考范围扩大到表面看起来没有什么联系的其他专业领域，特别是那些不易被自己注意的领域。这样既有利于打破思维定式的束缚，又有利于利用多学科“杂交”优势，在更高层次上把握问题，寻找突破口。

在酝酿过程中，有时也可把问题暂时搁在一边，以便产生新思维或在潜意识层面徘徊。经验表明，在酝酿期如能使大脑长期兴奋后有意识地得到松弛，则有利于孕育、诱发灵感。

这一阶段的心理状态呈现多种思维交替，思考强度大，常有“山重水复疑无路”的内心困惑出现。此时，良好的意志品质起着重要作用。

（三）明朗期——顿悟和突破阶段

在明朗期能发现具体的解决方法或途径。顿悟是指经过长时间的酝酿之后，新的想法在极短暂的时间里豁然开朗、脱颖而出。灵感、直觉思维往往起决定性作用。顿悟和突破虽然是在瞬间突现，但它是在经历长期艰巨、高强度思维活动的基础上才会产生的。

这一阶段的心理状态是高度兴奋，豁然开朗，有时自己也感到惊讶，甚至难以置信，但更多的是快乐、欣慰。

记住爱迪生的话，他认为天才是“百分之一的灵感加上百分之九十九的汗水”。虽然灵感的闪现难以具体捉摸，但它也是可以控制的一种思维活动。正像钱学森所指出的，“一点是肯定的，人不求灵感，灵感也不会来，得灵感的人，总是要经过一长段其他两种思维的苦苦追求来准备的，所以灵感还是人自己可以控制的大脑活动”。两种思维是指逻辑思维与形象思维。当然，灵感的闪现在许多情况下也不一定是那么突然，似乎是不知不觉地前进了关键的一步。

（四）验证期——评价、完善和充分论证阶段

当突然获得突破后，这种思想的火花必须及时记下，并需要尽

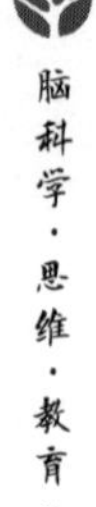

快地充实拓展，否则不可能有真正的突破，就是有也可能“夭折”。论证是不可缺乏的，其一是理论上验证，其二是实践，包括运用、检验，常常需要反复多次才能完成。

这期间的心理状态较为平静，但需要慎重、周密和耐心，不急功近利，以免不必要的失误。

华莱士指出，尽管对创造性思维过程做出了如此明确的四阶段划分，但四阶段之间并非绝对隔离。比如，即使在准备阶段，也有可能直接做某种尝试性的解决，而不得其解时便随即进入酝酿阶段；四阶段之间的顺序也非一成不变，有时还可能有所重叠地进行，等等。换言之，作为经验模式，只能作为一种可资借鉴的运演方式对他人具有启发作用，而并非是必须严格遵循的刻板公式。

后来，阿达玛更深入地研究了“数学领域中的发明心理学”，并在出版的以此命名的研究专著(1944 年)中，将“四阶段模式”表述为：准备阶段、酝酿阶段、顿悟阶段和整理阶段。

此后，“四阶段模式”有了许多现代发展，如美国创造心理学家帕内斯提出的“五阶段模式”(1981 年)：寻求事实、寻求问题、寻求想法、寻求解法和寻求实现。

仅从科学技术和文学艺术创造来看，“四阶段模式”似乎更适用于科学技术创造，而文学艺术创造虽然也可能有对第四阶段的需要，但终究不像“验证阶段”对于科学技术创造那样必不可少。我国晚清学者王国维传世佳作《人间词话》(1908 年)关于做学问有“三境界”的描述：“古今之成大事业、大学问者，必经过三种之境界：

‘昨夜西风凋碧树。独上高楼，望尽天涯路。’此第一境也。

‘衣带渐宽终不悔，为伊消得人憔悴。’(欧阳永叔)此第二境也。

‘众里寻他千百度，蓦然回首，那人却在，灯火阑珊处。’(辛幼安)此第三境也。”[1]

---

〔1〕 王国维.王国维文集[M].北京:北京燕山出版社,1997:1-2.

王国维描述的“三境界”，实际上与华莱士“四阶段模式”的前三个阶段相当。它们的相应关系是：

“望尽天涯路”的玄想境界，相当于“发现问题”的准备期的第一阶段；

“消得人憔悴”的苦索境界，相当于“酝酿”或“潜伏”期的第二阶段；

“蓦然回首”的顿悟境界，相当于直觉闪现或“明朗”期的第三阶段。

王国维这一真情实感的反思描述，便没有“验证”或“校验”的第四阶段，这或许是因为文学艺术创造更注重于“情”或“善、美”，而科学技术创造注重的是“理”或“真”。对于科学技术创造来说，直觉认识的获得，还必须通过检验来保证，尽管这可能需要经历一定的过程，而且并不都是一定能成功。

第四节 创造环境

人的行为是个体与环境相互作用的结果。创造活动是人的一种行为，也是个体与环境相互作用的结果。一个人在创造活动中展现创造才能，既有赖于自己的主观因素，如创造性思维和创造性人格，也有赖于他所属的客观因素，即影响创造者发挥创造能力的各种外部因素和条件构成的外部环境或社会环境。正如马克思指出的：“人们自己创造自己的历史，但是他们并不随心所欲地创造，并不是在他们自己选定的条件下创造，而是在直接碰到的、既定的、从过去继承下来的条件下创造。”

一、社会环境中的“大环境”和“小环境”

“大环境”指国家或地区的宏观社会环境，“小环境”常指一个部门、单位的微观社会环境。当前，我国的大环境为创造力开发提供了有利条件。但是，事物的发展是不平衡的，就每一个微观社会环境来说，小环境存在明显的差异。一般来说，与大环境相比，小环境对创造的影响更为直接、具体。

如何创造和形成一个能激发创造热情的微观环境，是创造学研究中最有现实意义的内容。

为此，首先要建立崇尚创造的社会共识。其次是培植、支持创造的社会观念，形成创造光荣、创造可贵的社会风气。在当今社会要从领导做起。上海的一项调查表明，创造的小气候环境，主要取决于领导的认同和态度。出现一些逆境和不利的状况几乎都是领导对创造活动不支持，其具体原因包括：50%是领导欠缺创造规律的知识，约30%是领导工作作风所致，约20%则是由于经济能力难以支持。所以，创造活动应该从领导抓起，才有利于改进和优化创造环境。

具体可做的工作很多，如运用管理职能，承认个人或小组的创造，给予有创造成果的人才适当奖励和评价；营造一种开放、自由、自主、和谐的学术氛围；形成志趣相投的创造集体；促进人才的合理流动；建立保护创造和创造人才的社会机制，形成竞争气氛、危机意识，使群体始终处于一种奋发有为的状态。

二、创造力与环境的关系

社会环境无论提供什么条件，都要通过人的实践和主观努力才能实现。从这个意义上讲，把人看作环境的消极适应者的“环境决定论”是不科学的。常常从各种怨言中，不自觉地反映出这种情绪。创造者应有决心用自己的创造行为优化创造环境，造福社会，书写历史。

对于不利于创造的环境，甚至是压抑、打击和危害创造活动的逆境，也有一个如何对待的问题。逆境显然不利于创造，但历史上及现实中有许多人凭着坚强意志和不懈努力，战胜了逆境，取得了创造成果。我国水稻专家袁隆平在培育杂交水稻成败的关键时刻，"文化大革命"的浩劫几乎使他的研究毁于一旦。"造反派"把他的试验稻苗全部拔光投入水井，他抢救了几株残存的稻苗转移到另一处继续试验。经过多年努力，他的成果已为国家增产粮食达 500 亿公斤以上，创经济效益数十亿元。

创造的顺境有保护、支持创造活动的作用，会有更多的创造成果出现，但具体到每一个人或某一项活动，也不一定获得成功，不能一味地依赖顺境，依赖只会消磨创造的锐气、志气。辩证法告诉我们，逆境会摧残人才，也可能激励创造者进取；顺境可以扶植人才，也可能使创造者陶醉、停滞。总而言之，不管是逆境还是顺境，都是无法回避的，应该采取积极态度，为营造推动创造活动成功的社会环境而努力。

第十章 创造性思维

第一节 思维的基本分类——抽象思维和形象思维

我们都知道，思维活动是在头脑中进行的。通过思维活动，人们可以认识千变万化的客观世界。要实现思维的这种功能，思维必须具备两个条件(属性)。

第一，外界的信息必须在人的头脑中得到表征(反映)。表征是思维的材料，没有思维材料，思维活动就无法进行。抽象思维是以语言(概念)、符号作为思维材料进行思维，形象思维则以表象进行思维。当我们讲“直角三角形的斜边平方等于两个直角边平方的和”这个命题时，是用直角三角形、斜边、平方、直角边、和等概念来思考的；而当我们说“地球是围绕太阳进行公转”时，在我们头脑中呈现的是地球的表象围绕太阳的表象进行转动的画面。这两种思维各自以概念或表象进行思维。

第二，信息的表征是可以操作的。头脑中的表征不是静止的、不变的，而是可以进行种种加工，加工的方法就是通常说的思维方法。抽象思维的基本方法有分析、综合、抽象、概括、归纳、演绎等；形象思维的基本方法有分解、组合、类比、概括、联想、想象等。

事物是复杂的，我们要认识它的本质，抓住事物间规律性的联系，往往需要综合运用多种思维方法。以形象思维为例，比如解一道几何题，面对一个复杂的图形，首先要能看出是由哪些基本图形构成(对图形的分解)，进而找出这些基本图形的种种联系，如相似、相等、相切等(对图形的类比)，或把它们在头脑中重新组合(图形的组合)，再通过联想、想象找到解题的途径，最后加以证明。可见，解题过程中已综合运用了形象思维的分解、组合、类比、联想、想象多种方法，而且和抽象思维(逻辑证明)结合起来了。所以，思维的可操作性的含义包含了思维具有一整套科学的思维方法。

外在信息是无比丰富的，它在人的头脑中的表征也应该十分丰富。无疑，人们运用的语言(文字)是非常丰富的，由于语言的可分离性和可组织性，还可以按一定语言规则组成无比丰富的语言单位，形成概念系统，使人们思考时能深入人类认识的各个领域。表象也是这样，凡是有形之物，都能在头脑中产生它的表象，加上对表象的分解、组合和类比，可获得非常丰富的表象系列，人们用表象来思考，可以生动地深入形形色色的大千世界。

由此可见，完全具备上述两种属性的思维，只有抽象思维和形象思维。两种思维是思维的基本分类。关于抽象思维的研究已有两千多年的历史，人们是比较熟悉的。"形象思维"这个术语，是在19世纪30年代由俄国文艺评论家别林斯基提出来的，多用于文艺领域，而把形象思维作为思维的基本形式，是我国科学家钱学森从思维科学的高度上提出来的，而表象的真实性和可操作性，已得到当代脑科学研究的证实。美国认知神经科学家科斯莱恩把表象作为一种描述性心理表征的基础。他认为"心理表象是物体和外部世界的形象表征，在头脑中形成物体及其空间关系的'类似'的形象，这一形象具有方位、距离、大小等特征维度，这种形象特征维度与脑内的‘机能空间’有一一对应的关系”。他根据70—80年代心理旋转、心理扫描的实验，“认为心理表象是真实的、可实验操作的心理表征”[1]。

人们由于需要，往往根据思维的特点，对思维做种种分类。如发散思维与收敛思维是美国学者吉尔福特在他的智力结构模式中提出来的，这个模式中智力的运作包括认知、记忆、发散思维、收敛思维、评鉴5个方面。即通过认知了解问题的情境、实质，进而进行发散思维，酝酿种种解决问题的办法，再通过收敛思维选择解决问题的方案，最后做出评价、鉴定。这两种思维的提出，对创造力的研究有重要作用。江丕权、李越在《教学与思维能力培养》一文中谈道：“发散思维有突破性、开拓性作用，经由它可以‘萌发’真理的曙光，为收敛思维开路，提供丰富的材料……经由发散思维开拓的新领域，其鉴别正误或日趋完善主要靠收敛思维。”[2]我们要指出的是，发散思维是一种自由联想，主要为形象思维，也有抽象思维，而收敛思维则主要为抽象思维。又如布鲁纳在他的《教育过程》中提出了直觉思维与分析思维，文中主要强调了直觉思维的重要性，而分析思维是作为对比而提出来的。我们已知道直觉思维是一种形象思维，而分析思维按作者的阐述，实质是逻辑思维。在学科教学研究中，有人提出“语文思维”、“地理思维”、“历史思维”等，都是从学科思维特点提出来的。实际上，这些思维一般都是由学科内容特点决定的、形象与抽象两种思维相结合的一种思维方式。如“语文思维”，从阅读过程来说，在感知文字后，接着开展再造想象与感受，从整体上领悟课文，再进行字、词、句、段、篇的分析，深入掌握课文，思维过程是想象与分析相结合；写作过程一般分构思与表达两步，构思主要通过想象，表达主要运用逻辑思

〔1〕 沈政，林庶芝.认知神经科学导论[M].北京：北京教育出版社，等，1995：40-41.

〔2〕 发展形象思维的实验与研究课题组．发展形象思维的实验与研究论文集[C].北京：北京市哲学社会科学规划办公室，1997：26-32.

维，也是想象与分析相结合，即两种思维相结合。

由此可见，通常的各种思维分类，都有其根据和价值。但是从思维本质来说，这些分类出来的思维不具备独立的思维的基本属性，它们是由两种基本思维派生出来的。我们弄清思维的源与流的关系，有利于我们对思维做深层次的理解和研究，有利于我们在教育中对学生思维的培养与训练，也有利于我们弄清创新能力的实质。

创新能力是个人多种心理品质和能力的复杂的、高水平的结合。不同领域的创新，这种能力的结构各不相同。一个文学家的文艺创作和一个工程师的技术创新，其能力结构是不同的，就是科学家的理论发现和工程师的技术发明，其能力结构也不尽相同。我们从创造能力(创新能力)的研究中，可以得出其中最重要的心理品质和能力有三个方面：一是创新精神，即一种在创新活动中高度的劳动热情和自信心基础上独立思考和探索的精神；二是创造性思维，即创新过程中的思维，它是创新活动的核心；三是实践能力、动手能力，一切创新都是在实践活动中形成，只有在实践中，勤奋的劳动和高超的技术相结合，才能把创新的思想变为现实。这种高水平的能力——创新能力不是凭空产生的，它是以扎实的知识和一般能力为基础，是从一般能力发展而来的。

第二节 创造性思维

一、创造性思维的一般概念

什么是创造性思维，半个多世纪以来，国内外许多专家学者进行过多方面的研究，提出了多种不同的说法，列举如下。

（1）创造活动中进行的思维，就是创造性思维。

（2）创造性思维就是直觉、灵感和发散思维。[1]

（3）创造性思维是指思维的流畅性、变通性、独特性、敏感性、精致性。

（4）创造性思维包括发散思维和集中思维，二者的有机结合构成了各种水平的创造性思维。[2]

（5）创造性思维乃是种种（包括各种类和类型）思维，特别是形象思维和辩证思维高度结合的结果。[3]

（6）逻辑思维与形象思维、灵感思维三者之间有机结合，形成创造思维的结构模式。[4]

（7）创造思维是两种思维（抽象思维、形象思维）的辩证统一，是更高层次的思维。[5]

我们从思维的基本分类，对上面不同说法做大致的分析：第一种说法，实际上没有揭示什么是创造性思维。第二种说法，直觉、灵感、发散思维基本都属于形象思维的几种重要思维方法，在创造

〔1〕 鲁克成，罗庆生．创造学教程[M]．北京：中国建材工业出版社，1997：106.
〔2〕 潘洁，等.试论创造性思维理论中的几个问题[J].心理科学通讯，1982：5.
〔3〕 燕国材.论创造性思维及其培养[J].教育科学研究，1992：1.
〔4〕 北京市科技干部局.创造学及其应用[M].北京：科学普及出版社，1998：82.
〔5〕 杨春鼎.形象思维学[M].北京：中国科技大学出版社，1997：扉页．

过程起着很重要的作用，但把它们等同于创造性思维是不全面的。第三种说法，只说明创造性思维的一些特点，而没有揭示创造性思维的内涵。第四种说法，我们在前面已有分析。第五种说法，虽然比较全面，但其中“包括各种类和类型”仍然使人难以掌握。第六种说法，文章是阐述了思维基本分类（抽象思维、形象思维、灵感思维）提出来的，是一种比较全面的说法。但钱学森同志在1995年给杨春鼎的信中，对他原来把思维分为抽象思维（逻辑思维）、形象思维（直感思维）和灵感思维（顿悟思维）的基本分类，有所修正，他说“形象（直感）思维和灵感（顿悟）思维，实是一个，即形象思维”。

以上我们对过去各种关于创造性思维的定义做了粗略的分析。根据以上分析，我们研究认为，创造性思维可以定义为：创造性思维是人们在认识活动中，两种思维新颖的、灵活的、有机结合的一种思维活动。

二、创造性思维的特征

创造性思维是一种复杂的高层次思维活动，对上述的定义还需做具体的说明。

（一）新颖性

思维的新颖性指思维的结果，产生新成果、新产品、新作品、新理论、新方案（管理、实验）、新工艺、新方法。这些成果是过去未曾有过，是属于首创的，具有实用的或理论的价值。新颖性可以表现在成果（产品）在造型、结构、功能等不同方面。当前新技术不断涌现，一项新产品出来不久，往往很快又被更新的产品所代替。当然，从培养人才的学校来说，新颖性只是指学生在解答问题、进行实验或科技制作时，不是根据教师讲的和书本上说的，而是自己独立思考得到一种新的方法。如数学课上一题多解时找到新的解题方法；写作课上写出文字优美富有新意的文章；实验课上设计出一种新的实验方案；在课外小组活动中做出一个新颖的模型、雕像或其他艺术作品等。

（二）灵活性

灵活性的特点表现在思维的多角度、多方向以及思维的变通性、发散性和跳跃性等。

1. 多角度、多方向

（1）能从不同角度、不同方向、不同途径寻找多种可能性；

（2）能迅速进行思维转换，从正向思维转向为逆向思维，从一种心理运算转换到另一种性质不同的心理运算；

（3）利用语言、文字、图画等多种方式表达自己的意见；

（4）试图使毫不相关的事物相互关联。

2. 变通性

（1）打破固定的思维模式；

（2）善于提出不同意见或问题的解决办法；

（3）富于迂回变化的思路；

（4）扩大问题的时空因素。

3. 发散性

（1）引导发散具有多种选择性或可能性；

（2）产生许多主意和解决问题的办法；

（3）多方面寻求各个事物的意义、功能。

4. 跳跃性

（1）善于发现问题的未知部分，能直觉到问题的结果；

（2）能够超越感觉及现实（时空）的界限；

（3）能从一事物跳到其他事物中，在不同事物中把相同因素联系起来。

抽象思维具有广泛的灵活性。人们对抽象思维的规律已有充分的研究，辩证法就是思维灵活性的规律。列宁在谈到辩证法是什么时说："概念的相互依赖，一切概念的毫无例外的相互依赖，一个概念向另一个概念的转化，一切概念的毫无例外的转化。概念之间对立的相对性……概念之间对立面的同一。"[1]列宁这里所说的正是

[1] 李达.唯物辩证法大纲[M].北京：人民出版社，1978：408.

概念的辩证法、思维的辩证法。我们要学习辩证法规律，发展思维的灵活性。

抽象思维具有发散性、变通性、跳跃性。例如，马芯兰老师在数学课中讲两步应用题的“间接条件”时，讲了一个典型的发散思维的例子。

老师问：大牛 20 头，小牛 5 头，一共多少头？其中小牛头数不直接说出来，可以怎样说？

学生答：小牛比大牛少 15 头。

大牛比小牛多 15 头。

大牛是小牛的 4 倍。

小牛是大牛的 1/4。

大牛减去 15 头和小牛同样多。

小牛增加 15 头和大牛同样多……

经过几次这种发散思维训练，学生很好地理解了间接条件，很快地掌握了两步应用题。思维的灵活性、变通性的一个著名例子是德国数学家高斯在 6 岁时，不用通常的递加的办法，能迅速地算出1+2+3+4+…+99+100=5050。

在创新过程中，形象思维最具灵活性。关于这一点，我们用直觉、联想、想象来说明。

• 直觉。法国物理学家庞加莱说：“逻辑是证明的工具，直觉是发现的工具。”[1]对于直觉与科学发现的关系，普拉特与贝克有一个调查，调查数字说明：“有百分之三十三的人说经常，百分之五十的人说偶尔，百分之十七的人说未得力于直觉。”[2]

大自然的奥秘有的隐蔽很深，事物间的关系有的盘根错节，创造性的突破通常是发现隐蔽关系的结果。这里并不完全是必然的逻

〔1〕 彭加勒.科学与方法[M]. 李醒民，译.北京：商务印书馆，1983：428.

〔2〕 贝弗里奇.科学研究的艺术[M]. 陈捷，译.北京：科学出版社，1979：76.

辑的路子。直觉有利于揭开创造过程中的隐蔽部分，因为直觉思维没有严格的步骤和规定，可以“跳过”思维的某些阶段。这种直觉来自对这类问题长期的观察、研究的积累。丰富的表象积累，彼此会互相影响，重新组合。“每一种记忆痕迹都不断受到其他记忆痕迹的影响。结果，在对同一物理对象反复经验之后，会产生出新的痕迹，这一新的痕迹不单纯是对原有痕迹的再次强化，而是对它作无休止的修改后的产物。”〔1〕这种重新组合，“许多反应都是自动完成的”〔2〕。在长期思索中，正是这种重新组合，在某些诱发、启示下，令思考者豁然开朗，把问题解决了。英国物理学家查德威克发现中子的过程就是一个典型的例子。

查德威克在 1920 年就知道卢瑟福提出的关于中性粒子的假说，并为寻找这种粒子进行了十多年的探索。当他于 1932 年 1 月 18 日看到约里奥·居里夫妇发表的实验报告，就凭直觉认为居里夫妇发现的不是 γ 射线，而是一种新的粒子，很可能是中子。在这种想法的触动下，查德威克经过不到一个月的努力，就证实了这种粒子正是中子。〔3〕

文学艺术的许多创造，作家首先依靠的是审美直觉。我们阅读作品时，被作品美妙的意境深深地吸引住，也是凭借这种审美直觉。如李白的《黄鹤楼送孟浩然之广陵》：“故人西辞黄鹤楼，烟花三月下扬州。孤帆远影碧空尽，唯见长江天际流。”当我们被深深打动的同时，思想、情感和认识也产生了飞跃。

● 联想。联想一般分为接近联想、类比联想、对比联想、自由联想等，它是创造性思维中一个重要的思维方法。世界上各种事物是按网状结构、以多维的（平面的、立体的）方式呈现在人们面前的。它们之间的联系是多样和复杂的。如果仅仅用逻辑推理的方法、线性的方法去研究、发现这些联系，那是远远不够的。而联想的方法为我们提供了发现这种多维度的、发散性的事物种种联系的

---

〔1〕〔2〕 阿恩海姆.视觉思维[M].滕守尧，译.北京：光明日报出版社，1987：145.
〔3〕 赵光武．思维科学研究[M].北京：中国人民大学出版社，1999：383.

一个十分重要的方法。美国《未来学家》杂志 1998 年 5 月号《像天才那样思考》一文中说："如果说天才身上突出体现了一种特殊的思想风格，那就是把不同的对象放在一起进行比较的能力。这种在没有关联的事物之间建立关联的能力使他们得以看到其他人看不到的东西。"意大利无线电工程师马可尼在研究无线电报信号的发送时，对于如何使信号的发送能越过大洋、大洲，长时间感到一筹莫展。一天，当他看到拉车负重的马匹在驿站被换了下来，于是他由换马的驿站联想到发送电报信号应该有一种中继站，以便每隔一段距离把电报信号放大，从而找到解决问题的办法。这是一种多么巧妙的联想。

汤川秀树在回顾他 40 年研究工作中的经验时，特别提到类比思维的重要性。他说：

> 作为一种创造性思维的形式的类比的实质是可以简单叙述的。假设存在一种什么事物是一个人所不能理解的。他偶尔注意到了这一事物和他理解得很清楚的另一事物的相似性。他通过将两者比较就可以理解他在此刻之前尚不能理解的事物。如果他的理解是恰当的而且还不曾有别的人得到这样的理解，那么他就可以称他的思维确实是创造性的。[1]

科技活动中常常用模型、模仿的方法进行创新，文学艺术大量用比喻、典型的方法进行创作。模仿、比喻就是一种类比的联想。它不断激发人的想象力和创造力。我国古代著名的木匠鲁班，他发明锯子的故事就是联想中一个模仿的例子。一天，他上山砍柴时，手指被草叶片划破了。他仔细一看，发现叶片的边缘有许多细齿。于是他想，要是把薄薄的铁片弄成许多和草叶片一样的小齿，不是可以锯断木板了吗，因此鲁班发明了锯子。当代，各种各样的机器人，都是模仿人的活动，而计算机的发明就是模拟人脑的智力。

• 想象。想象是形象思维各种方法（分解、组合、类比、联想）的综合运用，是通过表象的改造，在已有表象基础上创造新的形

〔1〕 汤川秀树.创造力和直觉[M]. 周林东,译.上海:复旦大学出版社,1987:88.

象。它是最具创造性的一种思维方法，是科学技术、文学艺术、设计、体育及任何创造性活动的必要因素。人们的创新活动必须善于不断地把自己的想法、见解或设计用形象化方法（如绘图、动手制作）重新组合成不同的形式，从中产生新颖的组合。

关于想象的重要意义，人们常引用爱因斯坦的一句话："想象力比知识更重要，因为知识是有限的，想象力概括着世界上的一切，推动着进步，并且是知识进化的源泉。严格地说，想象力是科学研究中的实在因素。"[1]德国科学组织马普学会广纳优秀青年学者进行科学研究，已经培养了18位诺贝尔奖获得者。曾经指导过他们的施瓦茨教授认为，成功的因素有三：寻找英才，培养想象力，让其独立工作。

爱因斯坦是善于运用想象力的典范。爱因斯坦在16岁时曾这样问自己：如果他能以光的速度跟着光波跑，将会出现怎样的现象呢？这个看起来十分天真的问题，使他在以后关于物理学基本问题的研究中，陷入深刻的矛盾之中。10年执着的追求、想象，终于在一天清晨，在头脑中浮现出同时性是相对的概念，由此相对论应运而生。

（三）两种思维的有机结合

前面说过，两种思维（抽象思维、形象思维）各自都有一整套思维方法。如果每种思维各取一种方法进行结合，则有五六十种结合形式，如果取两种方法再结合起来，则有两千多种结合形式。可见两种思维结合是多种多样、非常灵活的。不过我们认为其中有主要的、基本的结合形式，这就是：

（1）观察与分析相结合；

（2）想象与分析相结合；

（3）直觉与论证相结合；

（4）假设与实验（分析）相结合；

（5）发散与收敛相结合；

---

〔1〕 许良英，范岱年，等.爱因斯坦文集：第1卷[M].北京：商务印书馆，1976：284.

（6）设计与实验分析相结合；

（7）设计与制作相结合。

三、定义的特点

在众多的关于创造性思维的定义或界定中，上述的定义有什么特点呢？由于国内外认知神经科学近30多年来的发展以及我们课题20多年对形象思维的研究，使我们能从一个新的角度，也就是从思维基本分类的角度对创造性思维进行研究，从而对创造性思维的理解获得一个比较全面的、可操作性强的概念。

（一）全面性

创造性思维是创造过程中的思维活动，是两种思维新颖的、灵活的、有机的结合。"新颖性"是对思维的结果、成果、成品来说的，"灵活性"是对思维活动的特点（多维度、多方向及发散性、变通性、跳跃性）来说的，"两种思维有机结合"是对思维的类型、方法来说的，它涵盖了思维的种种方式、方法，因此，定义是比较全面的。

（二）可操作性

创造性思维的可操作性，可以分两个层次来说。

第一，是思维层次。思维的一个基本属性是可操作的，因此，创造性思维是可操作的，无论思维的敏捷性（如直觉）、思维的灵活性（如想象）、思维的深刻性（如概括、分析）、综合性等，都是可以操作的。

第二，是活动层次。创造性思维训练，可以同能力的培养、解决问题的练习结合起来，能力表现在高质量的学习活动中，是多元的、发展的；课内外学科教学中，各种能力的培养，为创造性思维发展，开拓了广阔的空间。教学中各种解决问题的练习（应用题），就是一种培养能力发展创造性思维的教学模式，即采用问题情境—提出问题—分析问题—解决问题的教学模式，是一种探究式或发现式的教学模式，是可操作性的、深入的，是培养创造性思维的重要

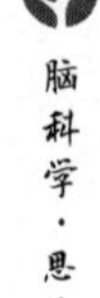

方式。

正是由于创造性思维的可操作性，创造性思维的发展可以和兴趣的激发、能力的培养、问题的解决的练习结合起来。因此，中小学生创新能力是可以培养的。

第十一章 创新能力的构成

第一节 全面发展思维

世界上的一切事物都有其发展的过程，人也不例外。不仅人的思想、技能、能力有其发展的过程，人的创造性、情感、意志、人格也是发展的。

布鲁纳曾说："一个学者在他的学科的最前哨所干的工作与儿童初次接触这个学科所干的工作之间是有连续性的。"教育的本质就是促进人的全面发展。

下面我们从创新能力组成的基本因素——思维、知识、能力、意志、个性，研究它的发展与构成。

我们已阐述了抽象思维和形象思维是思维的两种基本类型，而且两种思维都具有普遍性。创造性思维是创新活动中两种思维灵活的、综合的最佳结合，是创新能力的核心。因此，培养创新能力要全面发展思维，即两种思维都要发展。

一、学科教学是思维全面发展的沃土

在教学中，不同学科的思维发展各有特点：

语文学科有各种文体，从思维发展来说，阅读记叙文，首先发展形象思维，在形象思维基础上，把两种思维有机地结合起来；议论文以发展抽象思维为主，其中夹叙夹议的内容，则是两种思维的结合；在应用文体中，说明事物的用形象思维，阐明事理的则用抽象思维。

数学是研究现实世界中数量关系及空间形式和关系的学科，是全面发展思维的一门典型的学科。一般地说，数量关系的研究，如代数、分析，偏重用抽象思维；而空间形式与关系的学科，如平面几何、立体几何，则偏重用形象思维；而有的学科，如解析几何、统计学、微积分等，是两种思维并用的。

历史学科，有史有论，有关史实、历史过程的叙述，主要用形象思维，而对历史人物和事件的分析、评价，历史发展规律性的研究，主要运用抽象思维。

地理学科有图有文，图文结合，读图、绘图是地理的特色，主要发展空间想象能力。

物理、化学、生物等学科，知识来自科学实验和生产实践，理论结合实际。在实践与观察中，主要用形象思维；而对客观事物的性质、结构、状态的分析与研究，主要用抽象思维。

体育、音乐、美术，都是以发展形象思维为主的学科，各自有独特的思维特点：体育运动技术为动觉思维，音乐为听觉思维，美术为视觉思维。

从上述中小学学科思维的特点中，我们不难看到，学科教学中思维的发展是丰富的、全面的，两种思维相结合的形式是多种多样的，如语文、历史的想象与分析相结合、数学的直觉与论证相结合、地理的图与文相结合、理化学科的实验观察与分析相结合以及艺术学科的想象与直觉相结合等。学科中这种思维发展的全面性和两种思维相结合的多样性，是发展创造性思维的沃土。

二、全面发展思维，要以发展形象思维为突破口

在创造过程中，人们通过联想、想象，超越感觉的、现实的和时空的局限，探索、寻找未知的事物；人们通过假设、直觉突破思维的障碍，架起经验到理论的桥梁，获取创造的成果；人们通过两种思维灵活的结合，解决了一个又一个单一思维(抽象思维)长期未能解决的重大问题。形象思维成为创新(创造)过程中最活跃最关键的因素。

在人类思维发展史中，首先发展的是形象思维。史前时代的发明创造都靠形象思维。例如，语言就是形象思维创造的产物。语言的产生要两个条件，一是要有足够的词汇(口头的、文字的)，二是要有一种约定俗成的普遍语法。其中每一个词汇、每一项语法，都是我们的先民创造出来的。从手势、表情到口语，从口语到文字(象形文字)，经历了几万年甚至几十万年，这个创造过程是由形象思维完成的。

形象思维这么重要，人们为什么不知道呢？其原因就在于形象思维是非语言的。正因为形象思维的非语言性，人类才创造了语言文字，用语言文字来表达思维。而当人们有了语言文字以后，却只知道语言文字而不知道形象思维了。

斯佩里的“裂脑人”实验，表明人可以用语言(概念)来思维，也可以用非语言的表象来思维，打破了历史的禁锢，开启了思维的发展从单一的、片面的思维(抽象思维)走向思维的全面发展。这个承载时代的“骄子”——创新的车子，从独轮车换成双轮车时，它必将加速向前奔驰！

形象思维是重要的，形象思维长期不被人们所了解，这就是为什么全面发展思维要把发展形象思维作为突破口的原因。

三、学会独立思考，做自觉思维的人

创新是新颖的、首创的，创造了前所未有的事物。要创新就要

想别人没有想过的问题，做别人未曾做过的事，走别人没有走过的路。所以，要学会独立思考。

客观世界的发展和变化是无穷无尽的，一些问题解决了，更多的问题又呈现在人们的眼前，需要我们去研究、探索和解决。这就要有新思维、新思路、新方法，要会独立思考，创造性地解决问题。

爱因斯坦说："发展独立思考和独立判断的一般能力，应当始终放在首位，而不应当把获得专业知识放在首位。"[1]什么是思考?用什么来思考?"思考"是指进行比较深刻、周到的思维活动。要会独立思考，就是要深入地进行思维。

人类在漫长的历史进程中，思维随着生产劳动的发展而发展。在这上百万年的历史时间中，人们只知道生产劳动而不知道生产对思维的影响，头脑中的思维活动是不自觉的。恩格斯说："自然科学和哲学一样，直到今天还完全忽视了人的活动对他的思维的影响；它们一个只知道自然界，另一个又只知道思想。"[2]

这种思维不自觉的现象，至今仍然相当普遍地存在。比如，在学习过程中，同是听讲或阅读，有的理解得深，有的理解得浅，读书不求甚解；同是解题，有的只能套套公式，只有一种解法，有的则有多种解法；同是观察，有的仔细、深入、全面，有的粗枝大叶，熟视无睹。这些学习质量的差别，就是由于有的人思维不自觉、不到位。

由此可见，要会独立思考，就要在学科教学过程中，根据学科思维特点，有目的地进行思维训练，培养学生主动地、自觉地进行思维，促进思维的全面发展。

---

〔1〕 赵立中，许良英．纪念爱因斯坦译文集[M]．上海：上海科技出版社，1979：70.

〔2〕 中共中央马克思恩格斯列宁斯大林著作编译局．马克思恩格斯选集：第3卷[M]．北京：人民出版社，1973：351.

第二节
丰富的知识积累

知识是人类在长期认识世界、改造世界(包括认识自己)的过程中所获得的知识和经验的总和。它是人类创造物质文明和精神文明经验的历史积累，也是当代一切发明创造的源泉。换句话说，当今一切创造发明的美丽花朵，都是根植在知识的历史积累的沃土上。

例如，在17世纪70年代，大多数科学家都知道开普勒的行星三大定律是正确的，天体间存在一种和距离的平方成反比的作用力。但是，行星运行的轨迹是什么，却没有人能证明。天文学家哈雷去问年轻的牛顿，牛顿回答是椭圆。他是用自己发明的微积分(流数术)计算出来的。这就是一个站在历史知识积累之上(站在巨人肩膀上)进行发明创造的范例。

知识的积累要处理好以下两个关系。

第一，要处理好博与专的关系。当今世界，科学技术日新月异，新学科不断涌现，知识呈现出两大趋势，一方面学科门类越来越多，越来越细，另一方面学科交叉、文理渗透，自然科学与人文学科相互交融。因此，我们不能只看到知识分工、专门化这一面，更要看到知识的纵横交错、彼此融会、互相联系、互相促进这一面。学习要先有宽厚的基础而后才有专深，把博学与专深正确的结合起来。学习的积累，如同金字塔，基础越宽越扎实，它的顶尖就越高，即所谓“基础厚，后劲足”。当前，在处理博与专问题上，存在种种错误认识，有的学校过早地文理分科，有的学生喜欢文科而忽视理科的学习，有的喜欢科学，却忽视人文学科。我们看到一些中小学生小小年纪得到发明创造奖，但由于基础学科没有打下基础，成人后成绩平平。

第二，要处理好间接经验和直接经验的关系。既要重视历史的经验积累（间接经验），更要重视直接经验的日积月累。例如，我国医学家吴孟超能够成为我国肝胆外科事业的一个开拓者，就是由于他在医学事业上，不畏艰险、不断创新、日积月累。20 世纪 50 年代以他为首的三人小组，创立了肝胆外科解剖理论，60 年代他突破了"中肝叶切除手术"的禁区，70 年代他潜心研究肝脏海绵状血管瘤，80 年代他开展了常温下无血切肝术，90 年代他研究肝癌免疫治疗，获得重大突破。半个多世纪中，他不断地超越自我。[1]

学生要以学习间接经验为主，又要重视直接经验，重视实践。在学校，除了学习间接经验，还应当参加社会实践活动，获取直接经验。实践活动的方式多种多样。有学科实践活动，如实验、实习、课外研究型作业等；有社会实践活动，如社区活动、志愿者活动、大学生的"三下乡"；有课外兴趣小组、科技制作、植物栽培、动物饲养等。

第三节 创新精神

人是要有一点精神的。创新活动要求个人具有一种创新精神，创新精神也称创新意识，是个人在创新活动中具有的比较稳定的多种心理品质的综合，是创新能力的动力因素，是一种精神力量。其中包括对创新活动的了解，对创新活动的前景、目标的信心，对创

〔1〕 卢嘉锡．院士思维：卷一［M］．合肥：安徽教育出版社，1998：215-216.

新活动的热情，对克服各种困难的毅力和不断求索、勇往直前的精神。

一、信心

创新过程的信心，来自个人对于创新活动具有丰富的知识和经验积累，来自对研究问题的合理性、科学性依据的认识。所以，信心是一种实事求是的科学态度。既不是人云亦云，也不是盲目蛮干。信心是创新的前提，如果一个人连信心都没有，不相信自己的智慧和力量，哪来的创新？信心不是产生于一朝一夕，而是源于长时间的培养和磨炼。要从小培养学生在学习活动中的自信心。学生在日常学习活动中，无论是回答教师的提问，完成作业，进行实验、制作或参加考试，教师都要多看学生的成绩和进步，要及时给予鼓励，使学生看到学习的进步，看到自己智慧的力量，从而不断激起学习的信心。

诺贝尔奖获得者丁肇中谈科学发现的体会时说：“对于自己应该有信心，做你自己认为是正确的事情。”他举例说：

> 20世纪70年代，人们已经知道所有的基本粒子是由3种夸克组成的。我的问题是：为什么只有3种夸克？为了寻找新夸克，我决定建立一个高度灵敏的探测器。这个实验比较困难，同时所有的人都认为只有3种夸克，因为3种夸克可以解释所有的现象，所以这个实验在费米国家实验室和西欧核子中心被拒绝了，所有的加速器都不愿意做这个实验，认为是不可能的。
>
> 终于在1972年到1974年之间，我们在布鲁克海文实验室用一种比较低能的加速器来做这个实验。当我们完成这个实验时，我们发现了一种新的夸克。这就表示，以前说只有3种夸克的观念是错的，有第四种夸克。有了第四种，那可能就

有第五种、第六种，把以往的观念改变了。[1]

二、勤奋

富有创造能力的人，工作非常投入，非常勤奋。谈到发明创造，人们常常强调发明者的天资，认为才能是天赋的。心理学认为，人的天赋只是一些生理上、解剖学上(如脑神经结构)的特点，而决定一个人的才能、创造力的因素，是在一定社会生活条件(包括教育、家庭、社会环境)下个人的主观努力。古今中外不论哪个领域的发明创造，无不是经过长期的甚至是毕其一生的呕心沥血、勤奋努力而得到的。没有九十九分的勤奋劳动和积累，就没有那一分的灵感。灵感来自丰富的积累，灵感是勤奋的回报。爱迪生就是这方面的典范。他回忆说，在他的电灯研究取得突破性进展之前，他设想了不下3000种各不相同的原理和办法，经过不断的实验后，他将3000种最后减到两种。在确定炭丝以后，他又用了6000种材料来做炭丝，以决定哪一种最好。[2]这是多么大的工作热情和投入啊!

学习是一种艰苦的脑力劳动，要从小培养学生学习的热情，一丝不苟的认真态度和不怕困难、百折不挠的精神。

三、善问

为了满足人的物质生活和精神生活的需求，人们不断地深入探索自然，产生各种发明创造，推动着生产的发展和社会的进步。这种探索、发明创造是没有止境的。它遵循唯物主义的认识运动：实践—认识—再实践—再认识。这个过程具体说来，就是实践—发现问题—提出问题、假设—探索、实践—结果(结论)—再实践—再发现问题……

---

〔1〕 丁肇中．科学发现的几点体会[N]．人民日报,2000-05-02.

〔2〕 麦克唐纳．改变世界的大科学家[M]．张宏宇,等,译．上海:上海译文出版社,1996:54.

可见，要有所发现，有所创新，首先要善于发现问题，提出问题。如果发现不了问题，提不出问题，哪有创新可言？事物总是发展变化的，新的事物、新的问题层出不穷，需要用科学的、敏锐的眼光去发现它，用理性的怀疑去质疑，去提出问题。下面以最后一个基本粒子的发现过程为例。

20 世纪 30 年代，科学家发现原子核在衰变前后的能量不一致，瑞士物理学家泡利在 1931 年假设有一种新粒子把能量“窃走了”。后来的发现证明泡利的假设是正确的。美国物理学家费米将这种微小的中性粒子称为中微子。中微子是基本粒子家族中的成员，分为三代：第一代是电子中微子；第二代是 μ 中微子，已于五六十年代被找到了；第三代是 τ 中微子，从 1978 年起寻找了 22 年才找到。这个探索过程是：

发现问题——原子核在衰变前后能量不一致；

提出问题——有一种新粒子把能量“窃走了”；

假设——称这种中性微粒子叫中微子；

探索——先探索第一代、第二代中微子，而探索第三代 τ 中微子，用了 22 年；

结论——提出基本粒子的物理学模型。

这是科学研究的前沿问题。人的认识运动是由低级走向高级，每一个循环都向前推进到一个较高层次。从认识运动来说，学生在实验室、教室里所做的和科学家在前沿所做的是存在连续性的。

我们的教学以讲授为主，让学生回答教师提出的问题，或从教材中提出问题，这对于学生理解知识、巩固知识是必要的。这只是学习认知运动的一个方面，还有另外一个方面，培养学生善于发现问题，提出问题，独立思考，对于培养创新精神来说，是更重要的一个方面。教师应该在课堂上营造一种民主氛围，鼓励学生勇于提出问题，开展不同观点的讨论。教材中的练习体系也应改革，把提出问题、编写问题作为学生应做的练习。

四、探索

人们探索求知的精神，是科学技术赖以产生、发展的精神力量。日出日落，花开花谢，从基本粒子到宇宙星系，大自然绚丽多彩、千变万化的现象，隐藏着多少奥秘。它激发了人们的好奇心和探索其中奥秘的欲望，吸引着无数科学家、工程技术人员为它献出毕生的精力。一部科技史，是人们探索自然的历史。青年学生要学点科技史，以吸取人类探索自然的精神力量。例如，19 世纪末，有线电报线路已遍布欧美，能不能不用线路发送信号而且信号能被收到并被解读呢？这是当时最有名望的科学家也不敢想的事。然而，年仅 20 岁的马可尼就幻想着有朝一日通过空间从世界的一端向另一端发送无线电信号。他阅读了所有他能找到的有关电的这门新领域发展过程中的资料，进行了各种各样电的实验，耐心地观察和记录其效果，失败了再试验，一步一步地跃进。他不断地改进发送能力，从自己家楼顶的一端到另一端，从楼顶到楼下，由他哥哥手捧着接收机，每天走到越来越远的地方，从田野到山丘，从这个山丘走到另一个山丘。呕心沥血，苦苦求索，三年后他成功了。

可见，要创新，要做前人、他人没有做过的事，要解决前人、他人未解决的问题，没有现成的办法和答案，只有通过探索去寻求解答。

第四节 实践能力与动手能力

一、实践能力的重要性

辩证唯物主义认识论认为，人的认识运动的第一阶段，是由感性认识上升到理性认识。外界信息通过感官到达思维，通过思维了解事物的本质及其内在规律性联系，也就是达到理性认识。然而，“如果只到理性认识为止，那么还只说到问题的一半。而且对于马克思主义的哲学来说，还只说到非十分重要的那一半。马克思主义的哲学认为十分重要的问题，不在于懂得了客观世界的规律性，因而能解释世界，而在于拿了这种对于客观规律性的认识去能动地改造世界”〔1〕。所以，认识运动的第二阶段，从理性认识到实践，是一个更加重要的阶段。学生的学习是一种特殊的认识活动，通过观察、阅读、听讲，从感知到达思维，理解和掌握了所学知识，就是从感性认识到理性认识；然后运用所学知识，通过练习、解答问题、实验、制作、调查研究以及各种人际活动，运用到实际中去，培养读、写、算、操作、交往等各种实践能力。学习知识的根本目的是应用，尤其是创造性地运用知识。可见，知识的运用，各种实践能力的培养，是学习过程更加重要的阶段。

我们再来分析一下科学研究与技术发明的过程，即基础研究—应用研究—开发研究。

从基础研究到开发研究是一个大的认识运动，其中基础研究是研究、发现规律，是对客观世界的认识，属于认识的理性阶段；而

〔1〕 毛泽东．毛泽东选集：第一卷[M]．北京：人民出版社，1951：291.

应用研究、开发研究是把科学原理用来解决实际问题，改造客观世界，属于社会实践。从历史上看，这个过程在20世纪初以前一般由两代人来完成。如电机原理的发现(1831年)到发电机的诞生(1872年)，中间经历了41年。而从20世纪初到20世纪中叶，这种进程大致为10年，到20世纪下半叶，则缩短到5年。如提出无线移动通信的设想为1974年，到发明移动电话系统为1978年，其间隔仅为4年。从基础研究到技术开发的过程缩短到5至10年，意味着什么呢？就是告诉我们科学发现到技术发明可以在一个人手中完成，这就大大加快了技术发明的进程；这也告诉我们，当今从事科技工作，既要善于搞理论研究、科学发现，又要具备技术开发的实践能力。从这里我们清楚地看到知识的运用和实践能力的重要性。

二、动手与动脑

人的社会实践活动是多方面的，社会实际生活的一切领域都是社会的人所参与的，有生产实践活动，有社会政治生活，科学和艺术活动，其中人类的生产活动是最基本的实践活动。因此，在各种实践能力中，动手操作能力是基本的实践能力。所谓动手能力，是根据一定目的通过双手及运用工具，改变客观实物的状态、形状、结构、功能的实践能力(技能)。如生产操作、实验、建筑、雕塑、栽培、饲养等。

动手与动脑有什么关系？马克思说：劳动过程结束时得到的结果，在这过程开始时就已经在劳动者的表象中存在着，即已观念地存在着。人们在动手劳动时，他头脑中先有一个目标，即他要生产制作的产品的目标。这个目标或来自图纸、样品，或是他头脑中想象的产物。这个目标以表象的形式存在操作者的头脑中。通过动手操作，一步步地接近目标；每一步操作，在头脑中产生一个新的表象，它与目标进行比较后获得反馈信息，接着按照反馈信息进行下一个操作，直到达到目标的要求。这时，头脑中的表象，在知觉中起到一种整合性的作用，它不仅有助于人们识别客体(无论是静止的，还是运动的)，也使人们能预测事件的结果。表象的整合、类比就是思维的加工，使我们能抓住事物的特征和它的本质，达到识别客体或预测目标的目的，是一种形象思维活动。

动手过程中不仅有视觉的刺激，也有触觉、肢体感觉的参与。脑科学理论认为："个体的外部空间受大脑的双通道视、触神经元所支配，该神经元位于前额叶 6 区下部、顶叶的 7b 区及瞉核，上面每个部位都有细胞对触觉和视觉刺激进行反应。"[1]这种神经元既可感受视觉，又可感受触觉，在视觉、触觉两种表象积累基础上，触觉就能完成原来由视、触两种表象完成的动作。这就是为什么动手操作达到一定熟练程度之后，人们可以不用视觉只凭触觉或肢体感觉来完成动作所要达到的目标。例如，一个对武器熟悉的士兵，蒙着眼睛可以熟练地把所需的武器装配起来。"庖丁解牛"讲的是古代梁惠王的厨师(庖丁)，宰牛三年以后，目无全牛，只凭触觉宰割牛的故事。体育运动技术的形成也是这样。运动员的技术训练开始依据示范动作来进行，这时主要用视觉。经过多次练习，当运动员找到正确动作的肢体感觉以后，他便可根据这种感觉纠正练习中多余的或错误的动作，使技术达到完善的地步。这就说明在技能形成过程中，思维起着重要的作用，其中有视觉表象的参与，也有动觉表象的参与。

这就是动手与动脑的关系。动手与动脑是相互促进的。动作的精细，促进思维向细致发展；思维的细致发展，又促进手的精巧。由于形象思维是没有语言的，动手过程中的思维活动有时是无意识的。因此，人们容易忽视思维的作用，只注意动手训练，而忽视动脑的训练，不善于把动手训练与思维训练结合起来。那么，动手过程中如何有目的地发展思维呢？

第一，深入细致的观察。人的有目的、有计划深入细致的观察是一种思维活动。通过观察多角度地准确地掌握目标的特征，精确地把握目标，才能练就精巧的手。罗丹是大雕塑家，他同雨果是同

---

〔1〕 加扎尼加．认知神经科学[M]．沈政，等，译．上海：上海教育出版社，1998：710.

时代人，在创作作品《雨果》时，罗丹说：

> 我细心观察这位伟大诗人，我试把他的形象深印在我的记忆中，然后急急忙忙回到玻璃房里，将我刚才所见的固定在泥土上。但是跑回来的时候，我的印象往往减弱了，以至到桌板前面，简直不敢动一下雕刻刀，我又决然回到诗人身边。[1]

第二，把经验类化。人们在种种操作过程中，积累了丰富的经验(表象)，要使这些表象不是杂乱无章的堆积，就要运用类比的思维方法。要善于把制作的成果与目标比较，把现在的成果与过去的比较，把自己的与他人的比较，把这一类与另一类相比较，等等。这种类比有无意的、不自觉的，更多的是有目的的、自觉的比较。如有的人自觉地强化记忆，有的人建立分类档案，有的人进行个案研究等。经过类比思维活动，头脑中的表象是分门别类的，形成了类化的经验。这种类化了的经验，如同概括化了的知识一样，能产生迁移。越是基本的类型，越能产生广泛的迁移。这就是通常所说的“触类旁通”、“熟能生巧”。

第三，展开想象，进行创新。有了丰富的类化了的经验，形象思维就会得到发展。这时如能根据需要，开展联想与想象，对已有的经验(表象)进行加工改造，人们就能创新，创造出各种新颖的、有价值的成果(产品)来。

因此，通过观察、类比、想象、创新的思维活动，就能达到“心灵手巧”的境地。实践中常常有这种情况，工人在工厂生产，农民在地里种地、栽培果木……他们在做着同样的工作，日复一日，年复一年，他们中有的工人成了生产能手、有的农民成了种田状元，有的依然如故。这是为什么？二者的区别关键在于思维。他们在各自岗位上，同样是动手操作，而那些善于积极思维、工作精益求精的人则成为佼佼者。这就说明：动手动脑—心灵手巧—创新能力，是一条通向创新能力之路。

---

〔1〕 蔡仪．美学原理[M]．长沙：湖南人民出版社，1985：277.

第五节 个性发展

一、个性发展

我们阐述了创新意识、创造性思维和实践能力，就创新能力来说，基本问题讲清楚了。但是对学校教育，从培养角度来说，只是讲了问题的一半，要使创新能力的培养落实到每个人，要发展每一个学生的创造潜能，还有一个重要问题，就是个性发展。

什么是个性？心理学通常把个性理解为一个人的整个心理面貌，即具有一定倾向的各种心理特征的总和。每个人都由自己的独特的个性倾向和心理特征所组成，世界上没有两个个性完全相同的人。共同生活的一家人中，即使是双胞胎，每个人的个性也是有差异的，因为个性是在许多因素（社会的、家庭的、学校的以及先天的）影响下发展起来的，这些因素对人的影响是不相同的。那么，是不是只有差异而无相同之处呢？当然不是，个性作为整个心理面貌，既有与别人相同的一面，即共性，又有不同的一面，即差异性。一般与个别是辩证的统一。一般不能脱离个别而存在，个别又总是同一般相联结；一般（共性）是事物中共同的本质的东西，而个别（个性）由于它的差异性、多样性，比共性生动、丰富。[1]青少年在发展过程中，每个人的德、智、体、美都要发展，这是共性，是最本质的东西，但是在发展中又显现差异性和无比的丰富性。以智

〔1〕 中国大百科全书总编辑委员会《哲学》编辑委员会，中国大百科全书出版社编辑部．中国大百科全书：哲学Ⅱ[M]．北京：中国大百科全书出版社，1987：1070.

育来说，有的擅长理科，有的擅长文科，在理科中，有的喜欢数学，有的喜欢物理；以美育来说，有的爱好音乐，有的爱好美术；以体育来说，也有对田径、体操、球类的不同爱好。这就是差异性。所以个性是共性和差异性的统一。

既然个性是共性和差异性的辩证统一，那么我们教育的任务，就是既要发展共性的东西——全面发展，又要在全面发展基础上发展每个学生的爱好、特长。全面发展与发展个性特长，二者是不矛盾的，而是相辅相成、互相促进的。这就是全面发展与因材施教的原则，有的学校提出“全面发展，学有特色”的教育目标就是这个意思。

二、兴趣、特长与创新能力培养

兴趣、特长(特殊能力)、创造力是个性的重要特征。兴趣是认识需要的情绪表现。中小学生处在生理和心理发展时期，他们在课内、课外表现了广泛的丰富多样的兴趣。天津市和平区曾对千名中学生的学习兴趣，分课内学习兴趣(共列出 12 个科目)，课外活动、阅读兴趣(共列出 16 项)进行了问卷调查。调查的数据表明：学生的兴趣爱好是十分广泛的，他们不仅对课内学习有广泛的兴趣，而且对课外活动有着更加广泛的兴趣。以课外活动为例，每个学生对课外活动有兴趣的项目，初中平均每人 4.6 项，高中平均每人 4.8 项。无论学习上的优等生，还是后进生，都有广泛的课外活动兴趣。他们从问卷中抽取 20 名学习成绩好的和学习成绩比较差的学生，对他们的兴趣爱好项目进行了比较分析，发现优等生和后进生对课外活动的兴趣爱好在平均项数上差别不大，在特别感兴趣的项目方面却有明显的差异：即与课内学习有直接关系的课外活动项目，优等生的兴趣爱好明显高于后进生，如文学和社会科学读物、学科课外小组、英语课外读物等；反之，与课内学习关系不大且以动手为主的课外活动项目，则后进生的兴趣爱好明显高于优等生，如体育活动、科技小制作、摄影、旅游等。也有些课外活动项目与课内学习关系不密切，优等生和后进生对它们的兴趣爱好没有明显的差别，如戏剧、舞蹈、音乐等。[1]

广泛而多样的兴趣是个性全面发展的前提。多才多艺的人，兴趣广泛而多样，他们精力充沛，生活丰富，注意力集中，不断吸取各种知识。古今中外，有不少对人类有重大贡献的杰出人才都有广泛而多样的兴趣。例如，郭沫若既是科学家又是诗人、历史学家、戏剧作家、考古学家、书法家；英国科学家查理·达尔文从小对动植物有浓厚的兴趣，他有时趴在地上两三个小时跟踪小甲虫的活动，后来他成为进化论的奠基人。因此，兴趣作为非智力因素，在促进学生个性的全面发展中起着十分重要的作用。

青少年某一方面的特长、才能，往往从兴趣开始，而稳定的兴趣又能使人形成能力。兴趣的稳定性表现在长期保持比较浓厚的兴趣上，它充分地显示了个性发展的重要特征。心理学指出：稳定的兴趣是人产生能力的一种证据，在这方面具有诊断学的价值。[2]天津市和平区曾对在中学时有自己比较稳定的中心兴趣的42名毕业生进行调查，了解他们离开中学后所学专业和所从事的事业和中学阶段的中心兴趣的联系。统计表明：兴趣与专业和事业有直接联系的占73.81%，有间接联系的占21.43%，无联系的只占4.76%。北京市少年宫调查了曾参加该单位各种兴趣小组几万人中的100人的情况，发现有67%的人都从事与当年兴趣小组所属学科相同或接近的专业。[3]

要全面提高全民族的创新能力，就要培养每个人的创新能力。我们虽然不能让每一个人各方面都具有创新能力，但是没有一个人在任何事情上都是无能力的，每一个人都有最适宜于从事某种活动的能力。因此我们认为，可以通过教育发展每个人的个性特长，从而发挥其创造才能。学校教育要通过课内和课外活动，发现和培养

〔1〕温寒江．课外活动与教学体制改革[M]．北京：中国工人出版社，1992：90.

〔2〕彼得罗夫斯基．普通心理学[M]．朱智贤，等，译．北京：人民教育出版社，1981：120.

〔3〕同〔1〕，第94页。

学生的兴趣、爱好和个性特长，通过小组的、个人的活动形式，运用研究、探究、实践的方法，进一步发展学生的特长和创新能力。由此可见，兴趣、爱好—个性特长—创新能力，是学校在全面发展教育基础上培养创新能力的一条可行之路。

第十二章 对传统教育的评析

第一节 传统教育——从夸美纽斯到凯洛夫

新中国成立初期，我国各条战线都在学习苏联，教育也不例外，当时凯洛夫编的《教育学》几乎成为中小学教师必读的教科书。20世纪60年代初，国内一些有影响的教育理论也多以它为蓝本，可见其影响之深。凯洛夫的《教育学》在教学论方面有不少是继承了夸美纽斯、赫尔巴特等人的教育理论。因此，我们简要地回顾一下从夸美纽斯到凯洛夫的教育理论，有助于对我国现行教育制度的了解。

一、夸美纽斯

夸美纽斯是17世纪资产阶级民主教育家，处在欧洲封建社会开始解体，资本主义制度逐步形成的时代。资本主义的工场手工业生产迅速发展，生产技术不断革新，商品生产日益扩大。夸美纽斯结合他长期的教育实践，总结了当时新兴资产阶级的教育经验，在他的代表作《大教学论》一书中，提出了一个比较完整的教育学体系。下面从以下四个方面概述其主要教育思想。

第一，关于教育目的。他提出“把一切事物教给一切人类的全部艺术”作为该书的宗旨，提出“男女都应该进学校”的口号。他把一个人的学习时间分成四个明显阶段，即婴儿期、儿童期、少年期和青春期。在学校要切实地对学生进行知识、德行和宗教教育。

第二，关于班级授课制。他针对中世纪学校用个别施教的传统办法，提出实行班级授课制，作为实施教育主要形式。他提出公立学校在一年同一时间开学，同时放假。学生按年龄分班，每班有固定的人数，教师按固定的日课表在规定的时间内上课，学习同一教材，按一定组织形式和方式进行教学，学校工作应按年、按月、按日、按时计划妥当。他说，“一切学科都加以排列，使其适合学生的年龄”，“各个班级的一切功课都应该仔细分成阶段”，“时间应该仔细划分，务使每年、每月、每日都有一定的工作”。至于教学方法，他认为“一切科学必须用同样的教学方法，一切艺术必须用同样的教学方法，一切语言必须用同样的教学方法”。〔1〕他的这些主张，为近代教育奠定了班级教学基础。

第三，关于师生关系。教师与学生是组成教学活动的两个基本因素，教师与学生在教学过程中的地位和作用及其相互关系，是教学的一个根本问题。对于这个问题，夸美纽斯虽然没有正面论述，但他喜欢用自然现象来比喻教学问题，其中有几个比喻是用来说师生关系的，从中我们可以看到，他认为教师应主宰教学的一切，学生只是接受知识的容器。他说：“一个面包师搓一次生面，热一次火灶，就可以做出许多面包……一个教师也应该教一大群学生。”他认为，“教师的嘴就是一个源泉，从那里可以发出知识的溪流，从他们(指学生)身上流过。认为每逢源泉开放的时候，他们就应当把他们的注意当作一个水槽一样，放在它的下面，一点不要把流出的东西漏掉了”〔2〕。

第四，关于教学原则。夸美纽斯十分推崇自然，他从感觉论出

〔1〕 夸美纽斯．大教学论[M]．傅任敢，译．北京：人民教育出版社，1984：93，102，118.
〔2〕 同〔1〕，第139、140页。

发，借鉴自然秩序，书中用三章的篇幅论述了教学原则，所述主要原则和基本观点如下：

直观原则

——教导尽可能通过感官去进行，使它能费较少的劳力被记住。

——听觉应该永远和视觉结合在一起，舌头应该和手臂联合训练。

所教的学科不仅应该用口教，这只能顾到耳朵，同时也应该用图画去阐明，利用眼睛去发展想象。

主动性和积极性原则

——应该用一切可能的方式把孩子们的求知和求学的欲望激发起来。

——所教的学科如果合于学生的年龄，解释得清清楚楚，它们本身对于青年人就是有吸引力的。

——假如在开始任何新的学科的时候，应该用一种引人入胜的方式把它放在学生的跟前，或向他们提出问题，这样去激起学生的兴趣。

循序渐进原则

——自然并不跃进，它只一步一步地前进。

——假如教材能这样安排，使学生先知道最靠近他们的事物，然后去知道不太靠近的，随后去知道相隔较远的，最后才去知道隔得最远的。

量力性原则

——一切学科都应加以排列，使其适合学生的年龄，凡是超出他们的理解的东西就不要给他们去学习。

——学校应当这样组织，使学生一定的时候只学一件事情。

巩固性原则

——学生首先学会理解事物，然后再去记忆它们。

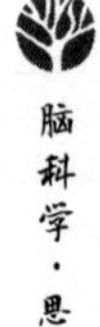

——尽量少强迫学生去记忆，就是说，只记最重要的事情；对于其余的，他们只需领会大意就够了。

彻底性原则

——学生所应学习的科学应该对他们彻底讲清楚。

——使每个人的心理不仅能够明白他所学过的东西……同时，他又能对于他的知识所涉及的客观事实作出健全的判断：假如一切后教的都以先教的为依据；假如极力注意相似学科之间的相似之点；假如一切学科的排列全都顾到学生的智力和记忆以及语言的性质；假如经常通过实践去把知识固定在记忆里面。[1]

二、凯洛夫

苏联十月革命胜利后，杜威的实用主义教育传入苏联，宣传以儿童为中心，强调活动，以及“从做中学”等，“单元教学”、“设计教学”广泛使用，学生知识质量低，学习成绩普遍下降。到20世纪30年代，苏联对教育进行大力整顿，全面批判实用主义教育思想和儿童中心论。20世纪40年代由凯洛夫主编的《教育学》，就是在这个背景下出版的。该书一方面系统地总结了苏联20世纪二三十年代的教育，同时，吸取了历史上民主教育家的教育思想。下面从五个方面简要地对该书的教学理论进行概述。

第一，关于教育目的。作者认为，“学校的首要任务就是授予学生以自然、社会和人类思维发展的深刻而确实的知识”[2]，形成学生的技能、技巧，并在此基础上发展学生的认识能力，培养学生的共产主义人生观。

第二，关于班级授课制。作者认为：“这种制度之所以叫作班级制度，是因为把学生按照他们的年龄和学校所授科目的知识水平分

[1] 夸美纽斯．大教学论[M]．傅任敢，译．北京：人民教育出版社，1984：16，17，18，19.

[2] 中国大百科全书总编辑委员会《教育》编辑委员会，中国大百科全书出版社编辑部．中国大百科全书：教育[M]．北京：中国大百科全书出版社，1985：197.

成个别的年级，每个年级有固定的人数。”“这种制度之所以叫作授课制度，是因为把课程按照每门科目分成许多个别段落或题目，而每一段落或题目又分成比较平衡的、前后连续的、不很多的部分——课，这些课按照一定的时间表，一课接一课地连续着。”

“教学工作的组织，是把学生按照他们的年龄及其程度分成个别的年级，而每门科目的讲授是根据规定的时间表用上课的方法来进行的，所以叫作班级授课制。”〔1〕凯洛夫认为“上课是教学工作的基本组织形式”，只有把上课作为学校教学工作的基本组织形式，才能完成教育、教学的主要任务，才能给学生以丰富的知识，提高他们的学习质量，才有利于培养学生的世界观、道德品质和发展他们的智力。

第三，关于教学过程。凯洛夫遵照马克思主义认识论论述了教学过程的本质，他根据列宁“从生动的直观到抽象的思维，并从抽象的思维到实践”这一论述，提出学生“掌握知识的过程和人类在其历史发展中认识世界的过程具有共同之点”〔2〕。并提出了一个比较完善的教学过程的模式：

感知教材→理解教材→巩固知识→运用知识

图 12-1

第四，关于教学原则。该书专题论述了教学原则，列出的教学原则有：直观原则，学生自觉性和积极性原则，巩固性原则，系统性和连续性原则，教学的通俗性和可接受性原则等。

第五，关于师生关系。书中论述教师的作用时，“把教师看作是教育过程中的中心人物，在教育和教养学生的事业中具有决定性意义的人物”〔3〕。强调教师的绝对权威，认为“教师的每一句话和每一项指示，每一个学生都要认真地听取和执行。教师逐步提出来的要求，对学生的学习生活来说，具有法律的性质”〔4〕。

〔1〕 凯洛夫. 教育学[M]. 陈霞，等，译. 北京：人民教育出版社，1957：128-129.

〔2〕 同〔1〕，第 132 页。

〔3〕 同〔1〕，第 450 页。

〔4〕 同〔1〕，第 150-151 页。

第二节 班级授课制

从上节材料，我们看到20世纪四五十年代苏联的教学理论，主要来自夸美纽斯等教育家的教育思想，而这些教学理论对我国现行教育又有广泛的影响。因此，有必要对此进行分析与评价。

我们根据什么来评价呢?

教育是一种社会历史现象，只要人类社会存在，传递知识和经验的需要就存在，教育是为人类社会进步、生产的发展服务的。教育随着人类社会的发展变化而发展变化。人类社会发展的不同阶段，由于生产力的水平不同、生产关系的性质不同、科学文化发展水平不同以及人们对教育规律自身的认识水平不同，教育就有不同的性质和特点。因此，我们要从一定社会和历史的高度来评析一种教学制度。

班级授课制产生于17世纪，而普遍推行这种制度却是在产业革命已基本完成的19世纪和20世纪，我国是到20世纪才普遍推行的。这个时期随着新技术的应用、机器工业的建立，生产得到巨大发展，需要更多的人以至全社会公民投入资本主义经济的浪潮之中。这些人需要掌握读、写、算技能和一定的科学文化知识。这个时期，以班级授课制为核心的传统教育显示了它的优势。

一、班级授课制的优点

班级授课制也称班级教学，它的优点主要有以下几个方面。

(一)有利于系统地传授知识和技能

人们很早就认识了知识的重要性，16世纪英国哲学家培根提出“知识就是力量”的著名口号，并着手撰写了一部名为《伟大的复兴》的百科全书式的著作。在培根的影响下，夸美纽斯的班级授课制就是为传授知识而创设的。他主张“学生功课的排列，应该组成一个百科全书式的整体”。凯洛夫也提出“学校的首要任务就是授予学生以自然、社会和人类思维发展的深刻而确实的知识”。班级授课制通过制定一整套科学的办法，如规定课程设置，编写教学大纲、教材，通过一定教学阶段、步骤(学年、学期、单元、课时)，运用班级组织形式及集体教学方法等，对学生进行系统的知识传授和技能训练。实验证明，学生所学的基础知识、基本技能是扎实的。

青少年要学习人类长期实践中积累起来的经验(知识、技能)，这些经验是人们对自然、社会以及人类自身的实践过程中经过无数次的失败、挫折，有的是经过几代人的努力才获得的成果，通过知识的传授，就可以在短时间内获得那些前人长期摸索积累起来的基础性、适用性强的知识。

(二)提高了教学效率，促进了教育的普及

比起个别教育，班级教学一个突出的优点是大大提高了教学效率。班级教学容量大，几十个人在同一课堂上课，教材又是经过精心选择和组织的，传授知识的密度大，因而极大地提高了学校教学工作的效率，促进了教育的普及。夸美纽斯曾以印刷术的发明来比喻班级授课的优越性。他说：“我们教授术或普遍方法的发现便利了学者人数的增加，和印刷术的发现便利了学问之媒的书数的增加是一样的。”[1]

学生入学人数的剧增，促进了教育的普及。一些经济发达的国家，首先实施了普及义务教育。据统计，到20世纪80年代初，全世界200个国家和地区中，有170个国家和地区都已实行了普及义务教育，年限从4年到10年不等。[2]如果没有班级教学，很难设想有今天这种世界性的普及教育。

[1] 夸美纽斯．大教学论[M]．傅任敢，译．北京：人民教育出版社，1984：127.

[2] 成有信．九年普及义务教育[M]．北京：人民教育出版社，1985：1.

（三）充分发挥了教师的主导作用

青少年处在未成熟阶段，他们要继承人类在长期实践中积累起来的文化科学知识，既不能靠自己独立去摸索，也不能由没有受过教育训练的成人来任教，只能由受过教育专业训练的教师来指导。教师的政治觉悟、个人品质、思想情感，在教育、教学中的言传身教、榜样作用，对青少年理想的确立、思想品德的形成，起着不可替代的作用。

在班级授课制中，从教学任务的确定、教材内容的编写、课堂的组织形式到教法的运用，都充分地发挥了教师在教学过程中的主导作用。

20 世纪二三十年代，杜威推行进步教育，实行道尔顿制、设计教学等，曾否定了教师的主导作用，导致学习质量普遍下降。我国在“文化大革命”中，批判教师，实行“工农兵上讲台”、“以生产任务带教学”等，贻误了一代人。这些历史教训，从反面证明了教师在教育中的主导地位。

正是这些优点，使班级教学制度能较好地为工业经济服务。但是随着社会的发展和班级教学的实施，人们日益发现它的缺点和不足。一百多年来，教育家们不断地对它进行修补、改革。

二、班级授课制的缺点

审视班级教学为中心的传统教育，不难发现它存在的严重问题，主要有以下几个方面。

（一）轻视个性的发展

青少年在成长过程中，每个人的德、智、体、美都要发展，这是共性，但在发展中又显现差异性。这种发展的差异性表现是多方面的，如表现在兴趣方面，有的学生对科学技术、动手操作有兴趣，有的喜欢文学艺术，有的喜爱体育，有的喜爱音乐、美术。表现在学习能力方面，掌握知识有的快、有的慢，理解教材有的深、有的浅；有的善于形象思维，有的善于逻辑思维。表现在特殊才能方面，有的学生对文学艺术表现出惊人的才智，有的学生只对数理学科表现出超常的才能，等等。

面对学生的个性的种种差异，班级教学采用同一教材、同一教法和同一进度进行教学，把学生看成是一模一样的接受知识的容器。就像夸美纽斯所说的“一个面包师搓一次生面，热一次火灶，就可以做出许多面包”。这种重共性、轻个性的教学会产生什么结果呢？

从教学效果来说，一些学习好的学生，潜力得不到发挥，智力受到抑制；一些学习能力差的学生，学习跟不上，产生厌学情绪以及种种学习心理障碍。

从人才培养来说，前面说过，学校培养人的创新能力，大体经过“兴趣—特长—创新”的路子，也就是个性化的路子。如果只重共性，千人一面，从一个模子刻出来，没有个性的发展，则谈不上人的创新能力。因此，这种重共性、轻个性的教学，是难以培养出创新型人才的。

(二)重知识、轻实践

班级教学重知识的传授，轻实践能力的培养，主要表现在以下几个方面。

1. 学生实验能力、动手能力差

中学理科课和小学科学课，虽然有一些实验，但数量少，实验技术简单，类型比较单一，而且多是验证性实验，学生动手机会少。对学生学科学习的测查，只考知识，不测查动手能力，导致学生动手能力差。

全国教育科学“八五”规划重点课题“学生实验能力调查”（刘济昌教授主持)曾在全国范围抽样调查、测试中学生的实验能力，调查的内容以大纲、教材所要求(这种要求本身就是低标准的)的基本实验方法、基本操作技能、基本仪器的使用为重点，抽样人数为10621人，涉及学校599所。测试结果(平均成绩)见表12-1。

表 12-1 中学生实验能力测试成绩

学科	得分率(%)	
	高中	初中
物理	55.9	58.2
化学	56.8	63.9
生物	59.0	45.0

物理、化学、生物三科中除初中化学达及格线上，其余都在及格线以下。需要说明的是，由于有些地方对抽样调查这种调查方式不熟悉，将调查看成评比考核，由于事先准备，造成这些地方成绩一致偏高的现象。如果排除这一影响，学生的实验动手能力是很令人担忧的。

轻实践，学生动手能力差，突出表现在实验课时少。以现在高中化学课为例，学生实验共 19 个(含选做)，实验课只占化学总课时比例的 6.9%。一些发达国家，他们的实验课时数远远超过了我们。美国中学生每学期化学实验课达 30~40 次；一般西方国家理科实验课程达 25%，而英国则高达 50%，并且设有独立的实验课程。

2. 学生缺乏独立获得知识的能力

人类知识总量在迅速翻番。“据统计，人类科学知识总量在 19 世纪，50 年增加 1 倍； 20 世纪初期，30 年增加 1 倍；50 年代，10 年；70 年代，5 年；80 年代，3 年；90 年代更快。与此相联系，知识更新不断加快，18 世纪为 80 ~90 年；19 世纪末 20 世纪初为 30 年；近半个多世纪以来为 5 ~10 年。”[1]在知识迅速更新的时代，个人所学知识很快就老化了，而 80%~90%的知识都要在工作中学习。可见，今天学校的任务不仅是教给学生知识，更重要的是教会学生独立获取知识的能力。培养他们从实践、书本和网上获取知识(信息)的能力。在班级教学中，知识是由教师传授给学生的，没有或很少让学生通过自己的观察、思考和动手，通过自学、研究、探索亲

〔1〕 参见:《人民日报》2000 年 7 月 26 日,第 1 版。

自获取知识，形成自我学习的能力，因此，学生独立获得知识的能力很差。

3. 重书本知识，不重视知识(理论)联系实际

从教材、教法、考试、分数到师资培训一整套，都是把学生死死地束缚在书本知识上。学校没有提供让学生对自然、社会进行调查、观察、研究的时间和条件。一些培养学生自主学习或实验、研究的活动，如课外活动，长期得不到重视，不正式列入教学计划，活动时间、场地没有保证。

(三)忽视形象思维

在我国，把“形象思维”这一概念作为思维普遍形式提出来，并进行广泛深入的研究，是20世纪思维科学一个突破性的进展。形象思维和抽象思维是思维的两种基本形式。在此之前，人们讲到思维，指的是抽象思维(逻辑思维)，并且认为语言是思维的外壳。因此，传统教育理论以及教材教法普遍忽视形象思维。

形象思维是普遍存在的，中小学教育忽视形象思维，表现在许多方面，下面只列举几个问题。

1. 不重视观察

观察是许多学科知识的来源，如语文的识字、阅读、写作，中学的物理、化学、生物，小学的科学以及体育、美术等，都离不开观察。忽视观察，就是割断了知识与思维的联系，就会使这些知识变得空洞无物和不可理解。学生不会思维又谈何理解呢？这是中小学教育一个普遍性的问题。例如，小学语文课学生说话、写作内容首先来自观察，但语文教材却没有相应的训练，使小学写作的起步教学成为一个教学难题，写作时没有东西可写困扰着许多小学生。

2. 忽视图形的训练

图形是形象思维的一种表达，它具有许多特点，如整体性、形象性、直观性等，它的作用一般是语言无法替代的。图形在一些学科中具有十分重要的作用。例如解几何问题的思维活动，先要会看图，从图形中看出条件之间的关系，找到解题的途径，然后才是证

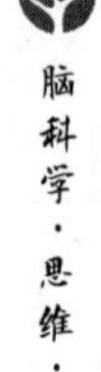

明。因此，会看图，能看出所绘图与基本图形的关系，是解题的一个关键。传统教学，重证明忽视图形训练，学生不会看图，找不到解题思路，使几何成为一门难学的功课。又如地理，众多地理现象、地理事实之间存在复杂多样的关系，其中有因果关系、发展演变关系、空间联系、整体与局部关系、相互影响关系等。这些关系如果对照有关地图进行观察、阅读、分析、对比，思维活动是具体的、形象的，问题很容易解决；相反，如果离开地图，许多地理知识则成了枯燥、乏味的死知识。由此可见，忽视图形的教学与训练，使一部分学科的学习变得抽象、乏味和难懂。

3. 忽视想象

前人把他对客观事物的认识(思维的结果)用文字表达出来，后人读他的文章(书)也要通过相应思维活动才能理解他表达的意思。作者用抽象思维获得的知识，阅读时也要用抽象思维去理解它；作者用形象思维获得的知识，如记叙文、说明事物的说明文，阅读时就要用形象思维去理解了。后面一种就是再造想象。例如，我们阅读语文教材《观潮》，其中写道：

……过了一会儿，响声越来越大，只见东边水天相接的地方，出现一条白线。人群又沸腾起来。

那条白线很快地向前移动，逐渐拉长，变粗横贯江面。再近些，只见白浪翻滚，形成一条六米多高的白色城墙。那浪越来越近，犹如千万匹白色战马齐头并进，浩浩荡荡地飞奔而来；那声音如同千万辆坦克同时开动，发出山崩地裂的响声，好像大地都被震得颤动起来。

文中那浪潮排山倒海的壮观情景，阅读时要凭想象才能领略，其中有视觉也有听觉的。总之，语文教材中对人物的刻画、场景的描写、情节的叙述，历史课中描写历史人物、事件经过、战斗场面，地理课中讲解山川地貌、气候变化、星体运行等，学习时都要靠再造想象。传统教学由于忽视思维过程的再造想象，这些原本绘声绘色、有情有景、有动有静的教学内容都变成了单调、乏味的讲述。

综合以上分析，传统教育存在“一无三忽视”。所谓“一无”，就是传统教育没有提出培养创造能力或创新能力的教育目标；“三忽视”就是忽视个性的发展，忽视实践能力的培养和形象思维的发展。至此，人们不禁要问，传统教育能培养创新能力吗？传统教育既没有提出培养创新能力(创造能力)的任务，也不培养诸如直觉、联想、想象这些最具灵活性、创造性的思维方法，又不重视实践能力的培养，它能培养创新能力吗？根据以上的分析，我们的回答是：传统教育对于创新能力的培养是有限的。

人们还要问，产生于17世纪的传统教育曾经在过去的二三百年间比较好地为工业经济服务，当今世界，科学技术突飞猛进，知识经济已见端倪，国力竞争日趋激烈，传统教育还能很好地为知识经济服务吗？答案是否定的。出路在哪里？出路在于改革创新。

第三节 我国中小学教学改革实验

改革开放以来，在邓小平理论指引下，我国广大中小学干部和教师，解放思想，实事求是，广泛地开展教育科研，各种教学改革像雨后春笋般地开展起来，有力地促进了教师素质和教育质量的提高。

在这新时期，苏联和西方的教育理论相继被介绍到国内来，如苏霍姆林斯基的教育思想，赞可夫的“教学与发展”的理论与实验，巴班斯基的教学过程最优化理论，布鲁纳的学科知识结构理论和发现教学法，布卢姆的教育目标分类理论，皮亚杰的认知建构学说等，成为广大教师教育改革的依据。与此同时，各级教育研究机构（教科所、教科室）相继建立，群众性教育研究团体——教育学会普遍成立，从组织上推动了各项教学改革。

因此，近年来，教育科研、教学改革的内容是非常丰富多样的。有综合改革，也有单项、学科的改革；有教学内容的改革，也有教学方法、学习方法的改革，等等。在这一节中，由于篇幅有限，我们不能对各项改革做详细介绍，只介绍几项主要的有代表性的教学改革实验，从中我们可以看到20世纪末本世纪初教学改革的总的趋势。

一、目标教学的改革实验

自20世纪六七十年代西方课程改革运动未取得成效而转向“回归基础”以来，许多学者转而研究大面积提高基础教育质量。其中影响大的有美国教育家布卢姆的“掌握学习”理论和苏联教育家巴班斯基的教学过程最优化的理论。80年代后期到90年代，我国许多省、市开展“目标教学”改革实验，其目标体系主要参照布卢姆的理论。其中山东省实验范围最广，有五六十个县、市开展这项实验，他们称为“单元达标教学实验与研究”。实验取得了成效，教学质量有了明显提高，并提出了理论体系框架。下面以山东省课题组实验点烟台市福山区的经验为例，说明如下：

> 实验按预期设想进展，初步形成了大面积提高教学质量的单元达标教学新体系，内容有八点，用八句话概括如下。
>
> 树立一个观念：相信95%以上的学生能够学好。为此，教育者要为学生提供必要的条件、足够的时间和理想的教育。这是教学观也是学生观，是该体系的理论基础。干部相信学生能学好；教师相信学生能学好；学生相信自己能学好；家长相信子女能学好。这样，提高质量，大面积丰收就有了基础。
>
> 建立一个核心：建立教学目标体系。教学中，以教学目标为核心，一切围绕目标进行。用教学目标定向、导向，使教学

过程成为“展示目标→落实目标→检测目标→补救目标→实现目标”的教学流程。

实施一个策略:即“单元达标教学”策略。该策略是借鉴布卢姆“掌握学习”理论,联系教学实际提出并实施的。学校工作以教学为中心,一切为了“达标”。教师为达标而教学,学生为达标而学习,干部为达标而管理,职员为达标而服务。这个策略的实质是:①以班级群体授课为教学的基本形式;②以单元为教学基本结构;③以教学目标为核心;④以师生合作为基础,以个别化工作为辅助措施;⑤以反馈矫正为调控教学的主要手段。

实行三个转变:新体系需要新思想。“三个转变”是:①变只抓少数尖子为面向全体学生;②变选拔适合教育的学生为选择适合学生的教育;③变单纯讲究教法、教会为既讲究教法、教会又讲究学法、学会。实践证明,教会知识解决一时,教会学习受益终身。

运用三种评价:将评价纳入教学领域是现代教学理论的重大发展。“三种评价”是诊断性评价、形成性评价和终结性评价(形成性评价是精髓)。评价的特点是教育性、民主性和及时性。评价的作用是导向、激进和调节。三种评价功能不同,进行的时间亦有区别。

坚持三个始终:①思想教育渗透始终。各学科、各年级都重视德育。②因材施教体现始终。立足面向全体,着力区别对待,落脚各有发展,以求后进生不断转化,中等生不断优化,优等生不断提高。③反馈矫正贯穿始终。注意及时回收信息,及时调控,改善教学,及时查漏补缺,形成反馈、调控、矫正机制。

搞好多种优化:优化教师群体,优化班级组合,优化教学模式,优化教学方法,优化反馈渠道,优化矫正措施,优化教学环境等。

实现四个发展：这是教学结果。四个发展是指：①全体发展。就全体学生而言，确保95%以上的学生完成学习任务，实现"达标"。②全面发展。就每个学生而言，德、智、体全面、和谐地发展，高质量完成各门课程的学习，完成各项学习任务。③全质发展。就一门学科而言，既学好知识，又培养能力，又发展智力。④个性发展。注意每个学生的特点、特长，使之有所发展。[1]

二、主体性教育

传统教育忽视教学活动中学生的主体地位，把学生当作接受知识的容器。凯洛夫的教育学理论被批评为没有儿童的教育学。为了克服这方面的缺点，弘扬人的主体意识，构建学习主体，不少地区学校都进行了这方面的改革实验。其中"提高中学生学习质量整体改革实验研究"简称"中学JIP"，是一项由联合国教科文组织亚太地区总办事处发起的地区性合作改革项目。它的实验范围广，实验取得显著的成效。下面介绍它的实验目的与指导思想。

（一）实验目的

通过实验，达到大面积提高初中学生学习质量的目的，以适应社会的需要。"大面积提高"包括：①大面积合格，就是使所有学生都受到应有的教育，保质保量地实施九年制义务教育，提高民族素质；②大面积优秀，充分开发学生的非智力因素和智力因素，使学生个性特长得到充分发展，为大批优秀人才的产生创造条件。

（二）实验的指导思想

（1）本实验是联合国教科文组织亚太地区总办事处阿佩德（APEID）计划的组成部分，旨在帮助教师提高学生学习质量，以适应日益发展变化的社会需要。本实验遵照我国的

---

〔1〕 山东省中小学大面积提高教学质量课题组．单元达标教学研究［M］．济南：山东教育出版社，1994：79-81.

教育方针，坚持社会主义方向，坚持“三个面向”，以教育科学理论为指导，以强化学生的主体作用和充分发挥教师的主导作用为出发点，减轻学生学习负担，促进学生全面发展，大面积提高学生的学习质量。

(2)以系统论思想为指导，调整好学生、教师、教材、学校、社会等子系统的关系，对学生学习质量问题综合治理，使学校教育教学活动的各个环节形成顺畅协调的体系，提高学校教育的整体功能。

(3)学习活动必须通过学习的主体(学生)自身才能完成，他人无法替代。所以，必须注意优化学生的非智力因素，激发学习动机，促进学生掌握学习策略、方法和技巧，从整体上建构与发展学生在学习活动中的主体地位。

(4)为了建构学生的主体地位，应该有意识地吸引学生大量参与教学各环节的活动；同时，还必须从实际出发，对学生实行因材施教。在各科教学中贯彻“主体参与，分层指导，及时反馈，鼓励评价，稳步提高”的原则，使学生在积极主动的状态下进行学习。

(5)构建学生主体地位的根本目的，在于使学生在德、智、体诸方面得到发展，因此必须重视德育工作，培养学生自觉的公民意识和社会主义文明习惯，并初步形成科学的世界观，具有对集体和国家的责任感，具有远大的抱负。

(6)学生主体地位的建构，关键在于教师主导作用的充分发挥，因为各个子系统的功能大都需要通过教师的作用才能得以发挥。

(7)鉴于初中学生的年龄特点，恰如其分的、科学而严格的管理也是至关重要的。此外，还必须认识到优化大学习环境等方面的软课程的教育作用。[1]

〔1〕 王家骏．中学 JIP 研究与探索[M]．北京：北京师范大学出版社，1993：13-14.

三、整体改革实验

20世纪80年代以来，随着“三论”的学习，人们用系统的思想与方法，用“整体大于它的部分之和”的原理，研究学校中教育、教学、管理工作中有关部分与整体的关系问题，如德、智、体、美与全面发展，学校各部门之间的关系，各学科之间的关系，课内与课外的关系等，提出“整体改革实验”，优化学校工作。整体改革成了教育改革的热门话题，涌现出一批整体改革成绩优异的学校。如北京景山学校、宏庙小学，杭州市天长小学，上海市育才中学、华东师大附属实验小学等。下面介绍北京景山学校、杭州市天长小学的整体改革实验。

(一)北京景山学校

北京景山学校在《教改实验二十五年》一文中讲到该校综合整体实验的总目标及其措施，要点如下：

> •“全面发展打基础，发挥特长育人才”是全校改革中小学教育的综合整体实验的总题目。全校一百多项大大小小的分实验都是在这个总题目下进行的，而能否按照总题目的要求来进行各项实验和教学工作，首先取决于办学的战略目标，是着眼于探索规律、出人才，还是着眼于升学率。这是在探求规律过程中现实生活迫使我们首先要回答的第一个问题。
>
> •划清“全面发展”与“全面优秀”的界限，划清“全面发展”与智育上的“平均发展”的界限。基于这种认识，学校进行了改革“三好生”评选条件的实验，修改了智育的评选条件。同时在评定教学工作中，废除统计平均分的做法。衡量教师在教学方面的成绩主要看以下五条。①学生的课业负担不超过规定的合理标准。②学生的基础知识和基本技能达到了教学大纲的基本要求，表现在保持和提高了本班学生的及格率(与自己班上学期比，不和平行班比)。③培养了两三个比

班上同学高出一头的“尖子”(不包括家长培养的)。④提高了学生独立获取知识的能力、运用知识的能力和创造才能;理科还需提高实验操作动手能力。⑤提高了学生的学习兴趣,受到共产主义思想教育。

● 要根据“全面发展打基础,发挥特长育人才”的总要求,包括全面改革学制、课程、教材、教法、考试方法、教育教学管理、课外活动的安排等方面。全面发展与发展特长要具体地辩证地结合,要通过学制、课程、教材、教法等方面具体地体现出来,否则就会变成一句没有生命力的空洞的口号。[1]

(二)杭州市天长小学

杭州市天长小学和杭州大学教育系合作,从1983年到1989年完成了一轮长达6年的教育实验,其成果被写入《整体优化教育的理论与实践》一书。刘佛年教授为该书作序,对这项成果做了一个扼要的介绍,摘录如下:

我国为了建设现代化的社会主义社会,需要的是各育全面而和谐发展的人才。当然,人并不都是一个样子,所以全面发展的教育还需与因材施教相结合。此外,在不同的社会中人们的素质还有另一种区别。在传统社会中,教育所着力培养的是盲目服从、因循守旧的素质;而在现代社会中,特别在社会主义社会中,我们应该培养有自主性、积极性,能思维、能创造的公民,当然他们也应该掌握文化基础知识,并具有纪律性。在小学,特别要发展天长小学所提倡的“三自能力”,即自我教育能力、自主学习能力、自理生活能力。培养这些新品质、新能力,应该是教育的任务。

为了实现这个整体教育的目标,实验班使用了一整套相应的综合方法,综合设计和组织整个教育过程。他们提出了实验的设计—目标体系、综合的管理体系、操作—方法体系、

〔1〕《教育研究》编辑部. 中小学教改实验报告集[M]. 天津:天津教育出版社,1987:137-139.

评价—测量体系，使整个实验具有周密的设计、慎重的实验、科学的评价、协调的管理。他们的实验富于独创性，例如他们建立了活动体系，和课堂教学体系并重，使学生的个性能得到更好的发展；他们制定了“三自能力”大纲，使这个目标具体化，便于“三自能力”的培养；他们改进了课堂教学，例如语文教学中应用了“导学法”，数学教学中加强了实际环节；他们运用了多种测量、评价的方法，以便测量学生的知识、能力、审美、体格、思想、品德人际交往方面的水平，并把评价的结果作为激励学生的手段；他们实现了学校的综合管理，把学校各部门组成协调的整体，提高了管理效率，有利于教育改革。〔1〕

四、中学自学辅导教学实验

心理学家卢仲衡从1965年开始，批判地吸收了欧美程序教学和班级教育的长处，为改革传统教学“满堂灌”的弊端，结合我国国情，首次提出班集体与个别化相结合的教学思想，运用有效的心理学原则，编写《初中数学自学辅导教材》，创立了以教师为主导、学生为主体、自辅教材为客体和“启、读、练、知、结”的自学辅导教学模式，有效地培养了学生的自学能力。

初中数学自学辅导教学最初仅在个别班级试验，以后逐步扩大试验范围，到20世纪末全国已有30个省(市)、自治区近万个教学班在进行自学辅导教学。这是我国新中国成立以来学科改革试验范围最广、时间最长、效果好的一项教改实验。

在“七五”期间，卢仲衡教授主持课题组开展注意力集中、培养创造性思维七项专题对比研究，积累了大量实验数据和资料，有力地证明了自学辅导教学能更有效地发展学生的思维能力，提高学生的认知能力和独立学习的能力。

〔1〕 杭州市天长小学，杭州大学教育系．整体优化教育的理论与实践[M]．杭州：浙江教育出版社，1991：1-2.

五、单元教学法实验

20世纪80年代以来，在“打好基础，发展智力，培养能力”教改目标指引下，许多教师尝试通过改革教学方法，培养学生的能力。如武汉黎世法的“六课型单元教学法”、北京景山学校单元教学法、上海市育才中学“读读、议议、讲讲、练练”教学法以及“导学法”等。这些教学法的特点是让学生成为学习的主人，重视培养学生自学能力、研究问题的能力。下面是北京景山学校单元教学法的特点。

- 单元教学法把科学知识(包括技能,如读、写技能)本身的结构作为划分学习单元的主要依据。

- 单元教学法以掌握“双基”、发展智能为主要目的。每种教学方法都服务于一定的教学目的。有的教学方法以传授系统知识为主要目的,有的教学方法以发展学生智能为主要目的。单元教学法试图探求一种既加强“双基”又发展智能的教学方法。这是单元教学法的特点之一。

- 单元教学法的教学步骤是根据让学生主动学习知识和技能的认识程序来设计的。在语文、数学、化学的单元教学过程中,都始终把学生放在教师指导下主动探求知识的地位。每当一个新单元开始,教师都把整个单元教学的目的、要求、步骤和方法向学生明确交代;在教学程序设计上,一般都是先由学生自己独立自学教材,然后师生共同讨论,最后在教师指导下,由学生自己得出结论,并自己进行单元学习总结。学生学习的过程作为一个主动探求未知(对老师来说是已知)的过程最为有效。在这个过程中,学生既获得了知识,又发展了智能,特别是提高了独立获得知识的自学能力。[1]

以上教学改革实验大致可以分为两大类。第一类，改革的目的是对班级教学的一种优化，改革没有突破班级授课制的框架。如目

〔1〕 刘舒生．教学法大全[M]. 北京:经济日报出版社,1990:396.

标教学实验，其目标体系以“认知、情感、动作技能”为总纲，认知方面分为“记忆、理解、运用、综合”四级，情感方面分为“接受、反应、信奉、适应”四级，动作技能方面分为“知觉、定式、熟练、自动化”四级。这个目标体系说明它没有突破班级教学的框架。又如“中学 JIP”中 16 字原则“主体参与，分层指导，及时反馈，激励评价”，是针对班级教学存在问题的改革措施，这些措施仍然是在班级教学中进行的。至于整体改革实验，有不少实验仍局限于班级教学这个整体，也有的改革实验有突破传统教育的改革内容，如杭州市天长小学的实验提出培养“三自能力”，提出学科教学与活动体系作为学校教学体系的两大组成部分等。另一类改革，如卢仲衡教授的中学自学辅导实验、单元教学实验等，改革把培养自学能力、独立获取知识的能力作为主要目标，突破了传统教育，是具有创造教育内涵的改革实验。但这类改革在全国改革实验中仍居少数。因此，我们可以认为，在众多改革实验中，其主流的改革仍然是属于传统教育范畴内的改革。

我们要在 21 世纪培养具有创新能力的一代新人，必须全面深入地改革传统教育，另辟蹊径，把培养中小学生创新能力，寓于日常教学活动之中。

第十三章 借鉴与创新

第一节 国外创造教育概述

人类为了自身的生存和发展，不断地改造环境，创造物质财富和精神财富。因此，有了人类社会就有人的创造活动。这种创造活动，随着人类智力的发展和经验的积累，不断地向深度、广度发展。近百年来，在美国由于科学技术不断发展和经济竞争日益加剧，科学技术的发明创造，越来越被人们所重视。在 20 世纪四五十年代一批研究发明与创造的著作相继出版，创造教育活动随之在一些大企业、军队、政府部门以及学校中相继开展起来，其影响扩展到世界各地。近几十年来，我国一些学校（包括大、中、小学）借鉴国外经验，进行了创造教育。下面，我们介绍几种主要的培养创造性思维的教学模式。

一、威廉斯的创造性思维教学模式

威廉斯是美国著名的创造性教学专家。他认为人的创造性是由创造性思维能力和创造性个性倾向两个因素构成，二者相互联系和相互促进。他提出一种培养小学生创造性思维的三维结构的教学模式。如图 13-1 所示，图中第一维为学习内容，即学校课程不同学科，第二维为教师的 18 种教学方法，第三维是指通过这些方法用来激发学生的创造性思维和创造性个性倾向。[1]

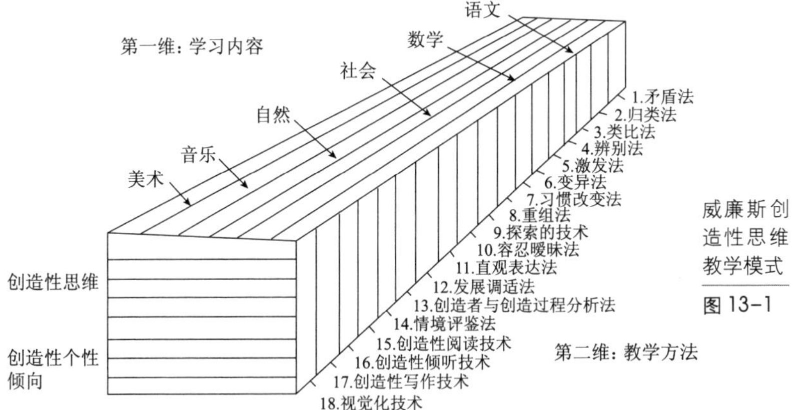

威廉斯创造性思维教学模式

图 13-1

第二维列举了如表 13-1 所示的 18 种创造性思维教学方法。

表 13-1　18 种创造性思维教学方法

名　　称	定　　义
1. 矛盾法	发现一般观念未必完全正确； 发现各种自相对立的陈述或现象
2. 归类法	发现事物的属性； 指出约定俗成的象征或意义； 发现特质并予以归类
3. 类比法	比较类似的各种情况； 发现事物间的相似处； 将某事物与另一事物做适当的比较
4. 辨别法	发现知识领域不足的空隙或缺陷； 寻觅各种信息中遗落的环节； 发现知识中未知的部分

〔1〕 陈龙安．创造性思维与教学[M]．北京：中国轻工业出版社，1999：54-57.

续表

名　称	定　义
5. 激发法	多方面追求各项事物的新意义； 引发探索知识的动机； 探索并发现新知或新发明
6. 变异法	演示事物的动态本质； 提供各种选择、修正及替代的机会
7. 习惯改变法	确定习惯的作用； 改变功能固着的观念及方式，增进对事物的敏感性
8. 重组法	将一种新的结构重新改组； 创立一种新的结构； 在凌乱无序的情况里发现、组织，并提出新的处理方式
9. 探索的技术	探求前人处理事物的方式（历史研究法）； 确立新事物的地位与意义（描述研究法）； 建立实验的环境，并观察结果（实验法）
10. 容忍暧昧法	提供各种困扰、悬念或具有挑战性的情境，让学生思考； 提出各种开放而不一定有固定结局的情境，鼓励学生发散思考
11. 直观表达法	学习通过感官对于事物的感觉，来表达感情的技巧； 启发对事物直觉的敏感性
12. 发展调适法	从错误或失败中获得学习； 在工作中积极地发展而非被动地适应； 发展多种选择性或可能性
13. 创造者与创造过程分析法	分析杰出而富有创造力人物的特质，以学习其洞察、发明、周密思考及解决问题的过程

续表

名　称	定　义
14. 情境评鉴法	根据事物的结果及含义来决定其可能性； 检查或验证原先对事物的猜测是否正确
15. 创造性阅读技术	培养、运用由阅读中获得知识的心理能力； 学习从阅读中产生新观念
16. 创造性倾听技术	学习从倾听中产生新观念的技巧； 倾听由一事物导致另一事物的信息
17. 创造性写作技术	学习由写作来沟通观念的技巧； 学习从写作中产生新观念的技巧
18. 视觉化技术	以具体的方式来表达各种观念； 具体说明思想和表达情感； 通过图解来描述经验

这种模式以创造力的认知和个性倾向这两个因素为目标，以教学方法为核心，渗透于各门学科，从目标到教学内容、教学方法进行设计，可操作性比较强。

二、吉尔福特的创造性思维教学模式

美国学者吉尔福特曾提出“智力结构”的理论模式，从操作、内容、结果(产品)三个层面来探讨人的智力结构。他认为智力是由4种内容(图形、符号、语言和行为)、5种操作(认知、记忆、发散思维、收敛思维、评鉴)和6种结果(单位、类别、关系、系统、转换、应用)所构成的综合体。他以此为依据，设计一种以解决问题为主的创造性思维教学模式（图13-2、图13-3）。

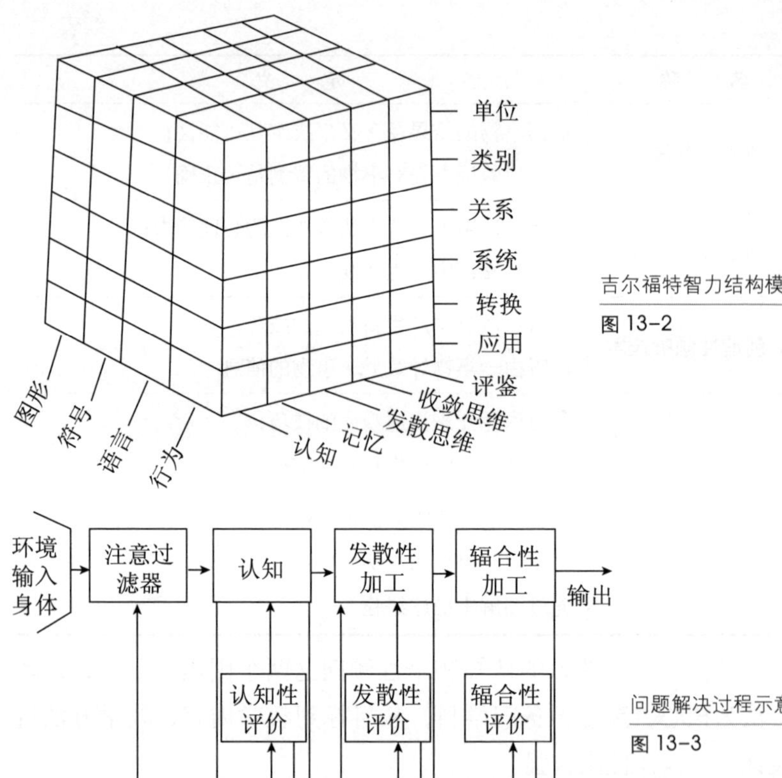

吉尔福特智力结构模式

图 13-2

问题解决过程示意图

图 13-3

吉尔福特认为创造性思维的发展存在于问题解决之中。问题解决的智力活动，从注意开始到对问题的认知，认知是指知觉问题的存在以及对问题的了解，而问题解决主要通过发散思维和收敛思维。操作过程体现“输入(内容)—操作(思维)—输出（结果)”这样一个比较完整的认识过程。〔1〕

此外，还有“帕内斯创造性问题解决教学模式”、“泰勒发展多种才能的教学模式”等，与前面两种大同小异，不另做介绍。

三、奥斯本的“脑风暴法”

20 世纪 30 年代末 40 年代初，美国学者奥斯本发明了一套开发

〔1〕 陈龙安．创造性思维与教学[M]. 北京:中国轻工业出版社,1999:61,138.

创造力的特别方法——“脑风暴法”，也称“急聚联想法”。“脑风暴法”主要按照下面几个规则进行。

(1)急聚联想进行时，让观念无限制地产生，任何观念皆可提出，目的在于解决问题的办法，愈多愈佳。

(2)鼓励遥远的观念或问题解决的办法，一切不平凡的、非随俗的、古怪的、不规则的、离中心的皆可提出，任自己的想象漂流于脑海中，畅快地涌现出来。

(3)当一次联想完毕时，对于所提出的观念可用修饰、组合、增大或缩小等各种形式加以调整。

(4)推迟评价乃是最重要的规律，因为评价放在最后的好处有多种。如不打断联想的迅速进行，不使参加者注意观念的好坏而致踌躇不前，耽误时间，甚至影响观念的产生。

(5)联想进行的情境中无猥亵或圣洁，也没有竞争中的胜或负，只尽量地维持友好愉快的气氛。

(6)领袖积极热忱，有领导能力，有民主作风，大家充满互助合作的精神。[1]

脑风暴思维训练的气氛应是轻松愉快、富于情趣而和谐的，是每一位参加者都乐于接受并且喜爱的，参加之后下次还想再参加。

例如，运用“脑风暴法”，要求以简洁的语言说出如图 13-4 所示圆珠笔的 50 种用途。

下面是列举的一些用途。

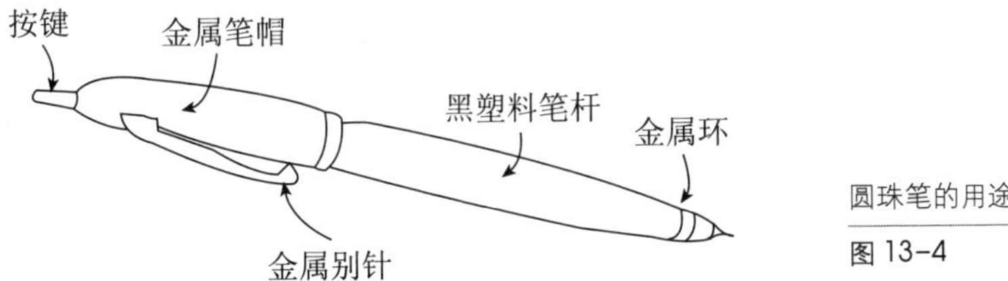

圆珠笔的用途

图 13-4

开始自由联想：开启信封的工具，用它写信，凿墙，雕刻，开罐头，染衣服，用它乱画乱写，当作弹簧弹出，当作筷子，在

〔1〕 张德琇．创造性思维的发展与教学[M]．长沙：湖南师范大学出版社，1990：30-31.

电路中充当开关，当侏儒的结婚戒指，豌豆投射器，刀，挂纸片，吊东西的别针，酸奶吸管，天线，用它装水，磁化笔筒用以装走私货，小酒杯，在笔上作广告，用作望远镜的支架，摆锤或钓鱼竿，挖掘工具，补外套的钩，固定领带，水中吸气管，作纸飞机的机头，笔杆作燃料，玩具，娱乐品，大炮，导弹，针，船，皮舟，水平指示器，气垫指示器，混合染发，升降器，挂在衣服上，用作推进器，储藏信息，婴儿的手杖，拨松米饭，当作楔子，铁锹，门垫，指针，管弦乐器，消声的螺母，刺人武器，测量高层建设高度，可烧熔，重量轻浸浮于水中，硬的塑料可再生和再用，有弹性、闪光、黑颜色，掉在玻璃或水中可看见，抛光可用作镜子、珠宝，可作烟嘴，滴定管，耳坠，隐藏微型相机及胶卷……[1]

由于这种激发集体创造力的方法能迅速见到实效，而受到企业家们的重视，迅速得到推广。于是企业开创了设立专门课程进行创造力训练的先河。接着心理学家在大学开设课程直接训练。当时在美国有两个中心：一是纽约州立大学布法罗分校，由帕内斯主持，着重"脑风暴法"的训练；二是加州大学洛杉矶分校，由麦兹曼领导，着重问题解决的训练。

我国近十多年，在中小学也有专设课程进行创造教育，如北京一六一中学设有创造教育课，并编有专门教材。

四、发现式学习的教学模式

1957 年，苏联卫星上天，美国国会组织以哈佛大学校长康南特为首的委员会，在对美国教育质量进行调查后发现，美国中学生的数理化和外语水平低于苏联。为了培养大批科学技术人才，美国锐意改革教育，并且把重点放在改革中小学课程上。在这个背景下，美国国家科学院 1959 年在伍兹霍尔召开会议，讨论如何改革中小学课程问题，布鲁纳是这个会议的主席。后来出版的《教育过程》是

〔1〕 江丕权，等．解决问题的策略与技能[M]．北京：科学普及出版社，1992：114-115.

他在会上所做的总结报告。

这是美国在全国范围内把培养科技人才，进行创造教育深入中小学的一次重大尝试。在布鲁纳的报告中，既重视知识教学，强调学习学科的基本结构，又提倡三个“对待”的正确态度，即对待学习和调查研究、对待推测和预感、对待独立解决难题的可能性的态度，就是他所提倡的“发现式学习”的精神。他的主要观点有以下几个方面。

- 发现不限于寻求人类尚未知晓的事物，确切地说，它包括用自己头脑亲自获得知识的一切方法。
- 直觉思维、预感的训练，是正式的学术科学和日常生活中创造性思维的很受忽视而又重要的特征。机灵的推测、丰富的假设和大胆迅速地做出的试验性结论——这些是从事任何一项工作的思想家极其珍贵的财富。
- 在知识的最前哨也好，在三年级的教室里也好，智力活动全都相同。一位科学家在他的书桌上或实验室里所做的，一位文学评论家在读一首诗时所做的，正像从事类似活动而想要获得理解的任何其他人所做的一样，都是属于同一类活动，其间的差别仅在程度而不在性质。
- 曾经从事于自然科学和数学课程工作的各方面人士，都极力主张在提出一个学科的基本结构时，有可能保留一些令人兴奋的观念的系列，引导学生自己去发现它。[1]

布鲁纳主张的发现式学习的教学模式可以表述为：提供学习材料、资料—进行活动、思考、归纳—推导规律、获得结果。

布鲁纳在谈到发现法不限于数理学科时，曾举了一个很有特点的课例。

在已经学习了东南各州的社会和经济地理这个传统单元的六年级一个实验班上，开始学习北方中央地区，要学生在一幅绘着自然特征和天然资源但没有地名的地图上找出这个地区主要城市的位置。最后课堂讨论中，学生很快地提出许多有关城市建设要求的似乎合理的理论——一个水运

〔1〕 布鲁纳．教育过程[M]．上海师范大学外语教研室，译．上海：上海人民出版社，1982：9，10，14.

理论，把芝加哥放在三个湖的汇合处；一个矿藏资源理论，把芝加哥放在默萨比山脉附近；一个食品供应理论，把一个大城市放在衣阿华的肥沃土地上，等等。实验班在兴趣水平和概念的辩论水平方面都远远超过控制班。然而，最显著的则是儿童的态度。对他们来说，第一次把城市的位置看作一个问题，并且能够经过思考发现答案。在追究一个问题时，不但感到愉快和兴奋，而且，最后，至少对于过去把城市现象视为当然的市区儿童来说，这种发现是有价值的。[1]

第二节 借鉴与评析

上述诸种模式在培养创造力或创造性思维实践中，都在一定范围内取得明显的成效，它们提供的经验是可贵的。

培养创新能力是一个教育系统的工作。我们认为培养创新能力必须包括三个方面，一是发展创造性思维，二是培养创新精神和实践能力，三是促进青少年的个性发展。根据这些要求，我们不妨讨论一下上节各种培养创造性思维模式的优点与不足。

一、威廉斯的创造性思维教学模式

提出18种教学方法并注意渗透到学科教学中，方法多样，比较好操作，这是它的优点。但是方法、技术、技巧均源于思维，离开思维谈方法难以抓住问题的实质。因此，只讲方法很难同学科内容紧密结合起来，此其一。创造性思维是形象思维与抽象思维的结合，从思维方式、方法来说，是十分灵活多样的，不是18种方法能

〔1〕 布鲁纳．教育过程［M］．上海师范大学外语教研室，译．上海：上海人民出版社，1982：15.

完全涵盖的。比如，观察、想象、演绎、推理这些重要的思维方法均未列入，此其二。这两点都是它的不足之处。

二、吉尔福特的创造性思维教学模式

吉尔福特在创造能力研究中，提出发散思维、收敛思维的思维方法，是对创造力研究的一个重大贡献。事物之间的联系是复杂而多样的。发散思维是二维的或三维的，这就有利于我们去发现那些复杂的隐蔽的种种联系。多样性是客观事物的一个基本特点，发散思维的训练有利于我们去认识事物的多样性和问题回答的多种可能性，有利于从多角度、多方向去思考问题。然而，在吉尔福特模式中，认为解决问题主要通过发散思维和收敛思维，显然是不充分的。解决问题乃至创造过程中，思维是灵活而多样的。如前面所述，像类比、想象、直觉思维方法无疑是十分重要的，显而易见，这些不能都包含在发散思维和收敛思维中。

三、奥斯本的“脑风暴法”

对于在大学学习专业的学生和在企业、研究机构的有关人员，有目的、有针对性地进行创造力、创造性思维能力的训练是必要的，也是很有效的。而对于中小学生通过专门课程讲解创造力基本知识，进行创造技法的基本训练，由于他们知识有限，也未学习相关专业，学与用是脱节的，很难收到应有的效果。教育史上有过“形式教育”与“实质教育”的争论，这种做法不是重复历史上的“形式训练”了吗?

四、第斯多惠的发现法

这种方法认为“科学知识是不应该传授给学生的，而应当引导学生去发现它们，独立地掌握它们”〔1〕。从第斯多惠到布鲁纳，发现法是教育的一份重要遗产，它对于创新精神、创造性思维的培

〔1〕 张焕庭．西方资产阶级教育论著选[M]．北京：人民教育出版社，1979：366.

养，都有很好的作用，但是，发现法也存在许多不足。首先，对所学习的内容必须形成问题情境，并且教材内容的问题情境要处在学生认识的“最近发展区”。显然，要把系统的教材都改变为问题情境是难以做到的，有许多教材必须用呈现的方法，在学习一些复杂的课题或新理论时，学生已有知识不足、发现法难以奏效的情况收不到应有的教学效果。其次，发现法一般说来，费时多，也不易发挥教师的主导作用。

由此可见，我们不能采用“拿来主义”，把上节某些创造性思维教学模式直接嫁接到现行教育体制中，作为我们创新教育的模式。我们既要借鉴国外、国内创造教育的经验，又要从我国国情出发，依据脑科学、思维科学新成果进行创新，开辟适合我国国情的中小学创新能力培养的新途径。

第三节 实践与探索

我们在21世纪的今天，研究中小学生创新能力的培养，既要借鉴已有的培养创新能力、发展创造性思维的经验，又要十分重视近半个世纪以来脑科学研究的成果。脑科学的新发现，使我们认识到发展形象思维的重要性，形象思维一整套的思维方法(如联想、想象、直觉等)在创造过程中起着关键性甚至决定性的作用。落实科学发展观和运用脑科学的新成果，使我们对培养中小学生创新能力的研究与实践，站在一个新的起点上。我们把吸取前人创造(创新)教育的经验，同脑科学在教育中的应用结合起来，落实科学发展观，开辟一条中小学培养创新能力的科学的新途径。这就是：全面发展思维，深入教学过程模式、教学方法和教学体制的改革，把培养中小学生创新能力，寓于各科教学之中。

培养中小学生创新能力的途径，我们既可在学科教学中，通过“技能—能力—创新能力”培养创新能力，又可开展广泛的课外活动，通过“兴趣—特长—创新能力”的渠道培养中小学生的创新能力。

第一，建立发展形象思维和两种思维相结合的教学新模式。

形象思维是普遍存在的，我们的研究表明，形象思维贯串于中小学各科教学之中。各科教学既离不开抽象思维，也离不开形象思维，所不同的仅在于有的学科以形象思维为主，有的学科以抽象思维为主。因此，两种思维相结合的教学模式，既是对传统教学模式的优化和完善，又是培养创造性思维的基础。创造性思维的培养，不能只靠某一门课、某一种方法，而必须根植于思维的肥沃土壤之中。这个肥沃的土壤就是两种思维相结合的各科教学。

第二，建立以讲授法为主又有探究法、自学法、实验法、讨论法等多种教学方法的方法体系。

人对世界的基本观点怎样，他的观察、研究、改造世界的方法也就怎样。人的方法是同他的认识活动、实践活动联系着的。要发展形象思维，培养创新精神和实践能力，就要采用和它相适应的方法。所以必须建立观察、探索、实验、讨论、活动等一系列新方法，并与启发式讲授法相配合，形成新的教学方法体系。

第三，充分发挥课外活动的优势。

班级授课制采用集体教学的形式，束缚了学生个性的发展；班级教学过于偏重间接经验的传授，忽视了学生亲自获取知识的实践活动。开展课外活动，把集体教学和个别教育结合起来，能弥补班级教学这两大缺陷，比较好地把共性和个性结合起来，把学习间接经验和直接经验结合起来。长期以来，课外活动在我国城乡的许多中小学里，一直得到很好的开展，虽然很少得到政府的重视和指导(如没有列入国家课程计划)，依然取得很好的成绩，积累了宝贵的经验。近百年的课外活动的历史经验表明，课外活动是有生命力的。

目前，中小学课程标准、学科设置、教材编写由国家统一制定，教学的形式仍然是班级教学，这些都是共性的东西。课外活动内容广泛，多种多样，活动的形式以小组、个人为主，活动的方法以探究、实践为主。应该由地方和学校根据不同需要，因地制宜设立活动课程。可使用地方教材，或使用在实践、总结基础上形成的校本教材。总之，开展课外活动是对教学体制的重大改革，需要在实践中积累经验，逐步地对课程、教材进行深层次的改革。

全面发展思维，课内外结合，集体教学与个别教学相结合，大大拓宽了培养学生创新能力的空间。

第十四章 建立两种思维相结合的教学新模式

第一节 发展形象思维，优化和完善教学过程

一、观察力

（一）观察的重要性

人通过自己动手、亲身经历直接获得的知识是实践知识（经验知识），青少年在学校主要是学习书本知识，这种知识是间接经验，是别人通过实践获得的知识。学生主要学习书本知识，常常给人一种错误的认识，以为经验知识是不重要的。究竟书本知识和经验知识有什么关系？先有书本知识还是先有经验知识？

儿童入学以前，他们通过活动和游戏，自己去看、去听、去闻、去尝、去摸，认识能力一步一步地得到发展，获得经验知识。这些经验知识由于来自儿童的生活，多种感官参与，是具体的、形象的，是同儿童的认识水平相适应的，因此，是他们能理解的知识。儿童入学后，这些经验知识，就是他们识字、阅读、思维发展的基础。离开了这些经验知识，儿童要认识一个字，理解一个句子，都会是很困难的。

学生学习书本知识，那么，学习是不是可以从书本到书本呢？不是的。一切理解性的学习，都是经过思维活动而获得的。思维活动的作用就在于把现时的感知，和过去的知识(表象)结合起来，通过思维加工达到理解，没有旧知识，也就是没有思维加工材料，就无法理解新知识。学生学习书本知识，要把新知和旧知联系起来，这个旧知，既有已学的书本知识，也有经验知识。小学低年级学习书本知识的基础主要是经验知识。这些经验知识，只靠学龄前的积累是远远不够的，还需要通过实践性活动，通过观察去获得新的、直接的知识。例如，一年级学生学习数学时，对数和数位的认识是困难的，他们在过去生活中没有这些经验知识。“马芯兰数学教学法”采用数位筒的办法：10 以内加减，用一根小木棍代表 1 进行操作，放在个位筒内；当 1 加到 10 时， 10 根小棍捆成一束代表 10，进行操作，放在 10 位筒内；100 以内加减，可以用代表 10 的一束和代表 1 的小棍结合进行操作。学生就是通过反复实际操作，理解 100 以内数的加、减法运算的。又如二年级语文有篇课文《雷雨》，小学生虽然经历过雷雨，但是他们很少仔细观察过，课文中所描写的现象他们并不清楚。为了上好这一课，实验班教师抓住一次雷雨的机会，指导他们认真观察。后来学习课文时，学生说，“课文写的和我们看的一样”。至于小学高年级和中学，在学习科学、物理、化学、生物等课程时，由于学生缺乏经验知识，因此必须通过实验，这种实验只由教师演示是不够的，应该在教师指导下，由学生自己动手操作才能获得新知识。

这就是直接知识的重要性，也是观察的重要性。

(二)观察力的培养

通过以上分析，我们认为，观察力作为人的一种基本认识能力，与人的语言能力同等重要。一个人一刻也离不开语言，同样，一个人一刻也离不开观察。前者属于认识的表达，后者属于认识的来源。因此，观察力的培养不是可有可无的，而是十分重要的。

在培养观察力时，我们强调要结合学科特点进行培养。如何结合？ 一是要抓住关键期，从小抓起，把重点放在幼儿园和小学；二是要有目的系统地进行。观察力可以通过多学科去培养，但要抓重点学科，比较系统地进行培养，改变过去八九门课都提出培养观察力，但没有一门系统地进行培养的状况。语文(主要是作文)、美术、科学课是培养观察力的重点学科，理由是：观察产生形象思维，形象思维是用表象来思考的，思维的结果可以用语言来表达，也可以用图像直接表达出来，还可以用操作表演等方式表达出来，选择这三门学科培养学生的观察力，也是从不同表达方式来考虑的。

语文课可以多方面培养学生的观察力，如形象化的识字教学，课文阅读的情境教学，尤其是作文课可以比较系统地培养观察力。课题组语文实验课，把低年级的“说话”课改为“观察、说话、写话”课，增加课时，对观察、说话进行比较系统的训练，学生从一年级起就可以练习写作，取得了显著效果。如特级教师于宪敏在“观察、说话、写话”课中，指导学生由静到动、由简单到复杂、由室内到室外进行观察，一、二年级上了60多次观察课，到二年级末学生平均可写出300~400字的文章。下面是她在一年级上的一堂“小手绢”课的情况。

一上课，教师就在黑板上挂出一块小手绢，问学生：“谁能说说这块手绢是什么样子的？”学生观察后，七嘴八舌各抒己见，有的说颜色，有的说形状，有的说手绢上的图案……教师肯定了他们回答得都正确，但这样说显得乱些，怎么能说得更清楚呢？随即，教师指导他们按照一定顺序仔细观察，然后组织好自己的语言。按照以下顺序让学生边看边用完整的话叙述。

(1)“这块小手绢是用什么做成的？”

(2)“这块手绢是什么形状的？”

一个学生回答：“是用布做成的。”又一个学生说：“这块手绢是用布做成的。”教师让学生对两种回答做比较，让他们懂得后面的说法完整,别人听了明白,进而要求他们用这种方法回答第二个问题。学生不觉得困难,回答“这块手绢是正方形的”。为了培养学生的创造性思维并丰富学生词汇,教师进一步问:“还能不能用不同的词语来说?”学生纷纷回答:“这块手绢是方方正正的。”“这块手绢是四四方方的。”……然后,教师要求学生把这两个句子合并成一句话。学生经过观察思考,自己练习,做出了如下回答,用不同的词汇表述了这个意思:

“小手绢是用布做的,是四四方方的。”

“小手绢是用布做的,是方方正正的。”

“小手绢是用布做的,是正方形的。”

“小手绢是花的。”“小手绢是彩色的。”“小手绢是花花绿绿的。”学生用自己喜欢的词语说出了观察的结果。最后,教师让学生们按照这个顺序连贯起来,说出如下一段话:“小手绢是用布做的,是方方正正的,五颜六色很好看。”这段话反映出学生按照顺序观察、思维,因而语言是连贯的,思维是有条理的,这是学生可喜的进步。

在这堂课中,教师巧妙地把观察训练和语言训练结合起来。

小学科学课,凡是学生能做的实验尽可能让他们动手去做,不仅能培养他们的动手能力,也能培养他们的观察能力。下面是北京市朝阳区实验小学五年级“氧气”一课的情况。

教师为学生做了实验前的充分准备,让学生分组制取氧气,通过学生分组制氧气的活动,培养了学生的实验能力和观察能力。学生接着用自己制取的氧气来研究氧气的性质。首先观察氧气是什么样的,学生很自然地说出氧气是无色的、透明的气体。然后教师说:“上节课我们通过实验,分析出氧气能支持燃烧,你们能设计一个实验来证明氧气能支持燃烧吗?”学生们都在思索着,这时有一个学生举手说:“老师,我看见桌子上有木炭。以前,我们家吃火锅时都用木炭,木炭被烧得红红的,可是我从来没有看见过木炭着起火苗来,咱们能不能让红木炭着起来呢?”教师说:“你想得很好,一会儿,你就拿烧红的木炭放

进氧气瓶中看看木炭在氧气瓶中有什么变化?”又有的学生说:“我见到工人叔叔焊接时,焊接处溅出许多火花,这是不是铁在氧气中燃烧呢?”教师赶紧抓住学生的想法说:“同学们想得真好,现在我们就来试一试,看看木炭和铁丝在氧气瓶中会是什么反应?”学生首先做的是木炭在氧气中燃烧的实验。学生边做实验边观察,有的惊讶地说:“木炭真的能在氧气中燃烧起来!”有的兴奋地喊:“老师,您看氧气让木炭燃烧了!”当再让学生做铁丝在氧气中燃烧的实验时,教室里就像正在开一个联欢会,学生兴奋地蹦着、欢呼着:“老师快来看!我们组成功了,铁丝燃烧了!”“啊!好漂亮的火花,就像放的烟花一样。”“真没想到铁丝还能燃烧,并能放出这么漂亮的火花来……”

这是一堂多么生动活泼的实验课!

二、图形(图像)教学

(一)图形的特点

图形、图像具有整体性、形象性、具体性、鲜明性等特点,下面具体说明这些特点的意义。

1. 整体性

在物质世界中,整体性是物体的一个基本特性,因为人对一般物体的识别,把这个物体和其他物体区别开来,主要根据它的形状特征进行识别,而色彩、质地或运动状态在识别中只起次要的作用。物体的整体性要靠形象思维来把握,它比逻辑思维或语言有直观的优势,因为语言只能一步一步地推理或陈述,用线性的方式来论证或说明。我们来看图 14-1。

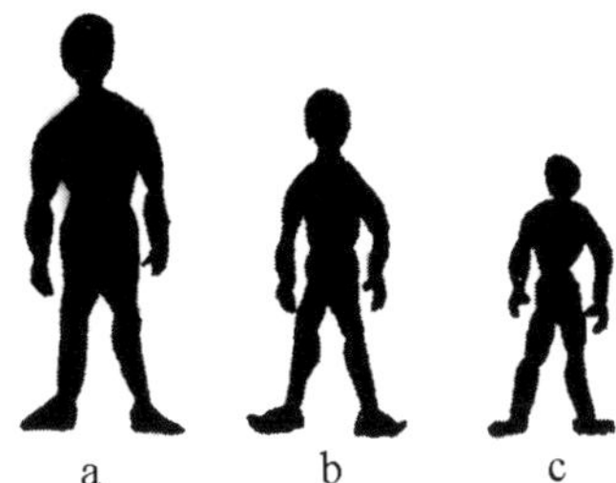

三个高矮不同的人

图 14-1

图中三个高矮不同的人同时呈现在一个人的面前，他整体把握，一眼看出(直觉)a 比 c 高。如果不让此人看图，而只让他阅读下面的陈述：

a 比 b 高；b 比 c 高。

他读完这两句之后才能得出 a 比 c 高。

我们再看图 14–2 所示的心脏图及其文字说明，如果不看图，人们不能从文字获得任何理解。可以想象，如果没有整体性这个观念(形象)，那么形象世界将是一个混沌世界。

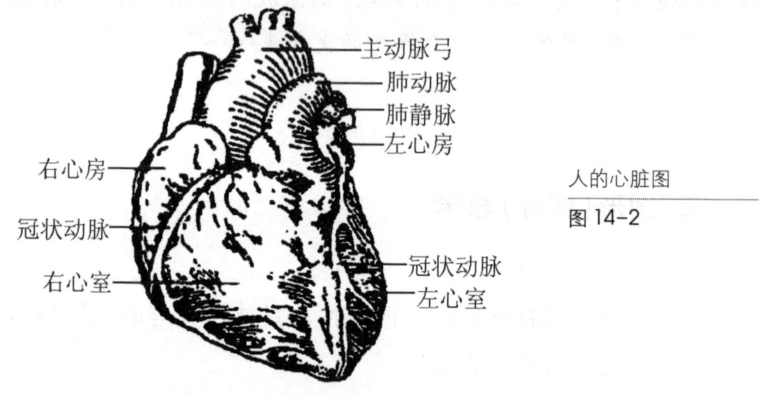

人的心脏图

图 14–2

2. 形象性

研究和解决问题时，如果能把问题通过想象转换为图形，用一个草图来表示，这时不仅可使在头脑中不定的表象固定下来，更重要的是把各种问题之间的联系形象地呈现在眼前，使人一目了然，思路畅通。举例来说，学生在解答 $(a+b)^2=?$ 时，他用图形来解答，当他画出一个边长为 $a+b$ 的正方形时，答案也就找到了[1]（图 14–3）。

〔1〕 布莱克斯利．右脑的奥秘与人的创造力[M]．董奇，杨滨，译．北京：国际文化出版公司，1988：52.

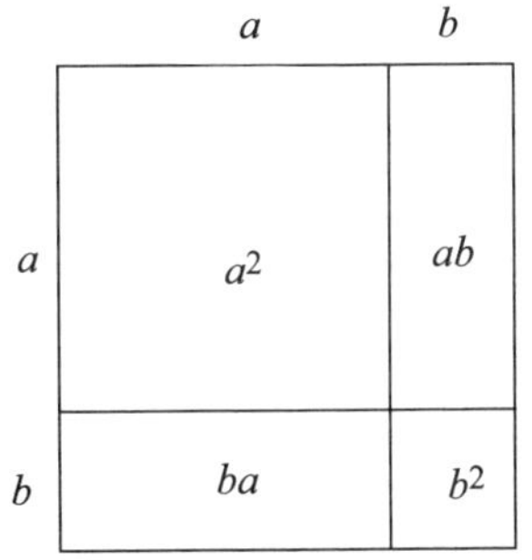

边长为 $a+b$ 的正方形

图 14-3

3. 具体性

图形信息量大，图形、图像是一种面形的表达，是形象思维直接的表达。如果把图形转换为语言，用语言来叙述，就等于把面形的东西转换为线形的东西，无疑将失去大量信息。例如，一个从未见过的人，你只听他人的叙述，即使描述得很细微，还是很难准确地想象出这个人的具体模样来。又如一幅以中国地图为背景的长江图，用文字来表述就是：长江发源于青海省，流经云南、贵州、四川、湖北、湖南、江西、安徽、江苏，经上海流入东海。而图像不仅能说明发源地、流经省份和入海处，还能表示它的具体位置、流向、弯曲程度以及距离等。

这种把图形转换为语言，有时是不可能的，如一个奇形怪状的物体，一台非常复杂的机器，或一条无规则的曲线，语言是无法表述的。

4. 鲜明性

图形（图像）容易引起儿童学习的兴趣，使儿童把它同已有经验(表象)联系起来，并且使那些典型图形产生广泛的迁移。同时，运用图像也容易记忆。加拿大的艾伦·帕维欧曾在一个实验中证实了图形记忆。

(二)图文结合

上面谈到图形(图像)的特点，图形也存在不足之处，从知识结构来说，图形可组性差，不如语言文字兼有视觉、听觉的功能。

而语言文字的最大特点和优点，是可分离性和可组织性。由于可分离性，才可能按照一定语言规则组成无比丰富的大大小小的语言单位，使其表达能力深入认识的各个领域，而且一般是连贯的、系统的。因此，语言文字成为人们进行思想交流和交际的最重要的工具。但是应该指出的是，用语言文字来表达形象思维是有局限性的。面对一个五光十色、千姿百态的形象世界，语言的表达是贫乏的，用语言来表述图像(表象)，不少信息丢失了，往往造成语言描述的不确定性。对许多几何图形、空间形体、空间观念，语言也是难以表达的。

由于图形与语言文字各有优缺点，把二者结合起来，图文并茂，发挥各自的优势，既有图形的整体性、形象性、具体性，又有文字的连贯性、系统性和严密性，使两种思维达到最佳表达。当今，随着多媒体的广泛运用，图像的制作已不是一件困难的事。图形教学，图文结合，运用多媒体进行教学，是教学内容改革的一条重要途径。

(三)图形训练

图形(图像)是形象思维一种重要表达方式，成为一部分学科(如美术、几何、地理、生物等)的重要内容。因此，图形训练是发展形象思维，掌握学科知识，培养绘图能力、解题能力的重要方法，如同语文培养语言能力、数学掌握计算能力，需要进行字、词、句训练和数字运算训练一样。下面是几个学科的图形训练举例。

1. 平面几何的图形训练

几何解题过程中首先要判别图形，其中识别图形的相似或相等，是一种常用的方法。要使学生在一个复杂图形中很快地识别某些图形的相似性，这就需要进行训练，使他们获得大量的相关图形的表象积累。以三角形相似为例：在三角形运动中，其形状不变，而位置、大小是变化的。图形训练可以通过平移、翻折、旋转的方法变化图形，使学生在图形的位置、大小运动变化中去识别它们。如图 14-4 所示。[1]

〔1〕 温寒江，连瑞庆．开发右脑：发展形象思维的理论和实践[M]．杭州：浙江教育出版社，1998：215.

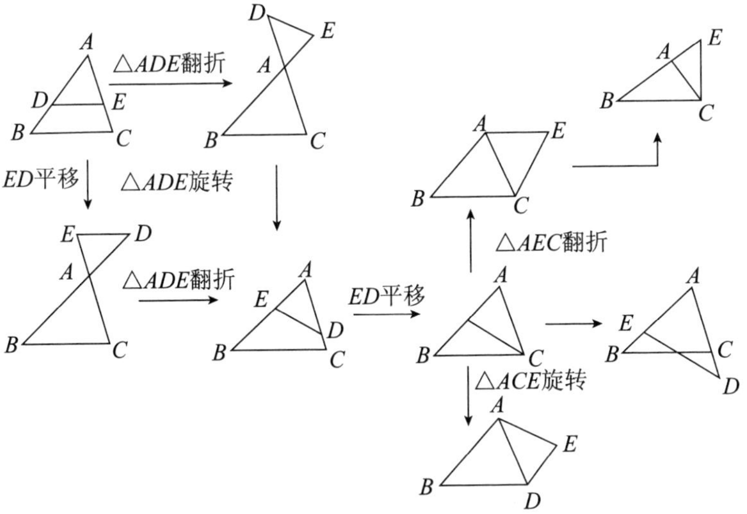

三角形运动图

图 14-4

2. 地理的"图导法"教学

特级教师裴新生在实践中创造了地理"图导法"教学。他在总结中说：长期以来，一些教师总是把文字系统放在教学的首位，在这种习惯势力的影响下，大部分学生在学习中也只重视课文，而忽视图像，从而造成地理教学中的一个误区。以图导文就是要扭转这种偏向，先图后文，以图像为先导，结论产生在读图之后。在讲述某个问题之前，教师首先引导学生观察、阅读、分析有关的地理图像，然后指导学生得出正确的结论，并由学生进行口头表述，使结论在读图之后由学生自己得出，再与课本中的文字内容相互对应印证。这样，可以培养学生运用地理图像的学习习惯，做到由图导文，图文结合，相互转化，加深了对知识的理解与记忆，发展了形象思维与逻辑思维，并使二者有机地结合。如学到中国地形特征时，不应该先把课本中提出的特征告诉学生，而是让学生阅读中国分层设色地形图、三级阶梯分布图、地形剖面图等，在此基础上进行引导，由学生得出："我国地势西高东低、呈阶梯状分布"，"地形类型多样，山区面积广大"的特征。这样，既加深了印象，又培养了能力。

3. 文图结合训练

形象思维可以用语言来表达，也可以用图像来表达。学习语言、培养语言能力是语文教学任务，而用绘画方式来表达对事物形象的认识和审美情趣，是美术课的任务。虽然表达方式不同，其思维是共同的。实验班美术教师创造了一个方法，用“绘画日记”把二者结合起来，培养了学生的观察力、语言能力和绘画能力。这样，一举多得，学生每周记两次，坚持了四年，效果很好。图 14-5 是一个二年级学生写的“绘画日记”。

绘画日记

图 14-5

4. 解题中的图形训练

解题是学生对知识的运用。问题中一般叙述了一个特定的问题情境，情境中隐含解决问题的有关条件和数字。解题第一步是审题，从题目的文字表述中想象问题情境，然后把它画成草图，这时题目中各个条件的关系、作用便一目了然，再用所学知识进行分析，就容易找到解题方法。

例如，一根长为 l 的弹簧，在距离弹簧下端 l 处，有一个长为 l 的空心筒，剪断弹簧悬绳，弹簧自由落下，求弹簧落下穿过空心筒所用的时间，如图 14-6 所示。

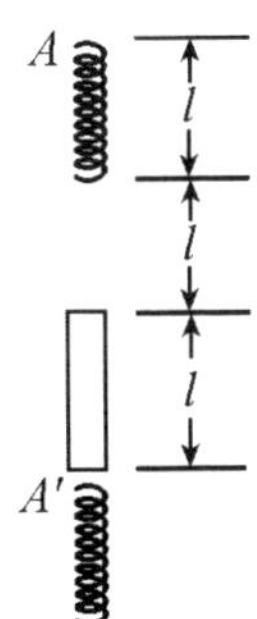

图 14-6

①思考：题中情境隐含三个 l，一是弹簧长 l，二是弹簧距离空心筒长度为 l，三是空心筒长度 l。

②画图。

③分析：观察弹簧上一点 A，当弹簧穿过空心筒时，从 A 处落到 A' 处，这时，所走距离正好是三个 l 相加，即 $3l$。

④解：$\frac{1}{2}gt^2=3l$，解出 t 值。

三、技能与思维

（一）心理学关于技能的定义与分类

什么是技能，在《中国大百科全书：心理学》中把技能定义为“通过练习获得的能够完成一定任务的动作系统”〔1〕。在《教育心理学》（潘菽主编）中定义为“技能是顺利完成某种任务的一种活动方式或心智活动方式，它是通过练习获得的”〔2〕。技能有多种分类，一般把技能分为智力技能和动作技能。智力技能又称为心智技能，“它是借助内部语言在头脑中进行的认识活动的技能”〔3〕。动作技能又称为操作技能，是“指通过练习巩固下来的、自动化的、完

〔1〕 中国大百科全书总编辑委员会《心理学》编辑委员会，中国大百科全书出版社编辑部．中国大百科全书：心理学[M]．北京：中国大百科全书出版社，1991：153.

〔2〕 潘菽．教育心理学[M]．北京：人民教育出版社，1980：138.

〔3〕 中国大百科全书总编辑委员会《教育》编辑委员会，中国大百科全书出版社编辑部．中国大百科全书：教育[M]．北京：中国大百科全书出版社，1985：421.

善的动作活动方式”[1]。

上述技能的概念是存在缺点的。第一，定义只是把技能看成通过练习而获得的活动方式，而没有揭示技能与思维、知识的内在联系，因而练习的由来，练习的目标、步骤、方法缺乏根据，无法对练习进行正确的指导。第二，一方面把智力技能说成是“借助内部语言在头脑中进行的认识活动的技能”，把技能同抽象思维等同起来；另一方面，把动作技能说成是一种“完善的动作活动方式”，把技能和思维割裂开，两方面都有片面性。技能与思维、技能与知识没有内在联系吗？写字、绘画、演奏仅仅是动作技能？难道书法家、画家、音乐家不用思维？成功地演奏一首钢琴曲，仅仅是完善的动作方式？难道不需要对作品的深入理解和丰富的想象力（听觉的）吗？画家游名山大川，“搜尽奇峰打草稿”（傅抱石语），没有丰富的阅历和奇妙的构思能画出名画来吗？上述种种问题的根源在于忽视了形象思维。由于忽视形象思维，许多与形象思维联系的技能，就难以说清楚了。

在第五章我们已对技能的概念做了初步的研究，下面根据脑科学和课题组研究形象思维的成果，围绕思维的产生、思维的表达这个认识过程，进一步研究技能的概念。

（二）内化技能——思维的产生

人的知识（思维）是从哪里来？人们在学习、工作和生活中，通过观察、阅读和听的活动，获得客观世界的种种信息，经过大脑的思维加工，才掌握（理解）、了解有关知识。外界的信息怎样转化成为思维？下面我们具体分析观察、阅读的过程。

1. 观察

幼儿的知觉在学前期逐步发展起来。幼儿对形状、大小、距离、方位等的辨别，是在生活和游戏中，经过眼睛随意的活动，不断捕捉外界的信息，在表象积累的基础上逐渐形成的。关于观察技

〔1〕 中国大百科全书总编辑委员会《教育》编辑委员会，中国大百科全书出版社编辑部．中国大百科全书：教育[M]．北京：中国大百科全书出版社，1985：69.

能的形成，前面已做了大致的分析。

2. 阅读

儿童阅读(文字)技能的形成，要经过几个阶段。首先是一个词一个词出声地读，经过多次练习，做到会认(形)、会读(音)和理解(义)；接着把词连成句，一句一句地朗读，读了再想想它的意思。这时，做“看图读句子，想想意思，再写一写”这类练习，但还不能边朗读边想它的意思。然后，能整段整段地读，读了想想每段的内容，做“读一读，说说你读了每个自然段知道了什么”一类的练习。这种看图、出声朗读和说说、写写的练习，经过近两年的反复训练，学生才能边读(默读)边想，阅读技能开始形成。

小学生对数的认识，即对数字的阅读，包括对数位、计算单位等概念的理解也是分阶段完成的。其中分 10 以内数的认识、 20 以内数的认识、百以内数的认识、千以内数的认识和万以内数的认识，每个阶段学生都要通过多种感官的反复活动，如“摆一摆”、“说一说”、“读一读”、“写一写”的活动以及数的运算练习。学生对数的认识，即数字的阅读技能，是在两年中经过这种操作，在说、读、写的练习中形成的。

阅读技能包括文字阅读、符号阅读和图像阅读。

从观察、阅读技能的形成，我们看到：从感知到思维必须经过感官(眼、耳、口、鼻、身)的反复操作(眼看、耳听、口说、鼻嗅、肢体的活动)和知识、表象不断的积累。这个过程是外界信息经过人的感官内化为思维的过程。这个心理过程我们称为“内化技能”，就是说思维的产生是通过内化技能(观察、阅读和听)来实现的。

内化技能的形成有以下两个特点。第一，技能的形成标志着这时感官的操作活动已大大简化以至于省略了，外界信息通过感知而直接产生思维。第二，由于技能形成过程中，积累了一定的知识、表象，可以使感知所获得的知识、表象与已有知识、表象联系起来，对知识、表象进行加工而产生思维。所以知识、表象的积累是技能形成的第二个特点。

(三)外化技能——思维的表达

人的思维活动是在头脑中进行的，思维的结果作为记忆储存在头脑里，它是内在的、观念形态的东西。人们进行生产、科学实验和社会活动，需要把头脑中的思维(思维的结果)表达出来，使思维转化为外在的、物质的存在，以进行交流和学习。

思维怎样外化？主观的东西怎样转化为客观？抽象思维用语言(词语、数字、符号)作为思维的材料，当人们思维的结果，即某种思想、观念形成时，表达这种思维、概念的工具——语言已经找到了。形象思维用形象材料(表象)进行思维，其表达的方式比抽象思维复杂，其方式也多种多样。综合起来，两种思维表达的方式，有下列几种。

1. 说、写

抽象思维同它的语言表达(语言、文字)是直接的，一般地说，人们怎么想，就怎么说、怎么写、怎么运算，如写议论文章，进行数学计算、解题；而形象思维则要把思维的结果(表象)转换成语言，然后说出来或写出来，如讲故事，说书，写文学作品。

2. 运算

数学的计算、推理、运算。

3. 绘画(绘图)

把头脑中的表象直接画出来，其中可分为以下两种情况。一是图形(图像)，是经过概括化了的图形、基本图形，如几何图形、地图、工程图、流程图等。二是绘画，是形象的艺术形式，如书法是文字的书写艺术。

4. 操作

头脑中的表象(包括形象的设计、方案)通过肢体的运动或运用工具，对对象进行有程序的、技术的加工活动，如生产操作、科学实验的操作、手工操作、雕塑等。

5. 表演

把思想情感用身体姿势、形态、动作、表情表演出来，如体操、舞蹈、戏剧等。

6. 音乐

音乐的演唱和吹、拉、弹、奏。

因此，人们头脑中的知识(思想)可以通过人的感官的活动，运用说、写、运算、绘画、操作、表演等方式，转化为外在的形式而表达出来，也就是运用知识。我们称这些活动方式为“外化技能”或“表达技能”。

外化技能是通过循序渐进的反复练习而形成的。当人们经过反复练习消除了练习中多余的或错误的动作，而能顺利地表达头脑中的知识或表象时，说明外化技能已形成。与内化技能不同，其活动结构是展开的，外化技能形成后不能舍弃或省略。

外化技能的活动过程是怎样调节和控制的?

1. 活动的目标定向

活动的目标定向指主体对活动结构、动作顺序、执行方式的认识，明确活动目标，知道做什么、怎么做。人们在说、写、计算、推理时，是根据头脑中的内部语言，即词语、句式、数字、推理等方式而进行的。而人们在绘画、操作、表演或吹、拉、弹、唱时，其目标定向基础同样是由构思产生的表象或系列表象。马克思说：劳动过程结束时得到的结果，在这个过程开始时就已经在劳动者的表象中存在着，即已经观念地存在着。例如，有经验的指挥家读谱的时候，“心的耳朵”已经听到音乐里的全部细节，如旋律及其音色的变化、和声的转换、组体的结构和某些内声部或支声的流动。[1]对演奏乐曲的理解就是指挥音乐的目标定向基础。画家作画也是这样，“胸有成竹”就是画家作画的定向基础。学生练习音乐、绘画、操作或表演时，要有明确的目标要求。教材中范例，教师的示范、讲解就是这种要求的体现。这些活动有的是空间上的延展，有的是时间上的序列，都有其特定的时空模式，每一动作都有具体的执行方

〔1〕 中国大百科全书总编辑委员会《心理学》编辑委员会，中国大百科全书出版社编辑部. 中国大百科全书：心理学[M]. 北京：中国大百科全书出版社，1991：514.

式。因此，练习时，要指导学生仔细观察，在头脑中形成清晰的视觉表象，练习才有明确的目标和方向。这些都是思维(形象思维)的过程。

2. 反馈与校正

外化技能不是一次练习就可完成，而要通过多次练习，每一次练习就是一次反馈，不断地把练习时得到的表象和头脑中原有示范表象进行比较调整，一次比一次更接近示范表象，当二者达到一致时，练习也就完成了。这种反馈与校正的心理过程，就是练习的心理机制，是思维过程。脑科学指出："表象在知觉中起到一种整合作用，它不仅有助于人们识别客体(无论是静止的，还是运动的)，也使人能预测事件的结果。""有证据表明，顶叶后部损伤会使人类患者和猴难以预测自己行为的结果，使患者和猴难以仔细地根据视觉反馈来指导自己接近目标。"〔1〕

3. 多种感官参与反馈

在外化技术练习中，往往有多种感官参与，练习过程中，头脑里既有视觉表象产生，也有动觉、触觉(音乐则有听觉)表象产生。每一次练习，当练习的视觉表象与目标(示范表象)进行调整、校正时，同时有动觉表象或触觉表象。随着动作的熟练，使视觉表象和动觉表象结合起来，纠正一些不正确的动作，使技能达到完善。这就是游泳运动员运用水感、跳水运动员运用空间感、舞蹈演员运用身体感觉调控自己运动的机理。脑科学研究认为："个体的外部空间受大脑的双通道视触神经元所支配，该神经元位于前额叶6区下部，顶叶的7b区，及彀核，上面每个部位都有细胞对触觉和视觉刺激进行反应。"〔2〕

(四)技能与思维、知识和实践的关系

下面，我们就技能(能力)与思维、知识和实践之间的相互关系，做进一步的分析。

---

〔1〕 加扎尼加. 认知神经科学[M]. 沈政，等，译. 上海：上海教育出版社，1998：731.

〔2〕 同〔1〕，第710页。

1. 技能与思维、知识

技能是认识过程的组成部分，分内化技能和外化技能。内化技能是将外界的信息转化为思维，使感性认识上升到理性认识，是物质变精神；外化技能是把人脑内部的思维活动及其结果转化为输出信息而表现出来，是从理性认识到实践，使精神变为物质。所以，技能是一个中介、一座桥梁，一边是客观物质世界，另一边是人的主观精神(思维)。如图 14-7 所示。

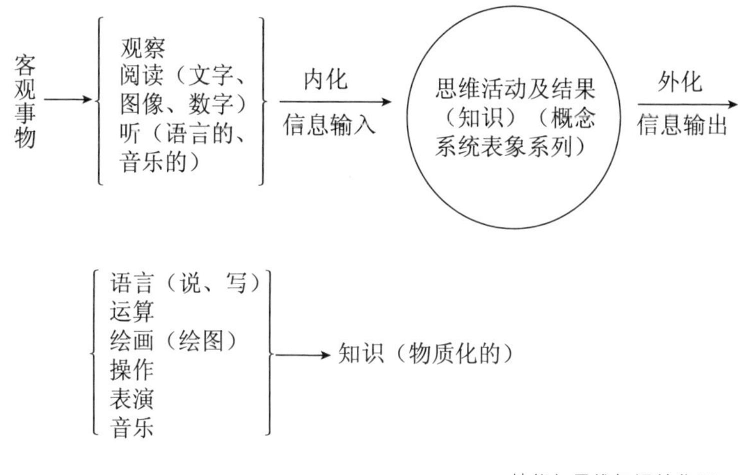

技能与思维知识转化图

图 14-7

所以，内化技能→思维·知识→外化技能，是一个具体的完整的认知心理过程。

2. 技能与实践

什么是实践？从哲学上来说，“实践是人们能动地改造和探索现实世界的一切社会的客观物质活动”，“是主观见之于客观的能动的活动”。一切同客观世界相接触的人的有目的的感性活动，都是实践。[1]外化技能是把思维的结果(如计划、方案等)或对知识的理解，通过感官的活动表达出来，是主观见之于客观的活动，而且把

〔1〕 中国大百科全书总编辑委员会《哲学》编辑委员会，中国大百科全书出版社编辑部．中国大百科全书：哲学Ⅱ[M]．北京：中国大百科全书出版社，1987：799.

这种能动活动具体化，可见，外化技能是实践活动。学生学习过程中的外化技能，是学生在教师指导下的实践性活动。学生在课堂里写作文、解答数理问题、绘画、做实验以及练体操、舞蹈等，与作家的写作、工程师在实际中解决问题、画家作画、科学家做实验以及舞蹈家的舞蹈，都是同一类活动，都是知识的运用，其间的差别，仅体现在程度上，也就是在创造性上。今天，我们来理解培根的“知识就是力量”这句话时，应理解为“知识的运用是力量”。培养学生创造性地运用知识，乃培养实践能力的意义之所在。

四、审美与情感

(一)什么是审美

什么是审美？审美主要是指美感的产生和体验。关于审美过程的理论存在许多不同观点。我们采用《美学原理》(蔡仪主编)中的定义，认为“认识美的心理活动究竟是一种什么心理活动呢？基本上是一种形象思维。更准确地说，这是指能够正确掌握美的规律的一种形象思维”[1]。

审美活动是感性的、直觉的，同时也是理性的、思维的。是认识中本质与现象的统一，是一般与个别的统一。本质如果不能表现为鲜明的、特质的现象，一般性如果不能表现为具体的、典型的个别性，则不能称为美。对这种鲜明的特质的现象、具体的典型的个别性的把握，要经过一系列的思维活动，如对表象的分解、组合、类比、联想等，这些思维活动不是别的，就是形象思维，所以不发展形象思维，就没有审美活动。

美既然普遍存在，是不是那些平凡琐事也都是美呢？不是。要认识美，进行审美活动，还要掌握美的规律，运用这种规律去发现能够表现本质的那些具有鲜明的、特质的现象，发现能够代表一般的那种具体的典型事物，使美的事物比反映出来的实际生活“更高、更强烈、更有集中性、更典型、更理想”。

---

〔1〕 蔡仪. 美学原理[M]. 长沙:湖南人民出版社,1985:121.

典型化过程是人们在观察过程中，在丰富的表象积累基础上，运用形象思维不断地分解、组合、类比的过程。“黄山归来不看岳，五岳归来不看山”，这就是人们把所见过的各种山加以类比的结果。如果没有这种积累和类比，就没有典型可言。张家界的名胜，是外人发现的，当地人天天生活在其中，他们没有比较，也就不能发现。人们都有对人体美的审美经验，对人的外貌、体形、肤色、状态，一眼便看出是美或不美，这是一种审美直觉，这种直觉来自审美主体在生活中许许多多有意或无意观察、积累、类比的结果。古代楚国的宋玉对美人有一段论述：“天下之佳人莫若楚国，楚国之丽者莫若里臣，里臣之美者莫若臣东家之子。东家之子，增之一分则太长，减之一分则太短，着粉则太白，施朱则太赤。”[1]宋玉这个判断(标准)，是他不知见过多少“佳人”、“丽者”和“美者”而得到的，而偏离这个标准时，则有太长、太短、太白、太赤之感。

(二)审美情感

审美活动总是伴随着审美情感，不存在没有情绪反应的审美对象。人们在欣赏大自然的美时，心中充满了喜悦，如月光、山色、蓝天、白云、树木、花卉以及动物所引起的美感。“登山则情满于山，观海则意溢于海”，就是美感心境的描述。文艺作品中对自然美有许多描写，在《济南的冬天》中老舍这样描写小雪：

最妙的是下点小雪呀，看吧，山上的矮松越发的青黑，树尖上顶着一髻儿白花，好像日本看护妇。山尖全白了，给蓝天镶上一道银边……等到快日落的时候，微黄的阳光斜射在山腰上，那点薄雪好像忽然害了羞，微微露出点粉色。就是下小雪吧，济南是受不住大雪的，那些小山太秀气。

这是一种自然的秀丽美。

在茅盾的《白杨礼赞》中描写北方平原上的白杨树时，写道：

[1] 蔡仪．美学原理[M]．长沙：湖南人民出版社，1985：132.

那是力争上游的一种树，笔直的干，笔直的枝。……这是虽然在北方风雪的压迫下却保持着倔强挺立的一种树。哪怕只有碗那样粗细，它却努力向上发展，高到丈许，两丈，参天耸立，不折不挠，对抗着西北风。

写出了自然美中阳刚之美。这是自然的雄伟的美感。

美感是怎样产生的？当人们面对欣赏对象（包括文艺作品）时，心里所产生的愉快的美感来自两个方面：一方面是美的事物，另一方面是欣赏主体主观上产生的与客观事物相符合的一种评价。关于审美认识与美感的关系，认知心理学家阿诺德认为是通过评价这个中介。她认为情绪是一种评价为好（喜欢）的东西或评价为坏（不喜欢）的东西的感受倾向。审美就是对客观事物一个主观评价，所以审美也同时带来情感体验。通常所说的“触景生情”、“情景交融”就是审美过程的美感体验。

美感的表现是多样的、复杂的，前面讲了雄伟的美感和秀丽的美感，而艺术作品中有悲剧的美感和喜剧的美感（限于作为艺术范畴的美感形态）就是复杂的美感。文艺作品中有一些是通过描写个人生活的不幸，反映出社会的弊端、黑暗的作品，有的是描写伟大事业、英雄行为、刚毅的性格而关联到壮烈牺牲的作品。这些悲剧的美感，“一方面是悲苦的，另一方面又是愉悦的，正相反两个极端的情感结合在一起”，“这是一种既特殊又强有力的美感”。[1]例如，小学生学习《卖火柴的小女孩》时，许多学生哭了，他们为这个同龄儿童的悲惨遭遇而悲痛，然而正是在这种悲痛中，使他们认识资本主义社会黑暗的实质；《七根火柴》描写了一个小战士在草地中牺牲的故事，故事揭示了长征战士那种高度的阶级觉悟、革命英雄主义和集体主义精神，有力地震撼了读者的心灵。

〔1〕 蔡仪．美学原理[M]．长沙：湖南人民出版社，1985：182.

(三)审美教育

美是普遍存在的，审美教育的任务，就是要教育学生发现美、向往美、追求美和热爱美，使学生的思维(形象思维)得到发展，情感得到熏陶，人格得到完善，从而使人产生发奋向上、力争上游的精神力量。

20世纪以来，科学技术突飞猛进，给人类带来巨大的物质财富和利益，同时也给人类社会带来深刻的危机和隐患。这里有科技伦理问题，就是说科学技术发展，应服务于世界和平、发展与进步的崇高事业，而不能危害人类自身；还有人的个体发展问题，当今，一切符号化、数字化、程序化的事物，使人的“理性”与“感性”、物质和精神发生冲突分裂，个体的和谐发展受到严重的挑战，而对人的和谐发展的损害，又将影响前述问题的解决。因此，忽视审美教育将会给我们民族的发展带来严重的影响。

要认识美，就要掌握美的规律，就要通过各科教学发展形象思维。首先要重视文艺学科，如语文、美术、音乐，也不能忽视其他学科，如历史课。我国历史上许许多多杰出人物、民族英雄，讲他们不能只讲他们的事迹，而要着力挖掘他们心灵、人格上的魅力。祖国大好河山，建设者们改天换地的英雄事迹，是地理审美教育的丰富源泉。数学、自然科学中存在的对称美、和谐美、统一美、简单美等，如细胞的发现、元素周期律的产生、光的二重性、基本粒子的模型等，都是对自然美的深刻的认识。

五、结论

从上面阐述，我们可以看到，发展形象思维，把两种思维结合起来，是对教学过程的优化和完善。过去，由于忽视观察，不重视学习过程中直接经验的作用，使一部分学习内容脱离实践，脱离学生认识基础，学习内容变得不好理解；由于忽视图形的作用和训练，使一些学科(如几何、地理、物理、生物等)变得枯燥、抽象、难懂；由于忽视了情感的作用，忽视审美教育，使许多学习内容变得枯燥、乏味，没有情趣。相反，如果重视发展形象思维，把两种思维结合起来，重视观察力的培养、图形的教学和审美教育，则可使教学成为生动、活泼、有趣和比较好懂好记的过程。所以，发展形象思维是对教学过程的优化。

为什么说发展形象思维把两种思维结合起来，是对教学过程的完善呢？可以从两个方面来说。

第一，从思维来说，思维是教学过程的核心。在第十章我们阐述了思维的基本分类，认为思维可分为抽象思维和形象思维，两种思维渗透于各科教学之中。传统教学过程重视抽象思维，忽视形象思维，就如同人要有两条腿走路而缺了一条腿一样。所以发展形象思维，从思维这个根本问题弥补了它的不足，是对教学过程根本上的完善。

第二，从认识过程来说，辩证唯物主义认识论认为，人的认识运动是从感性认识上升到理性认识，再从理性认识能动地到实践。认识过程的两个能动作用是怎样实现的呢？根据认识论的基本观点，我们把技能分为内化技能和外化技能。内化技能是在实践基础上，外界信息通过人的感官内化为思维，转化为主观的东西，即从感性认识到理性认识。外化技能是把人脑思维的结果，通过感官的活动(操作)表达出来，再把主观的东西变为客观的实在，从理性认识到实践。我们从认识过程来研究技能、思维、知识的关系，把三者关系理顺了，其心理过程的机制也就基本清楚了，从而解决了心理学中没有完全解决的从理性认识到实践的问题。因此，使教学过程作为一种特殊的认识过程得到了完善。

第二节 教学模式

一、教学过程的多样性

教学过程是一种特殊的认识过程，是学生在教师的指导下，通过掌握基本知识、基本技能，逐步认识客观世界促进身心全面发展的过程。教学过程是教学工作的核心，教学的目的、任务是通过教学过程去实现的。教学过程的形式多种多样，教学任务不同，学科内容不同，以及学生知识(经验)基础、年龄特点等不同，教学过程的形式也不同。不仅教学任务不同，教学过程形式不同，就是同一教学任务，学科内容不同，其教学过程形式也不尽相同。

教育史上，由于这种教学过程的多样性和可变性，许多教育家在不断探索教学过程(学习过程)的统一性。如我国古代《中庸》提出“博学之，审问之，慎思之，明辨之，笃行之”的学习过程。它提出的学习程序和学习精神，给后来教育思想以很大影响。19世纪德国教育家赫尔巴特，强调“统觉”在教学过程中的作用，认为教学必须使学生接受新教材的时候，唤起心中已有的观念。他提出了教学过程四个阶段的理论，即明了→联想→系统→方法。

明了:主要的任务是明了每种知识,对所学习的对象的详细情节进行静态的、深入的了解。

联想:建立新的观念和已经熟悉的观念之间的联系,把不同的对象联系起来。

系统:把前阶段建立起来的联系,整理成系统,把主要的思想提到首要的地位,并要求做更加有联系的叙述。

方法:学生通过习题、独立作业和按照教师的指示改正作业的错误等练习，可以获得系统的思考方法和技巧。

二、教学模式

教学模式是教学过程的一般形式，是指在一定教育思想指导下，形成一种相对稳定的、合理的教学活动的结构和程序。我们在《现代教学论引论》中概述了三种有代表性的一般教学模式。

(一)系统传授和学习书本知识的模式

以凯洛夫为代表的苏联教育家，根据马克思主义认识论的原理，吸取前人的经验，提出了一个比较完备的教学模式：

感知教材→理解教材→巩固知识→运用知识

图 14-8

这个传统教育的教学模式的特点是：把教学的着眼点放在系统传授知识和技能训练上，突出教师的主导作用，但忽视学生的主体作用，重知识的传授，轻能力的培养。

(二)在活动中进行学习的模式

这是对前一种模式的否定，一种具有不同特点的教学模式。这种模式在杜威的"设计教学法"中体现得最为完备。所谓"设计"，就是活动计划或活动单元的意思。学生按活动计划进行学习。其一般进程为：

设置问题的情境→确定问题或课题→拟订解决课题方案→执行计划→总结与评价

图 14-9

这种教学模式的特点是：重视儿童活动能力和主动精神的培养，强调儿童"做中学"，在经验中学习，突出儿童在学习过程中的中心地位。但轻视系统知识的传授，把教师的作用放在次要的、辅助的地位。显然，这种教学模式，学生虽然能获得一定的实际技能和技巧，但是不能学到系统知识。

(三)发现式(探索式)的教学模式

1. 布鲁纳的教学模式

布鲁纳在他的教育理论中，既重视系统知识的学习，强调学习学科的基本结构，又注意培养学生对待学习的态度和方法，提倡发现式的学习，把教师的主导作用和学生的主体作用结合起来。他主张的教学模式可以表述为：

提供学习材料、资料→进行活动、分析、归纳→推导规律、获得结论

图 14-10

虽然这种模式从理论上说，兼有上述两类模式的优点，但在实际教材的编写和教学过程的组织中，仍然缺乏经验。

2. 苏霍姆林斯基的教学模式

苏霍姆林斯基在他的教育实践中，把课堂教学与课外活动结合起来，是一种吸收了前面两种类型教学模式的优点、行之有效的教学结构模式。一方面，在课堂教学中，学生系统学习书本知识，充分发挥了教师的主导作用，使学生具有扎实的基础知识；另一方面，通过多种多样的课外活动，注重知识的运用，发挥了学生的主体作用，发展了学生的志趣和才能。目前，我国有许多学校在教学改革中，在抓好课堂教学的同时，积极开展课外活动，就属于这一种教学模式。这方面的经验和理论，我们将在第十五章详细讨论。

近年来，许多教育工作者不满足于已有的一般教学模式，又探索了多种教学模式，其中主要有两类：一类是专题性的，即以某一教学任务为主的教学模式，如主体性教学模式、自学辅导教学模式等；另一类是以学科内容为特点的教学模式，如语文教学模式、历史教学模式等。

三、教学模式与思维

教学模式研究中，有三个问题值得重视。

第一，在学生身心发展过程中，上述三种教学模式各有所长，不可偏废。实施全面发展的素质教育，要以培养学生的创新精神和实践能力为重点，这是一个复杂的系统工程。教学任务的多样性和复杂性，要求在实施的过程中组织形式和方法的多样性，只凭某一种模式、某一种策略和方法是难以奏效的。这是我们学习教育史得到的一条十分重要的经验。现行教育体制，在班级教学、教材编写、课程设置以及许多教育理论研究上，基本上是采用系统传授知识的教学模式，忽视活动中探索性学习的模式，而恰恰这两种模式，是培养学生独立思考、创新能力十分重要的教学模式。

第二，寓共性于个性之中。由于教学任务是多方面、多层次的，学生的基础也是千差万别的，所以每一个成功的教学活动，都是创造性的工作。教师的教学活动是个性化的。同一教学任务、内容的课，不同的教师其教学过程不尽相同，即便是同一个教师在不同班上也有所不同。因此，教学模式，只是提供一个范型，它是共性的东西，而共性要寓于个性之中，模式不是要束缚教师的创造性，它只是给教师的创造指出一个方向而已。

第三，思维是教学模式的核心。目前，在教学模式研究中，由于忽视了形象思维，也就忽视了对教学模式中思维的研究。教学过程是一种认识过程，要弄清教学过程的思维，我们可以具体地分析一下教学过程的认识运动。教学过程最一般的模式是：

感知→理解→巩固、运用

图 14-11

外界信息通过内化技能达于思维，经过思维的加工获得(理解)知识，这些头脑中的知识，再通过外化技能加以运用，再到实践。

这个过程表明：技能或产生思维或表达思维，而知识是思维活动的结果，技能和知识都离不开思维。可见，在一个具体认识过程中，思维起着核心作用，思维的特点决定着教学过程的特点。因此，研究教学模式必须抓住思维这个核心。

第三节 两种思维相结合的学科教学模式

我们说过，教学过程是在教师指导下，学生掌握基础知识、基本技能，认识客观世界、促进身心发展的过程，其中掌握双基(知识、技能)是构成教学过程的基本内容。这里需要指出的是：过去由于忽视了形象思维，从而忽视了思维在技能和知识形成中的作用。从上一节的分析，我们认为教学过程基本内容应该是技能、思维、知识三者，教学过程的实质就是技能、思维、知识三者的动态结构的转化过程，其中思维是这一过程的动力和灵魂。

本节研究两种思维结合的学科教学模式，有两个方面的意义。第一，我们研究两种思维结合的教学模式，是“发展形象思维的理论研究与教学实验”课题在教学实践上的一种创新，也是课题研究在教学实践方面的重要成果。我们在上一章已阐述了两种思维结合是对传统教学的优化和完善。因此，有必要对两种思维结合的学科教学过程的经验加以总结。第二，两种思维多样化的结合方式，是培养创造性思维的基础，各种教学广泛地发展形象思维促进两种思维的结合，将为培养创造性思维打下坚实的基础。这是任何一种单一的培养创造性思维的教学模式所不能比拟的。

下面是几个有代表性的学科发展形象思维、构建两种思维结合的教学模式的初步经验。

一、语文阅读教学中两种思维结合的教学模式

对于语文阅读教学模式，不同的文体有所不同，语文教材中大部分为记叙文(文学作品)，其教学模式为：

感知→理解(想象、感受,分析、概括)→练习、巩固

图 14-12

学生阅读文章，一要理解作者的思维，二要学习作者怎样表达他的思维结果。前者是通过再造想象去理解、掌握作者的思维。所谓再造想象，就是学生通过阅读文章，唤起自己已有的经验(表象)和感受，根据文章的描写，重新组建这些表象，再现作者构思时的种种人物、情节、情景的画面。这个画面越清晰，读者的领悟就越深入。在学生头脑中有了种种形象之后，再学习作者怎样运用语言文字和写作方法，把这些生动的形象鲜明、准确地表达出来。

对文章的分析、概括，既可使学生加深对文章内容的理解，又可使学生从中学习文章的表达方法。根据记叙文的特点，语言的分析应着眼于它如何形象、准确、精练地表达文章的形象。因此，这种分析是结合形象的分析，是两种思维的结合，而不是离开形象的“讲深、讲透”。篇章结构的分析，重点是归纳段意和概括中心思想，掌握文章的主题思想，主要用抽象思维。

怎样培养再造想象能力呢？北京市育才学校小学部的经验如下。

在备课时，针对每篇课文的内容，先要弄清学生的知识、经验基础，学生文章所写的内容是否有过类似的经验。这其中，有几种情况：第一种是学生有过类似的经验，并且比较熟悉；第二种是学生虽然有过类似的经验，但观察不仔细，表象是模糊的；第三种是学生未曾有过类似的经验，文章内容是陌生的。不同的情况，教学中培养再造想象的方法也不同。

第一种情况，学生比较熟悉课文内容，一般采用教师带感情地示范朗读，再配以适合课文内容的音乐。这种富有感情的朗读，不仅能唤起学生对有关经验的回忆，也有助于唤醒他们一定的情感体

验。学生随着文章的朗读，头脑中展开再造想象，并且有一定情感体验，再结合形象进行分析、讲解，文章变得好理解了。

第二、第三种情况，对于课文的内容，学生头脑中的表象是模糊的或是陌生的。这就需要使学生尽可能获得与课文内容有关的经验，丰富他们头脑中的表象，阅读时才能根据文章的描写，以这些表象为材料，展开生动的再造想象。他们的做法是：

- 课前组织学生有目的地观察；
- 根据教学内容，设置教学情境，加强直观形象，调动学生多种感官参与，获取亲身体验；
- 运用多媒体教学手段，进行教学；
- 有的课文，结合某些内容，指导学生表演，或启发学生自己表演，既可以加强直观形象性，又可以使学生获得情感体验；
- 对话较多的课文，可以采用分角色朗读的方法，学生很喜爱这种方法，因为这样他们可以对某个角色进行创造性的发挥，这种方法往往能收到意想不到的效果。

因此，阅读教学的理解过程包括再造想象和分析归纳两个部分思维活动，二者是有机结合的。其中再造想象和感受是形象的、绘声绘色的，是有情有景、情景交融的，这是阅读教学中生动活泼、最有特色的部分。但是，过去由于只重视抽象思维而忽视形象思维，再造想象的过程也就被忽略掉了，从而使本来应该是生动活泼的语文课，变成了一种抽象、枯燥、机械的分析课。

二、平面几何教学中两种思维结合的教学模式

平面几何是一门两种思维结合的典型学科，教学过程中自始至终是图文结合，两种思维相结合。教学过程先是对图形的识别、判断、直觉，从图形分解、组合中进行类比、联想，建立解题思路，接着对解题思路每一步进行严密的论证。前者是形象思维，后者是抽象思维，其模式为：

对图形的感知→识别、直觉→论证→再识别、直觉→再论证

图 14-13

对这一模式的具体思维过程是什么呢？北京市东城区高敬东老师的经验如下。

教学从识图开始，把学生的注意力集中到对图形的观察识别上来，使其能看透图形中的奥妙，调动学生学习的兴趣。先把已知条件标在图上，找出已知条件在图中的位置关系和数量关系，再猜想图形中还有哪些在已知和求证中没有涉及的图形结构，这些图形能否证明其存在。这时要运用在头脑积累起来的各种概念的图形和定理的结构图形，头脑中要有图形（表象）的动态变化，要对已知图形的结构进行联想，根据某些设定条件的位置或数量关系对其图形进行猜想。所有这些，构成了定理教学的一整套形象思维方法。然后，在识别图形建立思路的基础上，对其中每一步严密地加以论证。可以看出，整个教学过程，对图形的识别、猜想，直觉是关键。因此，必须重视图形的训练。

由于重视了图形的训练，在学生头脑中这些图形（表象）的运动、转换，是具体的、实实在在的，是可操作的，容易引起学生学习的兴趣，使几何学习中对概念的理解过程和解题过程变得比较容易。而传统几何教学，既忽视形象思维，又不重视图形训练，使几何变成一门抽象、乏味和难懂的学科。

三、中学地理读图教学的模式

中学地理课的教学主要是阐述人类赖以生存的地理特点及其与人类的关系，大量地涉及地理事物的空间分布、空间位置、空间结构、空间联系和运动变化规律等空间观念方面的内容。这些内容如果仅仅使用自然语言表述，往往难以达到清晰、准确、简明地传递

信息的目的。而图形语言在这方面则显示出其突出的优越性。因此，读图教学是地理教学的主要教学形式。

地理读图教学模式，可表述为：

初读→识别图(判读)→记图→用图

图 14-14

1. 初读

初读包括识别图例、了解图幅范围(在不同比例尺中的位置)、确定判断方向的方法，利用地图建立起包括距离、方向、立体感等空间感。主要解决读什么、怎么读的问题。初读的过程，不仅仅是指导学生认识图例，把图例与实际地理事物对应起来，建立起地图符号和实际空间联系的过程，更重要的是建立起地图图例系统与地理事物及其特征的联系。这个建立过程需要形象思维的联想，即图例符号及其大小需要学生根据头脑中已有的对某种地理事物多次表象积累进行联想，并通过再造想象来理解其表示的意义。

2. 判读

判读图要确认地图图像的空间联系，总结出其基本分布规律及主要特征、形成原因等。这个过程是理性认识阶段。判读图的过程中要大量地用到形象思维的方法。

第一，要运用视觉的形象思维作用——概括性和整体性观察图形，对图形的整体特征进行形象概括，把握整体与部分的关系。如在学习中国地理时，只有反复观察基本图(中国政区图、主要河流图和重要城市图)，在观察的基础上形成有关中国整体的表象积累，才能概括出中国的整体特征：中国版图形状，政区分布，山川、重要城市分布的特征。只有形成了有关中国整体特征的表象积累，才能在以后学习中顺利进行再造想象，并为分区的学习打下基础。

第二，要运用图形的分解和组合能力。当观察不连续分布的地理事物时，如我国农作物甜菜、棉花等，地图上是用散布于几处的图例表示，就应当引导学生观察时把这分散的几处图例组合起来，当作一个整体来对待。这样有利于下一步准确判读其分布规律，这是组合过程。何时把观察对象作为整体观察，何时作为局部观察，以及彼此之间的相互转换，主要取决于观察的目的。整体观察往往需要视觉对观察对象进行组合，忽略一些细节；局部观察则需要视觉对观察对象进行分解加以突出，忽略一些背景内容，减少周围不必要的干扰。在实际判读图的活动中，以上过程应能灵活转换，这种转换能力越强，观察的效果就越好。在地理教学过程中，要教会学生掌握一定的图形分解组合的思维方法。可借助复合投影片把普通地图分解成一幅幅专题地图，突出某一地理要素的分布，有利于学生对某一地理要素分布规律的理解；而把有关的图形相互叠加起来，进行判读，有利于认识不同地理事物之间的空间联系、因果关系和相互制约的关系。

第三，要运用图形的类比和对比的方法，以便抓住事物的特征，寻找联系。比如把甜菜的集中分布区的位置和范围与中温带的位置和范围对比，甜菜分布和甘蔗分布对比，可以进一步得出甜菜的生活习性。

第四，还要用到联想和想象等方法。比如观察我国年降水量分布图，可以看到降水量从东南向西北递减的规律，但同时也会发现西北地区的一些相对多雨的“小岛”。如何解释这种现象，需要运用联想能力，根据多雨的“小岛”所处的位置及其延伸形状，联想我国地形分布中西北地区的状况，想象西北地区地形特征，可以考虑是地形(天山、阿尔泰山)的影响。要达到这种联想的顺利实现，就必须要求学生储备一定的基本地图表象进行再造想象。

在分析地理事物分布形成的原因、寻找各地理要素的空间联系、一个地理事物与其他地理事物的对比、想象地理事物的时空变化、寻找空间联系和成因时，有两种途径：一种是逻辑思维，利用有关知识原理推出；另一种是以形象思维为发端，充分利用位置接近联想和形状相似联想，在记忆中“搜寻”有关的地图表象，即再造想象，然后形成假设，分析验证。后一种方法在寻找答案时，基本地图表象越丰富，找到答案速度就越快，而且可以培养发散思维。很多科学发现也在此过程中，因此对培养创造性思维很有意义。

可见，判读图的过程是两种思维结合的过程，其中形象思维的作用更为重要。

3. 记图

记图的目的是使学生通过记住一定数量的基本图，在学习一些地理问题时能够自然而然地进行再造想象，为问题的顺利解决提供条件。记图主要是记住地理事物的相对位置、空间顺序、空间联系、分布特点和规律等。需要记忆的地图必须是基本的地图。记图时强调记住地理事物的图形、分布图式，而不是仅仅背出描述地理事物位置的文字。

4. 用图

用图指的是运用地图解决实际问题的过程。

地理知识大量涉及地理事物的空间分布、空间位置、空间结构、空间联系和运动变化规律等空间观念。通过地图教学学习地理知识，由于发展了形象思维，培养了空间想象能力，学生学习起来生动活泼、好懂好记，改变了过去学习地理死记硬背、枯燥乏味的局面。

四、绘画课的教学模式

美术课有绘画课、欣赏课、工艺课等类型，绘画课占主要地位，绘画课的教学模式为：

观察→构思(抓住特征、开展想象、思考表现)→创作(表达)→评价

图 14-15

1. 观察

教师根据教学内容创设情境，激发学生的兴趣，引导学生积极主动地运用多种感官进行观察，观察物体的形状、颜色、材料、静

态、动态等特点，在大脑中积累丰富的表象。观察是学生绘画的基础，没有观察就没有绘画。观察的次数越多，质量越好，角度越多样，获得的形象(表象)就越全面、准确和清晰。

2. 构思

在观察获得丰富表象基础上，以表象为思维材料进行构思。这是绘画的理性阶段。一般可分为以下三步。①教师通过描述、讲解或直观演示，引导学生运用形象思维对头脑中的形象不断进行分解、组合。详细了解形象的各部分特征细节，进而抓住最能表现主要特征的东西，概括出物体的基本形态。②教师引导学生在丰富的观察、感受基础上，开展联想和想象，对原有表象进行加工改造，产生新的表象。教师要有意识地创造条件，给学生留下想象的空间，充分发挥他们的想象力。没有想象力，就没有创造力。发展学生的想象力，就是为学生发展创造才能打基础。③教师结合具体形象，讲解线条、色彩和构图方面的知识，引导学生思考画面的构图、表现形式和工具运用等。这一步是两种思维相结合的。

3. 创作

创作(绘画)是美术课的实践活动，是学生艺术构思的表达，是学生美术知识和技能的实际运用，是学生美术才能的展现和表达。一幅幅学生的美术作品，都是学生认识美、表现美、创造美的成果。

4. 评价

评价是对教学活动的检查，是对创作效果的价值判断，又是提高美术课堂质量的“助推器”。学生通过评价观赏美、评价美，提高自我评价、自我发展能力和归纳总结能力。

在过去的美术教学中，教师十分重视对学生进行从握笔的姿势，点、线、面的处理，色彩的搭配到结构的安排等技能的训练，学生虽然也能掌握这些技能，但学生的思维没有什么发展，多数学生学习兴趣不高。新的教学模式把思维训练和技能训练结合起来，学生对美术课有了浓厚的学习兴趣，学生绘画技能也有了显著的提高。

五、体育课的教学模式

体育运动技能形成的基本特点是：在运动技能的初学阶段，视觉表象起重要作用，而后视觉表象与动觉表象相结合，逐步形成运动表象，再经过练习而形成运动技能。视觉表象是指已见过的动作在头脑中的映象（如教师的示范动作、动作录像教材中的示范动作）。动觉表象是在运动时，肌肉、肌腱以及关节表面所形成感觉的映象。动觉感包括六个部分。①本体运动动作感知觉，如躯干的屈伸、四肢动作的位置、头部的位置改变等。②本体运动形态感知觉，如直线运动、曲线运动、运动的幅度等。③本体运动方位感知觉，如运动的空间方向，向左、向右、前后、上下等。④本体运动时间和速度感知觉，如时间长短、间隔时间、运动节奏、运动速度、加速或减速等。⑤本体运动用力感知觉，如对用力大小、阻力、重力等的感知。⑥本体运动状态感知觉，如人体运动分为常态运动（即头部在正常位置）和非常态运动（头部朝下的运动，如倒立）。

运动技能的教学模式为：

示范（动作信息）→视觉表象形成→运动感产生→
再示范→运动表象形成→运动技能形成

图 14-16

1. 教师的示范与学生感知动作建立视觉表象

学习动作技能，首先要通过教师的示范、讲解，并组织学生进行有目的、认真仔细的观察，以形成正确的视觉表象。

教师的示范动作，要有意识地突出动作的主要特点，使学生在观察示范动作时，把注意集中到示范动作的主要特征上来，要采用整体示范和分解示范相结合的方法，使学生能获得整体动作的表象，又能使学生理解具体的要点与细节的表象。

教师示范后，要立即组织学生进行模仿练习。学生通过练习来调整自身感受与示范视觉表象不吻合之处。这是学生初步体验动作感觉的阶段。

2. 教师的再次示范与学生运动表象的形成

为了使视觉表象与动觉表象结合起来，教师要再次示范或多次示范。为了使视觉表象增加动觉成分，这时教师的讲解要深入分析动作要领，以及运动动作在体位、时间、空间、力度、肌肉感觉等方面的特点。学生方面，随着进一步观察、理解和回忆，练习次数不断累积，学生的视觉控制成分会逐渐减少，动觉控制成分也就是本身的肌肉、骨骼及其神经系统的控制成分会逐渐加强和增多，动觉感(即本体感受)就会逐步清楚起来。

最后，通过反复练习，形成运动技能。

上述基于脑科学新成果——双通道视觉、触觉神经元的理论而建立的运动技能的教学模式，有效地提高了体育教学的质量。

第十五章 重构教学方法体系

第一节 概述

一、教学方法的概念及其分类

人们在认识世界、改造世界进程中，活动的目标、途径和方法是紧密联系在一起的。方法就是实现既定目标时，通过有秩序的活动，研究和解决自然现象、社会现象和人的思想认识、行为等问题所采用的手段和方式。教学方法是教学过程中，教师和学生为实现教学目的、任务而采取的有秩序的、相互联系的教与学的活动方式的总称。

教学方法受多种因素的制约，包括教学目的、教学内容、思维特点、教学媒体、教学形式、学生认知基础等。在众多教学方法中，如何了解各种方法的特点、功能，分清本质的和非本质的东西，识别一般的方法和特殊的方法，以便正确地选择和运用，是一个十分重要的问题。为此，不少研究者对教学方法进行了分类，下面列举几种主要的分类。

(一)按照教学目的分类

将教学方法分为获得知识的方法，形成技能、技巧的方法，运用知识的方法，创造性活动的方法，巩固知识的方法和检查知识、技能、技巧的方法。

（二）按照知识来源分类

将教学方法分为直观的方法（演示、图示、参观），语言的方法（讲授、谈话、阅读书籍），实践的方法（练习、创造性作业、实习作业等）。[1]

（三）按照教学活动的过程分类

苏联教育家巴班斯基将教学方法分为三大类，每一类又分为几个小类：①组织和进行学习认识活动的方法；②激发和形成学习认识活动动机的方法；③检查和自我检查学习认识活动效果的方法。[2]

（四）按照教师教的方法和学生学的方法分类

这是一种最简单的分类，按这种分类，教学方法可以分为讲授法和学习法。教的方法包括讲授、谈话、演示等，学习法包括练习、实习、独立作业等。

（五）根据学生认识积极性和独立性的程度分类

这种分类是苏联教育家斯卡特金等人提出来的，把教学方法分为以下几类：①图例讲解法（信息感知法）；②复现法；③问题性讲述法；④局部探索法；⑤研究法。[3]

上述分类所依据的是教学活动的一定特点，对于掌握教学方法的特点、功能是有价值的。但是，如前面所说，教学方法受许多因素的制约，仅就一两个因素来进行分类，难免有片面和不足之处。

二、教学方法体系重构的基本思路

从上述各种教学方法分类中，我们不难看到，理论工作者们把着眼点主要放在传统的传授型教学模式的范畴内。虽然第一种分类中有创造性活动的方法，第五种分类中有局部探索法、研究法，但其主要的仍然是传授型的教学方法。

〔1〕〔2〕〔3〕 李秉德．教学论［M］．北京：人民教育出版社，1991：200-201.

方法是为实现一定目的服务的。培养创新能力是一个新的教学目标，仅仅依靠现有教学方法是不够的。根据继承和创新相结合的原则，我们既要运用已有教学方法中那些使学生获得扎实的知识、技能(能力)，使学生在德、智、体、美诸方面和谐发展的方法，又要进行教学方法的创新，运用培养创新精神、创造性思维和实践能力的新方法、新经验，重新构建教学方法体系。因此，新的教学方法体系，应包括两个方面：一是使学生获得扎实知识的行之有效的常用教学方法，如讲授法、谈话法、读书提示法、演示法、参观法、实验法、实习作业法、练习法、讨论法等，这些是教师比较熟悉的；二是那些培养创新能力的新方法，如自学法、探索法(研究法)、思维发散法、想象法、直觉法等。这些需要在实践中不断研究和创新，也是本章要重点阐述的。

第二节 常用的教学方法

常用的教学方法在教育学、教学论中都有论述，这里只对其中几个较典型的教学法做概要的阐述。

一、讲授法

讲授法是教师用口头语言向学生系统地传授知识的一种方法。教师把学生要学习的内容(教材)以系统的形式呈现给学生。这种方法的优点是能充分地发挥教师的能动作用，学生能在短时间内获得大量的信息——系统的科学文化知识。因此，讲授法是最常用的一种教学方法。是不是强调学生的主体作用，就可以少用或不用讲授法了呢？不是的。问题不在于要不要讲，而在于怎样讲。我们要废止的只是“注入式”的讲。提倡教师的讲要引人入胜，能激起学生的兴趣和热情，教师的讲要为学生的思维开门引路，诱导学生逐步深入地去想。

教师的讲授，要掌握重点，抓住关键，有分析、有综合，说理充分，概括准确，生动活泼，逻辑性强。教师的讲授还要生动形象，如行云流水，绘声绘色，富有感情，这样才能激发学生的积极思维，深入理解所学的知识，达到预期的教学目的。因此，教师一方面要深入钻研教材，抓住教材的基本结构，体会文章的思想感情；另一方面要善于运用自己的口头语言，把它表达出来。教师的语言既要清晰、准确、精练、有条理、通俗明白，又要生动、形象、富有感染力。

二、谈话法

谈话法是教师运用一系列问题通过同学生对话、谈话的方式进行教学的方法。教师通过精心设计的一系列问题，引导学生运用已有的经验、知识，经过积极思考去掌握新的事实、概念、原理。谈话法比讲授法能较充分地激发学生积极思维，有利于发展学生的语言和思维的灵活性。运用谈话法还可以培养学生的求异思维、发散思维。

并非所有教材都可以运用谈话法，谈话法经常与讲授法结合起来进行。运用谈话法的关键在于教师钻研教材，抓住教材重点、难点，从学生知识基础和发展水平出发，发现已知与未知的矛盾，精心做好谈话的设计，善于层层设问，一环紧扣一环。有矛盾、有问题，就能激起学生思维的积极性，提得好的问题，犹如一颗投向平静水面的石子，能激起学生思维的浪花。谈话法要面向全体学生，要给学生思考的时间，要随时加以引导，要避免“齐声答”和形式上热热闹闹，也要避免没有目的漫无边际的谈话，结束时教师要加以概括，进行小结。

三、演示法

演示法是教师把实物、标本、模型、图片、图表等教具展示给学生，或根据教材内容设置教学情境，或让学生观察教师表演实验，观看 PPT、电影、录像，使学生通过观察获得知识、印证所要学习的知识的一种方法。演示法要和讲授法或谈话法结合起来。这种教学方法，直观、形象，有鲜明的真实感，能引起学生学习新知识的兴趣，使学生能感知到现象的多种联系，观察到事实的发展变化过程，积累有关表象，从而比较容易理解新知识。新现象、新事物容易引起学生的好奇心，教师要注意启发学生思考、想象与分析，要提出问题让学生边观察、边思考，把新知识与旧知识及各种现象联系起来。直观演示要有明确的目的，既是为了理解新知识，还要注意培养学生的观察能力。

四、练习法

练习法是在教师指导下，学生通过一定程序的智力或体力活动，以形成技能和能力的一种教学方法。练习是学习过程的主要实践活动，学生的听、说、读、写、操作的技能、观察能力、思维能力（抽象思维、形象思维）、记忆能力，都要通过一定量的练习才能形成。

学生的知识不是简单地靠听讲而“听”会的，而是通过一系列的技能活动学会的。教师要教学生会观察、会阅读、会思考、会听讲、会复习等，每一方面都包括一系列技能的练习。例如，语文课不仅要使学生会进行再造想象和分析所学的文章，还要使学生会独立阅读其他文章；理化课做实验，不仅是使学生直观地感知所学知识，还要训练学生学会观察；地理课运用地图、图片讲解教材，不能停留在让学生掌握地图知识、地理知识的水平上，还要训练学生掌握读图能力；历史课不能停留在使学生掌握历史知识的水平上，还要教会学生查找、运用历史资料，如此等等。

练习要有明确的目的和计划，应制定各科各年级技能训练的具体要求，循序渐进地进行练习。要指导学生掌握练习的方法，教师要做示范，课内要把知识的讲解和学习方法的指导结合起来；要用迁移的原理来组织练习，培养学生举一反三的能力，不搞“题海战术”；要运用记忆的规律分配练习，练习时间间隔要由密到疏，不搞“大运动量”；教师要及时检查、评价学生的作业，及时反馈、及时补救。

指导学生在理解的基础上进行练习，先复习后做作业。教会学生审题，掌握解题的程序，培养学生自我检查和纠正错误的技能，培养学生学会一题多解，总结解题方法，比较归类。

五、实验法和实习作业法

实验法是在教师指导下，学生运用一定的仪器设备进行独立作业，从而获得知识和技能的教学方法。这种方法主要运用于自然科学各科教学中。实习作业法是在校内外组织学生进行实际操作，把书本知识运用于实践，培养一定技能的教学方法。如数学课的测量实习作业，物理课、化学课、劳动技术课中的生产技术的实习作业，生物课的植物栽培和动物饲养实习，地理课的野外作业实习以及小学生的手工劳作等。所有这些，都是通过动手的实践活动，把理论知识和实际结合起来，把用脑和用手结合起来。在各种操作中，学生的手变得灵敏了，动作变得灵巧了。这种手的灵敏性和灵巧性，促进了思维上的精确性、工整性和明确性。因此，实验法、实习作业法在学习双基、发展智力和培养实事求是的科学精神中，起着十分重要的作用，是学习的基本方法之一。

六、讨论法

讨论法是在教师指导下，全班围绕教材中的主要问题发表意见进行讨论、研究的一种教学方法。讨论法容易激发学生学习的积极性，学生能普遍地动脑、动口，气氛比较热烈，交流的信息多，讨

论法能适应不同程度和发展水平的学生，可以集思广益，互相启发，加深理解，培养学生钻研、探究的精神。

运用讨论法，事前要有准备，教师要提出讨论的问题和具体要求，要让学生阅读教材和有关参考资料。教师要根据教材的重点，抓住那些容易引起争论的问题，或根据实验、观察结果开展多方面的分析与探究。不是所有教材都适宜讨论，只有富有启发性和一定难度的教材，才能引起学生积极的思考。讨论时，要引导学生围绕中心问题，层层深入地进行讨论，鼓励学生积极思考，大胆发言。讨论结束时，教师要做小结。讨论法还可与讲授法结合起来。

第三节 自学法

一、自学的重要性

学习可分为知识的学习和经验(实践)的学习，知识的学习由于媒体不同，又可分传统媒体(书本)的学习和现代媒体(电视、网络)的学习，其中书本的学习是基础。这里着重研究书本的学习。自学法是指在教师指导下，学生通过独立阅读教材和其他书籍获取知识和运用知识的学习方法。

当今，信息社会和知识经济时代的出现，给人们的学习方式和思维方式带来深刻的影响。科学技术的迅速发展，新技术、新事物、新知识的不断涌现，使得知识总量急剧增加，任何学校都不可能使学生学到他一生中需要用到的全部知识。根据国外统计，一个学生从小学到大学所学到的知识，只占他一生中应用的知识的20%。人们要适应今天这种“知识爆炸”的时代，必须学会独立获取知识，培养自学能力。联合国教科文组织终身教育局局长保罗·郎格郎说，未来的文盲不再是不识字的人，而是没有学会学习的人。自学能力是人的自我发展的一项重要能力。培养自学能力，是当前实施素质教育、进行创新教育以至实施终身教育一个十分重要的问题。

学生掌握知识和运用知识都是同思维联系着的，思维起着关键的作用。学生自学能力的核心是独立思考能力。自学能力的培养要重视思维的过程。然而，我们的教材或读物都往往忽视或者省略了思维过程，这是自学时必须加以注意的。例如，人们常说牛顿由于看到苹果落地而发现了万有引力定律，就是一种讹传。牛顿晚年的挚友彭伯顿在他的《哲学解释》的序言中是这样说的：

> 1666年，他(牛顿)在沃尔斯特索普村家里躲避瘟疫时，有一次他独自坐在花园里，忽然看到一个苹果从树上掉了下来。他吃了一惊，同时便沉浸在引力的思索中，沉思引力的巨大威力。即便是我们能达到的，离地心很远很远的地方，这种引力也丝毫不见减小。不管是在建筑物最上层，还是在最高山顶上都是一样。因而，他就想，是否可以设想，这种力的作用范围可能要比通常设想的还要大得多，比如一直延续到月亮。如果是这样的话，月亮的运动必定受到了引力的影响，甚至可能这个力就是使月亮维持在它的轨道上的原因。[1]

这个解释比较好地叙述了牛顿当时的思维过程。

自学要从学生实际出发，从已知到未知，循序渐进。自学的内容应该是广泛的，课内、课外都可培养自学能力。既不仅限于某一学科，也不只限于课内。这样才能激发学生多方面的兴趣，增进学生的知识，形成自学的习惯和能力。

〔1〕 向义和．物理学基本概念和基本定律溯源[M]．北京:高等教育出版社,1994:14.

二、课内自学

（一）预习

预习是一种被实践证明行之有效的自学方法。预习是在课前先阅读教材。教师对学生的预习要做适当的指导，提出预习要求和思考的问题。预习可以按单元或按课时进行，通过预习初步理解教材的基本问题和思路。学生要学会提出问题，找出自己不理解的内容，同时还可适当复习和新课有关的旧知识。预习给上课做了心理上和知识上的准备，使学生能在课堂上把注意力集中在预习时不甚理解的问题上，提高了听课的水平和学习的效率。教师要对学生的预习情况做检查，这一方面可掌握学生预习中的问题，以便上课有针对性地进行讲解；另一方面，有利于进一步指导学生掌握有效的预习方法，提高预习的效率。

（二）课内自学

可以让学生在课内阅读教材中某些课文，教师提供一些补充教材、资料让学生阅读，也可以把重点讲解和阅读结合起来。上海市特级教师钱梦龙曾对课内自学做过一次对比实验，他的做法是：

在条件相等的两个班级中，分别用不同的指导方法，教同一篇课文《一件小事》，观察其不同结果。

甲班：完全由教师讲授。从文章的时代背景讲起，详细分析了文章的思想内容和写作特点，讲解力求深透，语言力求生动。所有的新词解释、文章层次的划分、各层次的大意以及文章的中心思想等全由教师在讲解时抄给学生。讲完以后，布置学生完成课后的习题，在做习题前教师还做了详细的指导。因此，答案的正确率很高。整个教学过程，包括课内作业辅导共用了四个课时。

乙班：由学生自读、思考、讨论，教师只做重点指导。先布置自读，要求学生按课后“思考和练习”所提示的几个方面，理解课文，并提出疑难问题。“如何理解文章里的‘我’？”便是一个突出的疑难问题。因为这个问题本身包含两个对立的答案，所以学生立即形成了对立的两派，争论不休。教师不忙下结论，而是布置学生进一步细读课文，尽可能从文章里找出可以支持自己观点的根据，然后以《谈谈〈一件小事〉中的"我"》为题写一篇发言稿，准备在课堂上针对不同意见进行辩论。最后，布置学生根据讨论中对"我"的认识，修改自己的发言稿，写成文章。在整个讨论过程中，教师不做"权威性"的发言，只是在学生争论不休的关键时刻，提出一些启发性的问题供学生思考。如请争论的双方不要孤立地评价"我"的某一行动，而要把课文前后联系起来思考，每发表一个意见都要以课文为依据等。这个教学过程也用了四个课时，没有做课后的练习，但完成了一篇作文(在发言稿的基础上写成)。

经过一个学期以后，用"突然袭击"的方式，对两个班的学生同时进行测验，测验的内容就是《一件小事》后面的练习题(做的时候不能看课文)。测验的结果是：没有做过这些练习题的乙班的成绩竟然超出了做过这些练习题的甲班学生，乙班的优秀答卷占全班的70%，而甲班仅占38%。尤其在对课文内容记忆的准确程度，以及对有些问题理解的深度上，乙班远远超过了甲班。

这个实验表明，教材中的一部分内容，通过教师的设计与指导，可以变为学生自学的教材；实验还表明，自学的效果明显优于教师对教材精心的讲解。

(三)卢仲衡教授的自学辅导教学实验

我们在第十一章谈到卢仲衡教授的自学辅导教学实验。他的这项实验已持续35年，实验由初中数学学科开始，现在已延伸到物理、化学、语文等学科，由初中到高中，并发展到小学高年级，遍布全国30个省、市数千所学校。经过实验，学生的学习成绩和综合能力都有提高。实验的基本内容如下：

实验采取"三本子教学"，所谓"三本子"，即课本、练习本和测验本。课本适合于自学；练习本留有空白的地方，便于学生做题(答案附于课本后），位置固定，也便于教师检查；测验本没有答案，便于教师了解学生的真实学习情况。

在实验教学过程中，采取了启（发）、（阅）读、练（习）、知（当时知道结果）、（小）结的课堂教学模式。启与结是教师在开始上课和即将下课时面向班集体进行的，占 15 分钟左右；中间 30 分钟不打断学生的思路，让他们读、练、知交替进行，快者快学，慢者慢学，学到课本中指令做练习处就做练习，并核对答案。

卢仲衡教授通过专题深入研究了自学能力的结构。他把自学能力结构分为 9 个因素，即主动阅读能力、独立思考能力、善于自练自检能力、促进自治能力、自我控制能力、自觉探求能力、加速形成概括能力、能动的应变能力和发展创新思维能力。[1]

三、课外阅读

课外阅读包括学生利用课本以外的资料、参考书来研究教材中的问题和阅读与教材没有直接联系的书籍。学生研究课内外问题时，要学会找参考书，学会利用图书馆中图书分类目录卡片，学会做书刊摘录。

课外阅读要从小抓起，儿童（11 岁以前）处在语言发展关键期，他们对阅读图文并茂的读物有着浓厚的兴趣，有很强的语言模仿力和记忆力。从小培养儿童阅读课外读物，对于增长知识，发展思维和语言，培养自学习惯、自学能力有很重要的作用，许多优秀教师都积累了这方面的宝贵经验。

例如，北京市育才学校小学部特级教师于宪敏有以下做法：

一、启发兴趣，创造阅读条件

1. 引起阅读兴趣

一年级学生入学一个月左右，汉语拼音学习完了，教师利用拼音

〔1〕 卢仲衡．中学数学自学辅导教学实验文选［M］．北京：地质出版社，1999：6-12.

和已有知识，引导学生开展课外阅读。这些读物上生动的彩色画面和刚刚学完的拼音吸引着他们，他们一个字母一个字母地认读，一个音节一个音节地拼读，既看了画面又读了句子，学生们很兴奋，为他们自己的进步感到高兴。这样就迈出了阅读的第一步。

2. 树立榜样

教师每天为学生读故事书。学生们也从家里拿来书，教师鼓励认字多、读书能力强的学生，为同学们读书。在教师的鼓励下，要求为同学们读书的人越来越多，学生阅读的积极性更高了。教师动员学生把家里好看的书带来，和同学们一起阅读，并成立了班级小图书箱，教师还从学校借来拼音读物。

3. 争取家长的配合

教师利用家长会，把开展课外阅读的设想和具体计划向家长们汇报，希望家长予以配合和支持，并提出三项要求：①当学生提出问题时，要满腔热情地有问必答；②引导学生勤思考，爱提问；③适当购买儿童读物，支持学生阅读。

二、课内、外结合，提高阅读效果

- 提前指导学生查字典。
- 教给学生方法，培养其自学能力。读一篇文章时，教他们五步读书法：一读，认生字，读通顺；二读，知内容，解疑难；三读，懂道理，得收获；四读，摘生字，抄问句；五读，写感想，谈体会。
- 经常开展读书汇报会。内容有召开故事会、读书读报比赛、读书收获汇报等。
- 不动笔墨不读书。要求学生们准备读书本，起名为“采蜜集”，让学生写生字，摘词句，写感想体会。
- 帮助学生选择有益读物。指导学生要选择那些适合年龄特点、图文并茂、富有趣味的读物。包括以下四个方面：①与课内阅读相结合；②配合课本中看图说话、写话等内容；③鼓励学生自学古诗；④向图书馆借阅。
- 指导阅读，循序渐进。

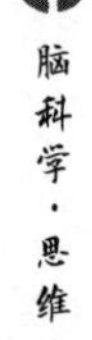

第四节
探索法

一、探索法的意义

学习存在两种不同方式。第一种方式是，学生学习时，按照教材内容、教师的讲解，通过思考逐步地获得知识；做练习则按照教材的方法或教师讲的方法去做。这种学习是按照前人或别人的认识成果，亦步亦趋地去认识的，是一种再认识过程。第二种方式是，教师创设问题情境（提出学习研究的问题，提供学习的资料、实验手段），学生独立研究，运用已有知识去发现问题，回答问题，获得问题的结论（新知识）。做练习时则往往寻找新的解题办法，寻求最佳方案。这种学习是独立地解决问题，探究新知识，是一种创新性的认识过程。第一种方式是接受式（再现式）学习，第二种方式是探索式（发现式）学习。

青少年正处在长知识、长身体的时期，他们要继承人类长期积累起来的极其丰富的精神财富，采用接受式学习，无疑是一种捷径，学生能用较少时间获得较多的知识。于是，这种接受式的学习，几乎成为学校唯一的学习方式。但是，我们知道，学习存在迁移作用，学习不仅在知识、技能上，而且在学习方法、学习态度、思维方式上都会对日后的学习和工作产生影响。长时间地运用接受式的学习方式，它容易使人固守书本，人云亦云，缺乏那种不断追求新知、勇于探索、敢于创造的精神。因此，要培养创新意识，培养创新型人才，现有教材、教法的这种单纯接受式学习方式必须改变，必须兼用两种学习方式，既有接受式学习，又要有探索式学习。

探索式学习，容易引起学生学习兴趣，激发学生思维的积极性和独立思考，培养创新意识，充分地发挥学生的主体作用。布鲁纳在谈到这种学习方法时，指出它有以下几个效果：第一，发现本身能促使已有认知结构的改组，使这种改组和学生面临的新知识联系起来，起着提高智慧的作用；第二，促使学生对学习问题产生兴趣，有新发现的自信感，使学习具有内在的动力；第三，有利于学会发现的方法，培养学生不断追求新知、勇于创造的精神；第四，有利于保持记忆。

二、课内探索式学习

前一个时期，许多教师对于如何培养学生的探索性、创造性才能，进行了各种改革试验。有的改革教材，有的改革教法，有的开展多种多样富有创造性的课外活动和个别化教育。有的学校鼓励教师努力发掘教材本身有利于探索与创造的因素。如数学教师把教材的一些计算习题改为探索性题目，甚至把教材规定要讲授的某些定理、定律、结论也改编为习题，要求学生运用原有知识去发现、去论证；又如理化教师把某些验证性的实验题目，改造成为探索性实验的题目。

进行探索式学习要求学生必须对所学习的内容形成问题情境。对于教材中那些形成新的概念、规律、原理的内容，学生要运用已有知识，通过独立的观察、研究、实验等方法，形成问题情境，经过积极思维，运用探索的方法，独立地去研究、发现，获得知识。

下面是课题组化学实验教师的一个课例。

“以纤维素为题材进行探索式学习”的尝试主要有以下三点想法：①在学到纤维素时，学生已基本掌握有机化学的学习方法，可以独立学习；②纤维素这部分内容的知识难度不大，但在生产生活中有广泛应用；③相关知识中，有很多素材适合人文思想的渗透。针对这些特点，教师试图通过这种做法对学生能力进行全面的锻炼，并通过这样的实践逐步树立他们的创新意识。

“探索式学习”教学设计主要分为课前准备和课堂教学两个部分。

一、课前的准备工作

在上课之前两周,教师给出几个小的专题(包括纤维素的结构,纤维素的性质,硝酸纤维、醋酸纤维、纤维素的用途,造纸等),安排学生以小组为单位,查阅有关纤维素的资料。借助图书馆、网络等,每个小组整理出一份报告,报告以 Word、PPT、Web 等形式呈现。这些报告很多图文并茂,非常出色。教师通过互联网使它们为全体学生共享。

二、课堂教学

教师先在投影幕上打出几张植物的图片,告诉学生纤维素广泛存在于植物的细胞壁中,是数量巨大的可再生的资源,为了能更好地应用,我们需要对它的结构、性质、用途有所了解。

1. 围绕教材内容的四个讨论题

(1)淀粉和纤维素是同分异构体,它们在结构上都有哪些差异?

(2)由纤维素的结构推测它的性质,并设计实验方案。

学生在课堂上根据教师提出的问题,选择不同的阅读材料自主学习,并通过讨论回答问题。在学生回答的基础上,教师先把纤维素和淀粉的结构单元和结合方式展示给学生,明确它们结构上的差异;再把葡萄糖分子间脱水缩聚成纤维素的过程展示给学生,以加深他们对结构的理解,为推测纤维素的性质打下基础。学生根据纤维素结构单元中有三个羟基,对它的性质做出推测:可能会发生水解反应、酯化反应,并设计出实验方案。通过讨论选择最佳方案。在此过程中会出现分歧,例如在选择纤维素水解反应的催化剂时,关于硫酸的浓度有争议,教师就提供不同浓度的硫酸,让学生自己探索,并根据实验结果做出报告。

在完成教材内容的基础上,教师应根据学生收集的材料,在课堂教学中将课程内容联系到与知识内容相关的生活中的现象、社会问题及其他学科相关的知识上。学生收集到很多关于硝酸纤维的发现、性质、应用的材料,据此提出下面的第三个问题。

(3)谈硝酸纤维的发现,结合它的发展史谈谈它对高分子化学的发展有什么影响?

先让学生详细叙述纤维发现的过程:一种是实验室中的偶然发现,被有心的科学家加以研究,成为一种制备方法;另一种是人们对自然、社会现象的理性思考:蚕以桑叶(纤维素)为食,吐出蚕丝(蛋白质),这个过程结合了氮元素,若将纤维素与含氮物质混合,能否得到丝状物质呢?在此基础上人们进行实践,得到最早的人造丝(硝酸纤维)。教师指出,有些发现虽然是偶然的,但科学家抓住了偶然因素中的必然,这需要一丝不苟的科学态度和对科学执着的精神。硝酸纤维的出现开辟了合成纤维和合成塑料两大工业,虽然它现在已被很多新材料所取代,但在高分子化学的发展上起到了抛砖引玉的作用,应充分加以肯定,这是科学的历史观。然后,教师结合纤维素的应用,让学生观看有关造纸的录像,让学生了解我们的祖先是怎样用破布、麻绳、旧渔网造出了光洁、柔软的纸,并指出纸的出现对于世界文明、文化传播的推动作用,激发学生的爱国热情。然后,在学生思维活跃的基础上,提出下面的第四个讨论题,作为对这个教学内容的总结。

(4)结合我国国情,谈谈对纤维素发展的展望。

教师从资源、环境、能源、保健等方面引导学生关注身边的社会问题,鼓励他们发表自己的见解,然后和学生一起总结:对于这样一种有广阔应用前景的资源,应遵循可持续发展的原则,促进人与自然的和谐发展。

最后,对学生在整个过程中的活动给予评价,激励学生以更大的热情投入科学知识的学习中。同时,让每个学生回顾教学过程,以论文或其他方式整理自己的收获。

2.“探索式学习”教学五个环节

(1)确定选题。

(2)学生查阅资料,写出报告,制成软件。

(3)问题讨论,设计实验,探究结论。

(4)渗透人文思想。

(5)评价与总结。

小学生能不能进行探索式学习？实践表明，小学中某些教材经过教师精心设计是能够进行的。例如，北京市育才学校小学部科学课教师学习美国教育家兰本达所倡导的“探究—研讨”教学法，对自然课教学法进行改革。下面是二年级“磁铁”一课的探索教学。

为了建立“磁铁能吸铁”这一性质的认识，教师对教学进行了精心设计，准备了实验材料：条形、蹄形、针形和圆形的磁铁；能被磁铁吸引和不能被磁铁吸引的物品；磁铁隔着东西能做游戏的三种材料。

新课开始后，教师提出课题，并板书“磁铁”两字。进而提问学生：“谁知道磁铁是什么？”“吸铁石。”“它是哪个国家发明的？”使学生知道磁铁是我国古代发明的，渗透了爱国主义教育。以上活动仅用两三分钟。紧接着，出示各种形状的人工制造的磁铁，让学生像科学家那样根据它们的形状给其命名。教师把各种磁铁的名称写在黑板上。问学生：“磁铁能吸什么？”问题提出后，板书“能吸什么？”与原来板书的“磁铁”二字相连，形成了一个完整课题。同时用幻灯映出两个问题：“磁铁能吸什么？”“磁铁的哪个部分吸引力最强？”接着发给学生第一套材料，让学生带着这些问题去分组动手实验探究。课堂上顿时活跃起来，他们都用自己手中的磁铁去吸盘子里的东西，一样一样地试，边操作、边观察、边议论。当学生把这两个问题基本上弄清楚后，教师马上发第二套材料，同时用幻灯映出三、四两个问题：“隔着东西能吸上来吗？”“隔着什么东西能吸？”学生们又兴致勃勃地进行实验。实验一共进行了十几分钟，就进入“研讨活动”，学生把探究中获得的感性认识进行交流。你一言，我一语，互相启发、互相补充、互相纠正，发现矛盾，开展争论。经过畅所欲言的研讨，学生逐渐加深了对磁铁性质的认识，获得科学的结论。探究得越深入，研讨得越充分，对性质的认识就越准确。在“探究—研讨”的整个过程中，学生的“主体”作用发挥得很充分，教师的“主导”作用尽在不言中。

为了让学生在获得知识和运用知识解决实际问题的过程中发展智力，提高能力，教师还设计了三个智力游戏：①打捞沉船。用两桶水，里面放进铁片做的小船，给每个学生一根棍、一截绳、一块磁铁。让他们利用这些材料打捞沉船，看谁能先打捞上来。②铁砂搬家。给每组两袋铁砂、几块磁铁，让他们把铁砂从桌面上搬运到盒子里，看哪组搬运得快。③走迷宫。在两块纸板上分别画好迷宫，每块纸板上放一个带磁铁的舞蹈小人，让学生用磁铁在板下吸引板上的小人走迷宫。这个游戏由两组两组地进行比赛，看哪组的小人先走出迷宫。游戏一开始，学生的情绪就出现了高潮。最后，让优胜组给全班表演。整节课学生都处在积极学习的状态中，他们的各种感官都参与了学习活动。

三、实验课的探索教学

中学理科教学中，实验课多是验证性实验，学生按照教材设计按部就班地去做，缺乏真正科学实验的意义。其中一部分实验应改为教师指导下，学生独立地实验。教材中有的演示实验，也可以重新设计为学生自己动手，进行探索性的实验。如课题实验校初三电学实验课中“滑动变阻器”一节，就是在学生已掌握决定电阻大小的因素的基础上，由学生自己设计一个使用方便、经济、科学的滑动变阻器。

学生在电阻示教板的基础上，提出很多方案，经过讨论认识到，在材料、横截面积一定的情况下改变导线的长度。为了更方便，再把导线经绝缘处理后再绕在绝缘筒上。大家边设计，边修改，配以教师的模型演示，滑动变阻器的雏形出现了。学生在兴奋之中再去观察滑动变阻器的实体，各部分的构造用途就一目了然了。接着，教师提出如何正确使用滑动变阻器，并让学生们亲手操作，选择接线柱，移动滑动触头，观察电路中的电流变化，在各接线柱都使用一遍后大家会明确各接线柱的连法，但还需上升为理性认识，在课上师生共同编写出使用口诀：“两上两下不能用，一上一下才能行，要问电阻如何变，就看线圈接线点，滑动触头远离它，电阻变大电流小，滑动触头靠近它，电阻变小电

流大。"通过探索性实验，学生增强了用已学知识去探索新知识的意识，也提高了实验中提炼、归纳知识的能力。

第五节 发散训练法

一、发散思维及其意义

事物是多样的，有的有不同形态，有的有多种结构和功能。光的波粒二象性，就是一个典型的例子。又如水，有固态的（冰），有液态的（水），有气态的（蒸汽）。房子有多种功能，有住宅、学校、医院、工厂等。人们工作时，搞方案设计，解答问题，其方案、答案也是多样的。就是人们日常生活安排，如出外旅游，选择也是多样的。而人的服装更是多种多样、千变万化。

事物存在普遍的联系。我们生活在多维度的空间之中，事物之间是按照网状结构而不是直线性结构联系着的。学校中师生的关系就是一个简单的例子。传统教学观点认为，师生关系是单向的，而实际上师生间的关系是多向的、网状的，如图 15-1 所示。

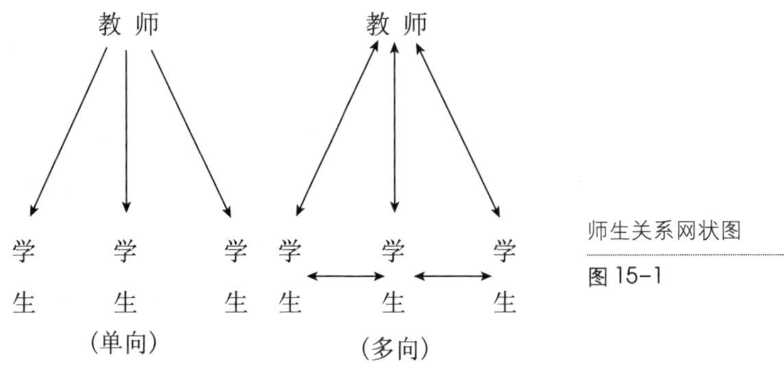

师生关系网状图

图 15-1

再从观察主体来说，人们对事物的认识，是与观察的角度、对问题的理解和思维方式联系着的，常常受到观察的角度、主观条件的限制。正如古诗所云："横看成岭侧成峰，远近高低各不同。不识庐山真面目，只缘身在此山中。"在地球上看太阳，太阳围绕地球转，事物的真相被遮盖着，而换一个角度从太阳上看地球，地球绕太阳转，就揭示了事物本来面目。这一转换却经过人类文明史的几千年。天文学家第谷观察行星30年，积累了大量资料，但未能真正掌握行星运行规律。他的学生开普勒，在思维方法上比他的老师高一筹，他善于从多角度去思考问题。例如，对火星的运动，起初他假设太阳绕地球转，第二次他假设火星绕太阳做圆运动，都与观察不符合，最后，他假设火星绕太阳做椭圆运动，终于得到正确的答案。2000年高考作文题，就是一个有趣的例子。

在一次鼓励创新的报告会上，有位学者出了一道题，如图15-2所示。

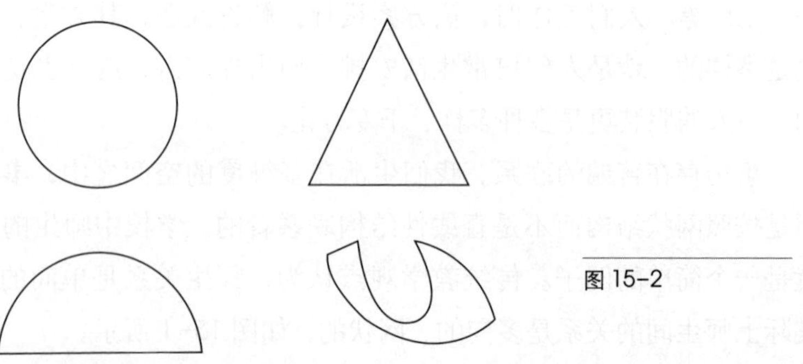

图15-2

四个图形符号中，哪一个与其他三个类型不同？有人说圆形，因为圆形是唯一没有角的图形；也有人说三角形，它是唯一由直线构成的；又有人说半圆形也正确，它是唯一由直线和曲线组成的；最后有人说，第四个图形也可以，因为它是唯一非对称性的图形。看来，由于标准和角度的不同，这四个图形都可以作为正确答案。

的确，世界是千变万化的，疑问是层出不穷的，答案是丰富多彩的。在生活中，看问题的角度、对问题的理解、解决问题的方法以及问题的答案不止一个的事例很多。你有过这样的经历、体验、见闻和认识吗？

请以“答案是丰富多彩的”为题写一篇文章。

显然，面对事物的多样性和事物的网状联系，人们的思维方法仅仅用逻辑推理的线性方法是远远不够的。由吉尔福特倡导的发散思维，是对思维方法的一种创新，是一个有普遍意义的、十分有价值的思维方法。发散思维就是多角度、多方向、多维度去思考问题，它“是指利用不同的思维方向，不受限于现有知识范围，不遵循传统的固定方法，采取开放和分散方式，以衍生各种可能的答案或不同的解决方法”[1]。发散思维要求人们思考时，思索种种可能的问题，尽量产生许多主意和可能解决的办法。

发散思维有十分重要的意义。第一，有利于弄清事物的多形态、多层面、多性质，从而揭示事物的本质；第二，有利于发现事物间种种联系，突出其中的主要矛盾，捕捉那些被日常外观所隐蔽的联系；第三，有利于培养和发展创造性思维，求新、求异、灵活是创造性思维的特征，发散思维是求新、求异的有力思想武器。

发散思维是一种联想，但它不限于接近、相似、相反以及因果的联想，这是一种更为开阔、又更扩散的联想。那么，它是不是毫无目的的随意联想呢？当然不是，它是有目的的、服从一定需求的一种自由联想。例如，人们的服装虽然十分多样化，但都要合乎人们审美要求；人们出外旅游，路线虽有多种选择，而目标都是一个。因此，发散思维常常同收敛思维相联系，前者是使思维不断拓展、多样化、求异化，而后者则使思维不断集中、单一化、求同化。这两种思维相辅相成，是矛盾的辩证统一。通过发散思维产生的种种假设、方案、答案，有的需要经过核验、论证，证明其科学性、可行性；有的需要经过比较，选择其中最佳方案或答案。

在创造过程中，首先要能发现问题、提出问题，并提出解决问

〔1〕 陈龙安．创造性思维与教学[M]．北京：中国轻工业出版社，1999：139.

题的种种假设、方案、办法。因此，在这两种思维(发散与收敛)中，发散思维起着主导的、积极的作用。因此，在创新教育中应该十分重视发散思维的训练。

二、发散训练法

发散训练法可以广泛应用于中小学各科教学中，这里仅就“发展形象思维的理论研究与教学实验”课题组实验教师的经验，分为六个小题阐述如下。

(一)语言发散训练

语言教学中，无论字词或句式，其内涵都是丰富而多样的。就字词来说，一词多义、一词多用；就句法来说，一个句型多种表达。因此在语言教学中，通过讨论或对话的方式，营造一种民主的氛围，运用发散训练方法，是一种高效率的语言训练方法。

小学语文“卢沟桥的狮子”一课，教师讲到“清楚”一词时，问学生有哪些用法，学生们接连说了7个不同用法：“听清楚”、“说清楚”、“看清楚”、“想清楚”、“头脑清楚”、“交代清楚”、“字迹清楚”。

英语课在学完询问某人什么样子的句型：“What is he / she like?”“He / she is...”教师就让学生根据这个句型来描述身边的教师和同学。学生的积极性马上调动起来，比如问句他们就造出了：“What is teacher like?” / “What is Zhou Chen Fei like?”等。答句则造出了：“He is handsome (strong).” / “He is ugly. She is young (beautiful).”这样的句子。这个发散点就是让学生描述身边的教师和同学，这既符合学生的实际生活，同时又充分体现了句型的功能性。

(二)图形发散训练

人们识别物体主要依据它的形态、结构，而对物体形状、结构的描述，图形明显优于语言。一个不规则的物体语言是无法表达的，就是一个规则的立方体，如果没有空间想象能力，语言也是难

以表达。因此，图形的发散训练，是我们识别物体多样性、培养图形直觉能力最好的方法。图形的发散训练，有在图形中识别基本图形的训练，有图形的位置、大小变化的训练，有图形由静止到运动的训练等。我们在第十四章第一节，以三角形为例，阐述了图形的发散训练是通过平移、翻折、旋转的方法，使学生在图形的位置、大小在运动变化中去识别它们。下面是在图形运动中(思维发散过程中)，把握图形的本质的一个课例。

教师借助计算机把所探求问题的实际背景以运动——变化的形象显示出来。如图 15-3 所示：$\triangle ABC$ 和 $\triangle A'B'C$ 均为等边三角形，$\triangle A'B'C$ 绕顶点 C 旋转，形成了不同的图形，如图 15-4、图 15-5 所示。

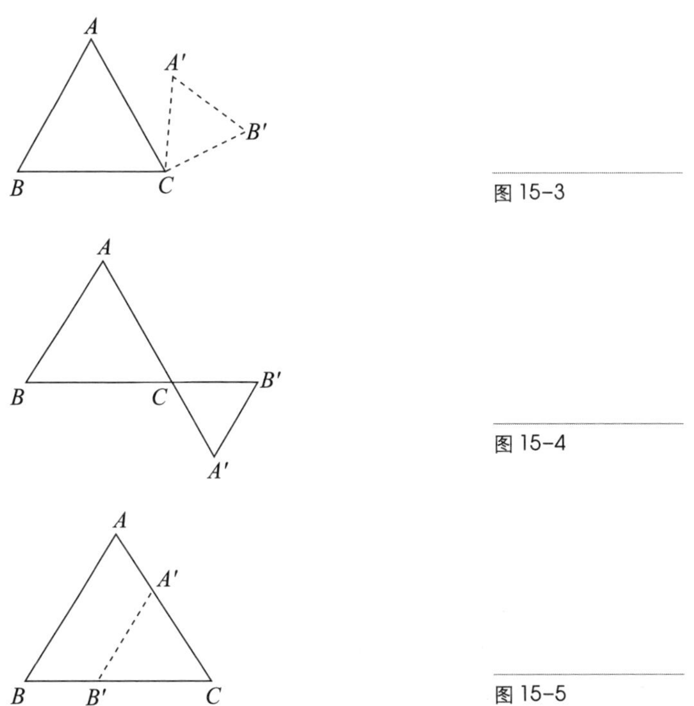

图 15-3

图 15-4

图 15-5

由上图的特殊情况，引导学生发现 $AA'=BB'$，进而引导观察其他位置如图 15-6 所示，是否也有 $AA'=BB'$? 这样设计符合人的认识规律：由特殊到一般，再由一般到特殊。用运动的方法，展示了运动过程中的每一个“瞬间”，揭示了每一个“瞬间”的内在联系：$\triangle AA'C \cong \triangle BB'C$。这就有利于学生对问题的全面认识，培养他们全面认识问题的能力。

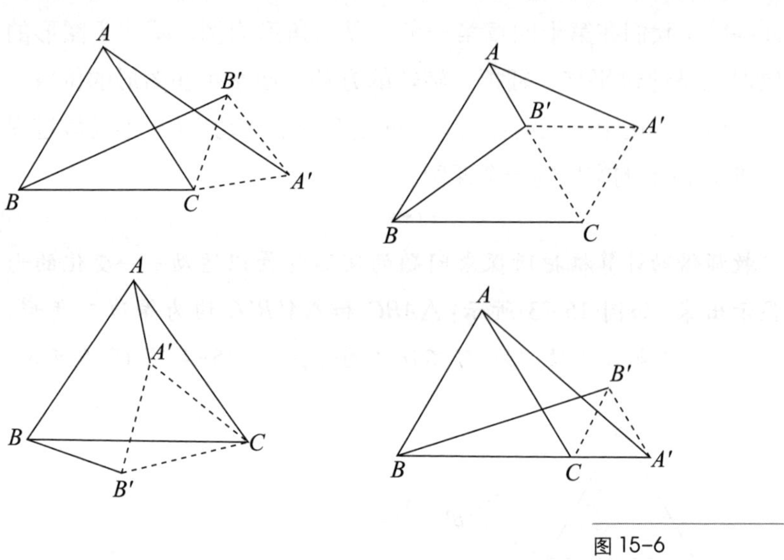

图 15-6

接着，研究这样的问题。如图 15-7 设计问题：

(1)图中有几对全等三角形？(为证明$\triangle CMN$是等边三角形和$MN /\!/ BC$做铺垫)

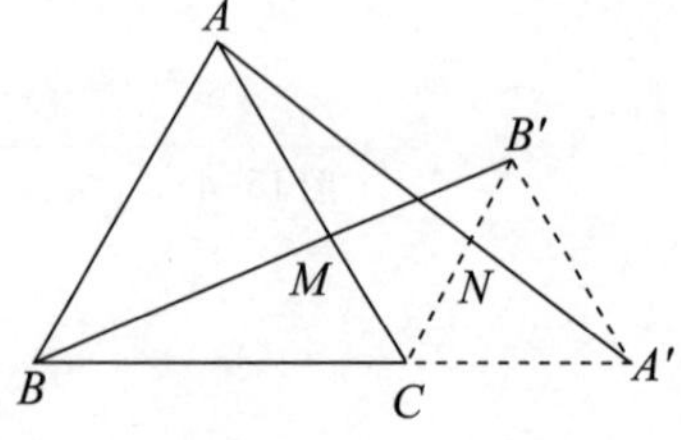

图 15-7

(2)$\triangle CMN$的形状是什么？请证明。

(3)直线MN和直线BC的位置关系是什么？请证明。

最后，把问题逐步引申。

如图 15-8：CE、CF分别为$\triangle AA'C$和$\triangle BB'C$的中线，$\triangle CEF$的形状是什么？观察图形的运动，先猜想，再证明。接着进一步引申：把中线换成角平分线或高线，$\triangle CEF$是否仍是原来的形状？

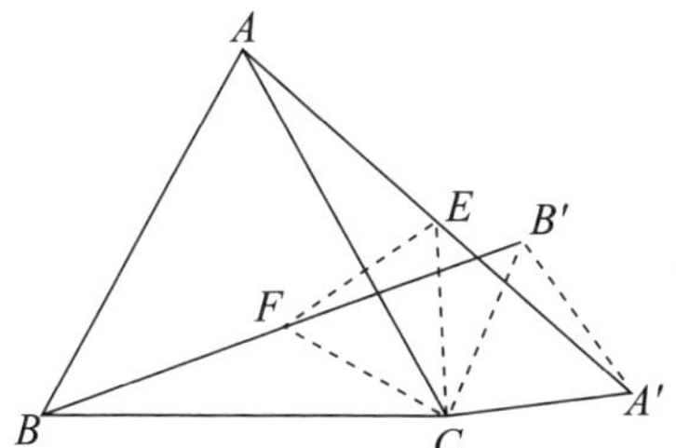

图 15-8

问题的设计没有停留在某一个问题上，而是逐步将问题引申，层层深入，有意识地培养了学生的发散思维。

课上，学生们异常活跃，一会儿观察、一会儿思考、一会儿讨论，完全置身于其中，有的学生主动要求上台去讲解，可到台上一讲，却发现错了，但他很快纠正了错误。课后，有的学生说："我的脑子跟着图形的运动也在旋转，从来没有这么高度集中过，我今天可真是通了！"（一种喜悦之情溢于言表）

通过之后的测试发现：学生对有关等边三角形的问题掌握得很好。

（三）结合教材内容，进行发散思维训练

教材中有些教学内容内涵丰富或概括性强。通过发散思维，让学生从多方面、多角度地进行思考，就能促使学生深入理解所学内容，把握问题的本质。如平面几何讲直角三角形定义。如果教师只画出一个图，把直角三角形的直角画在左下方，学生就会把"直角在三角形左下方"看成是直角三角形的本质属性，而遇到直角在三角形的其他方位的直角三角形时，就不认为它是直角三角形了。因此，教师讲解直角三角形定义，应采用发散思维的方法，向学生显示直角在不同方位，大小、边长不一的直角三角形。又如小学语文"再见了，亲人"一课，如何使学生体会中朝人民之间的深厚友谊？教师让学生看图，通过图给学生创设一种朝鲜人民与中国人民志愿军告别时依依不舍的情境，使学生身临其境。再加上问题：这些朝鲜人民为什么都来为中国人民志愿军送行？想象一下当时的情景。

学生想到了大娘熬红的双眼、小金花挂在腮边的泪花、大嫂拄着双拐等一幕幕场景，以此学生感受到中朝两国人民之间发生的故事数不胜数，中朝两国人民的友谊比山还高、比海还深。这样很容易地就达到了教学的目的，也使学生的发散思维得到了一次训练。

（四）应用题教学中的发散思维训练

解题教学一般是数学的重点也是难点。实验研究表明，学生解题能力存在以下三种水平。

其一，能力强的学生拿到一道数学题时，一眼就看出了问题的结构，就能把已知条件联系起来。他们能很清楚地区分出问题结构中的三种不同性质的成分：一是问题中具有基本数学意义的那些关系；二是了解这类问题是非本质的；三是对于解答这个具体问题不必要的、多余的、无关紧要的那些数量。

其二，数学能力中等的学生遇到另一类新的问题时，一般地说，他们感知的是问题的孤立的数学成分。只能感知这个问题的个别成分，就意味着理解不了这个问题。

其三，能力差的学生对感知到的所有具体的量都觉得是一样的，不能区分出什么数量对解题是必要的，什么是不必要的。甚至最容易的问题中加上多余的条件，也会把能力差的学生搞糊涂。[1]

怎样提高能力中等生及能力差学生的解题能力，存在两种不同的思路和办法。一种是单纯的多练，搞“题海”战术；另一种是抓思维训练，通过发散思维训练，培养学生掌握应用题结构的能力。马芯兰教师在这方面的经验，是非常成功的。她通过下面的方法，进行发散思维训练，培养了学生的解题能力。

（1）画线段图的训练；

（2）补充问题和条件的训练；

（3）题意不变，改变叙述方法的训练；

（4）自编应用题的训练；

---

〔1〕 克鲁切茨基．中小学生数学能力心理学[M]．赵裕春，等，译．北京：教育科学出版社，1984：252–255.

（5）根据问题说出所需条件的训练；

（6）对比训练；

（7）指导学生认真审题，注意关键词句，培养细心、周密地进行思考的学习习惯。

（五）一题多解、一题多变

教材中有不少解应用题的练习，解题既是学习如何运用知识，也是为解决实际问题打基础。然而，我们的教材一律采用一题一解的模式，对学生的思维方式是一种禁锢，他们满足于一个解答、一种理解、一个模式，思想是故步自封的。这种一题一解的模式，既不符合多样性的特点，更不利于知识的创新。因此，教材的解题（应用题）练习应进行改革，既要有一题一解题，也应有一题多解题。一题多解是培养发散思维的好形式，不仅可以寻求最佳答案，也有利于掌握问题的本质，还可以开拓思路，激发创新意识，培养思维的灵活性、创造性。

小学数学在学过长方形、正方形面积的计算后，有这样一道思考题，现详解如下。

在一个边长为12米的正方形花坛四周，铺上宽为1米的草皮，计算铺草皮的面积（图15-9）。

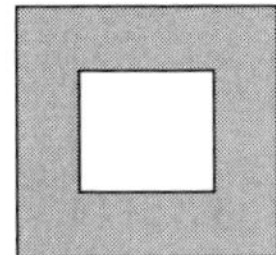

图15-9

学生经过动手拼摆和小组讨论后，很快就有了自己与众不同的解答方法。

方法一：把草皮部分分割成2个大长方形和2个小长方形（图15-10）。

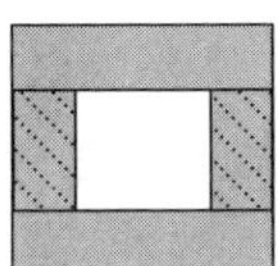

图15-10

$\therefore S=14\times1\times2\times12\times1\times2=52$(平方米)

方法二:把草皮部分分割成 4 个小正方形和 4 个长方形(图15-11)。

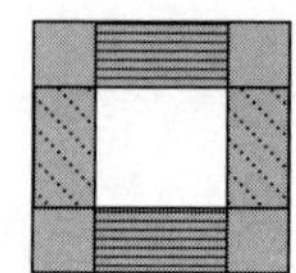

图 15-11

$\therefore S=1\times1\times4+12\times1\times4=52$(平方米)

方法三:把草皮部分分割成 4 个同样大小的长方形(图 15-12)。

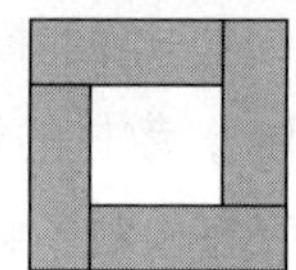

图 15-12

$\therefore S=(12+1)\times1\times4=52$(平方米)

方法四:把草皮部分看成 4 个长 14 米、宽 1 米的长方形交叠而成的图形(图 15-13)。

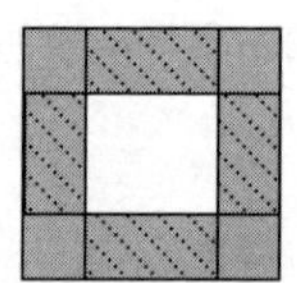

图 15-13

$\therefore S=14\times1\times4-1\times1\times4=52$(平方米)

方法五:把草皮部分分割成 4 个相等的梯形(图 15-14)。

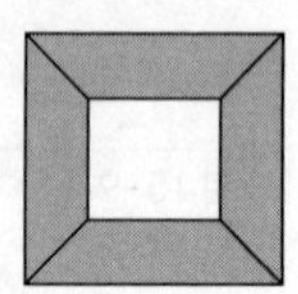

图 15-14

$\therefore S=(12+14)\times1\div2\times4=52$(平方米)

方法六:把草皮部分看成是边长 14 米的大正形挖去边长 12 米的小正方形后剩余的部分。

$\therefore S=14\times14-12\times12=52$(平方米)

在训练中,要求学生不但能得出正确的结果,还要能叙述解题思路,能用不同的解题思路进行多角度、多侧面的发散性的思考。

一题多变,进行发散思维训练,使原有知识得到深化,培养了学生的解题能力。还以小学数学为例。

例1:生产小组要加工780个零件,计划用13天完成,实际每天比计划多做18个,问实际用了多少天?

解:780÷(780÷13+18)

=780÷(60+18)

=780÷78

=10(天)

验算:把题中的一个已知条件作为问题,把问题当作一个已知条件,按照题中的数量关系进行计算,看一看得到的结果是否与题中所给的已知条件一致。

①780个{计划每天做780÷13=60(个),13天完成
实际每天做780÷10=78(个),10天完成
实际每天比计划多做多少个?

②780个{计划每天做60个,多少天完成?
实际每天比计划多做18个
实际10天完成

③ ?个{计划13天完成
实际每天比计划多做18个,10天完成

改:将验算①中的计划每天做的零件个数作为已知条件,多做的个数为问题。作为例2。

例2:计划每天加工60个,13天完成,实际10天完成,实际每天加工多少个?

列式:60×13÷10-60

验算:①计划每天加工60个,13天完成

实际每天比计划多做18个,多少天完成?

②计划每天加工60个,多少天完成?

实际每天比计划多做18个,10天完成

③计划每天加工多少个?13天完成

实际每天比计划多做18个,10天完成

从例1、例2中找出所有已知的条件，从所给的条件中选出合适的条件编出三步以上的应用题：

①计划13天完成；

②计划每天加工60个；

③实际10天完成；

④实际每天加工78个；

⑤一共加工780个；

⑥实际每天比计划多做18个；

⑦计划每天比实际少做18个；

⑧实际比计划少3天；

⑨计划比实际多3天。

学生编：

1. 实际每天比计划多做18个，实际每天加工78个，实际用10天完成，计划用多少天完成？

2. 实际每天加工78个，10天完成，实际比计划少3天，计划每天加工多少个？

3. 实际每天加工78个，实际比计划少3天，计划13天完成，计划每天加工多少个？

4. 计划每天比实际每天少做18个，计划13天完成，实际每天加工78个，实际多少天完成？

……

就这样，这节应用题课在原来三个例题的基础上，从例1的认识验算入手，学生改编出70多道应用题，大致涵盖了多步应用题的知识。这样进行发散思维的训练，使原有知识得到深化，使学生在掌握应用题的问题结构过程中提高了解复合应用题的能力。

（六）作文教学中的发散思维训练

前面讲到2000年语文高考作文题，就是运用发散思维，题目在“注意”中提示：①这个话题的范围是很宽泛的，只要与学者的这

道题引发思想感受有关，都符合要求；②文体不限。可以记一段经历、编述故事、抒发感情、发表议论、展开想象等。又如一次作文以《一次绿化活动》为题，教师要求选材、体裁、字数等一切由学生自己决定，想写什么就写什么，想怎么写就怎么写。虽说内容都是绿化活动，但学生文章的体裁、立意各不相同：有的写活动中的典型事例，写成记叙文；有的借物抒情赞美绿化的各种花草，写成散文；有的写成了介绍绿化的种类、栽培的方法的科学小品文；还有的写对绿化的看法，写成议论文。虽说学生写得文笔不是很优美，但情真意切，生动感人。

第六节 想象法

人们在科学技术、文学艺术活动和日常工作、学习中，经常运用想象的方法。想象是一种重要的最具创造性的思维方法。20 世纪许多伟大发明，如物理学的相对论和量子力学的诞生、生物学遗传分子 DNA 的结构的发现、地理学的“板块结构理论”等，无不显示想象力的巨大作用。因此，在创新教育中，要十分重视想象力的培养和运用。

一、再造想象

再造想象是人们普遍使用的思维方法。当人们阅读一篇文学作品，听别人说书、讲故事，识别或判断一张图像(图形)，欣赏一幅艺术作品时，根据语言的描述或图像在头脑中产生它们的表象(画面)，就是再造想象。这些未感知过的事物的表象，是读者头脑中以原有表象为材料，根据作者的描述或图像进行加工改造而形成的新表象。

关于阅读文学作品，叶圣陶说："文章是无形的东西，只是白纸上的黑字，我们读了这白纸上的黑字，所以会感到悲欢，觉得人物如画者，全是想象的结果。作者把经验或想象所得的具体事物翻译成白纸上的黑字，我们读者都要倒翻过去，把白纸上的黑字依旧翻译为具体事物。这工作完全要靠想象来帮助。"[1]可见，学生再造想象力的发展，决定着阅读的质量。语文阅读教学要充分利用文字优美的课文，从小培养儿童丰富的再造想象能力。

首先，要培养儿童热爱生活、热爱自然，引导他们通过各种活动去观察自然、观察生活、感受生活。把他们所见、所闻、所感用文字记录下来，或把表象用图像画下来，不断丰富表象的积累。美术实验课的"绘画日记"就是一种好办法。丰富的想象力是以表象积累为基础的。一个不善于观察、缺乏表象积累的人，他的想象力永远是贫乏的。

其次，对于所学课文内容，学生缺乏有关经验(表象)或表象模糊不清的，要通过课前观察、创设教学情境、运用多媒体教学等方法，有针对性地补充、丰富学生头脑中的表象，激发他们的学习兴趣，引导他们带着感情阅读课文，边读边想象，使课文描述的人物、情节、情景在学生头脑中清晰起来、鲜活起来。

最后，为了加深阅读的想象力，有的内容可以让学生自己表述，有的可以让学生绘成画，把文字转换为图像，也可以让学生进行表演或游戏。如小学课本中"挑山工"一课，挑山工上山的"折尺形路线"每一次的"转身"、"换肩"，对于学生是陌生的。看录像和阅读教材后，让学生表演，亲自试一试，感受一下挑山工的动作和上山路线，加深学生的表象。绘图不仅能使学生深入理解课文，使头脑中表象更加清楚，也是帮助背诵的一种好方法。《南京长江大桥》是一篇说明文，第二自然段要求背诵。讲课时教师用多媒体进行教学，看着视频，听着声音，学生仿佛置身于桥上，亲身感受大

〔1〕 叶圣陶，夏丏尊．文心[M]．北京：中国青年出版社，1983：237.

桥的雄伟壮丽。在这基础上，教师要求每位学生在课上画出简图。图中有工农兵塑像、桥头堡、玉兰花灯柱、一叶叶扁舟、一列列火车……这时让学生背诵课文中词句，他们的脑海里就会闪现出一个个生动的画面。原本枯燥的文字，读背起来会饶有兴致。

学科教学中空间想象能力也是一种再造想象。物理、化学教学中微观现象的把握，如分子运动、布朗运动、原子结构、有机分子结构、晶体结构、电子云、电离平衡等；地理教学的读图，从图上的方向、位置、高低、距离、走势，产生一种空间感，把空间事物变成平面图形等；立体几何教学中，从平面图形想象它们的空间关系等。在这些学科教学中，有效地培养了学生的空间想象能力。

讲晶体结构时，石墨和金刚石的空间构型（图 15-15）是进行空间想象力训练的好内容。让学生观察石墨和金刚石的模型后，可提问学生：石墨的结构怎样变化才能得到金刚石？让学生思考以下问题。

（1）石墨与金刚石中的碳原子的结构方式有何不同？

（2）石墨与金刚石中的六元环有何不同？

（3）碳原子的结合方式如何变化才能满足石墨向金刚石的转化？

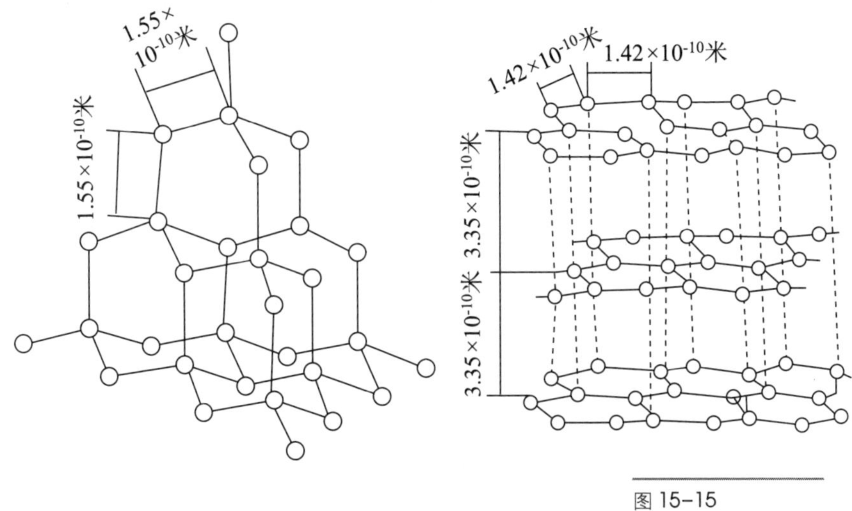

图 15-15

通过观察、对比，学生发现，减小石墨层与层之间距离，并使碳原子之间形成四个共价键，可使石墨的层状结构转化为金刚石的空间网状结构。

欣赏艺术（美术、音乐）佳作，是激发学生再造想象力的好方法。例如，荷兰画家凡·高是后期印象派的代表人物。他的作品表现出特殊的感受力和丰富的想象力，洋溢着孩童般不加修饰的真情，很适合用来启发小学生的想象力。

在欣赏凡·高的《星夜》时，教师先让学生闭上眼睛，想象自己趴在窗台上凝望星空，并问他们："晚上看着满天的小星星，你们想到了什么？"学生们七嘴八舌，这个说："星星在眨巴着眼睛，冲我笑呢！"那个说："天上冷冷清清的，小星星们离得那么远，一颗一颗很孤单。"在学生们浮想联翩之后，教师打出了《星夜》的PPT，让他们认真看，并问他们看了画有什么感受。学生都很兴奋，争着发言。有的说："我感到天空在流动。"有的说："蓝色的天空和闪亮的群星在旋转。"……这些感受说明，学生们已经被《星夜》表达出来的新奇意象所感染。

音乐是如何激发想象力的呢？音乐分为两种，即标题音乐和无标题音乐。标题音乐的想象一般是再造想象。

如《苗岭的早晨》，通过民族性音乐联想到苗寨的景色，其中由模仿鸟叫的旋律联想到早晨的景象，由欢乐的旋律想象到苗族人民欢乐幸福的生活场面。通过整体的音乐思维使我们联想到：祖国南疆的苗家山寨一座座竹楼掩映在青山翠柏之中，清澈的小河静静地从竹楼前淌过；晨曦微露，清风徐来，在山谷中发出轻轻的回响，四周是那么宁静。这时远处传来了"飞歌"的旋律和模仿布谷、鹧鸪、燕子叫声的音乐。这叫声唤醒了青山，也叫醒了勤劳的苗族人民，大地开始苏醒，呈现一片生机。接着欢快的旋律好像是表现苗族人民开始了一天紧张而又愉快的劳动。结尾时，开始的音调又出现了，音乐渐慢渐弱，好像劳动了一天的人们满怀喜悦，在山谷回声的伴送下渐渐地远去。

二、创造想象

创造想象是不依现成的语言描述或图像而独立地创造出新表象的思维过程。想象的过程往往综合了分解、组合、类比、联想等多种思维方法。我们知道，形象思维可以通过语言的、图像的、操作的以及身体表演等多种方式来表达。因此，中小学生创造想象的培养可通过多种方式来进行，其中有语言的（学习文学作品）、图像的（几何图形、绘画）、动手操作（实验设计、科技制作）以及表演（体操、舞蹈）等，它为每个学生创造想象的发展提供了良好的条件。

（一）语言

语文课是培养学生想象力的重要课程。语文的阅读与写作，是学生想象力发展的肥沃土壤。以写作为例，课题实验学校对此进行了多种练习：

（1）根据教材进行想象作文，如续写故事结局，扩写故事情节，激发情感，联想写作；

（2）自编童话、寓言；

（3）听音乐写想象作文；

（4）写组合作文；

（5）写看图作文；

（6）写科幻作文等。

（二）图像

绘图可以记载、储存、表达在想象中所产生的图像，是培养创造想象的重要思维工具（技能）。无论是解一道几何题、一道物理题或其他问题，凡能绘图的要训练绘图，把问题情境、解题思路画出来，可直观形象地研究各种解题方案，这是训练想象能力的好方法。

例如，三角形内角和定理，历来就是一种证明方法，而且是由教师讲。然而，在课题实验教学中，教师把函数方法引到定理证明中，通过图形，学生创造性地提出了证明新方法。

具体做法是：在课上演示一个△ABC的纸片，如果把∠C变小了，∠A不变，另一个角则变大了，那么这两个角变化是否存在规律，让学生猜想。然后教师在变大的角中去掉原来的角，剩下的角是这个角的增量，发现这个增量恰好与由大变小的那个角的减量相等。从角拼合的图形中发现，这两个角变化后的和不变，于是得出三角形三个内角和是一个定量。生动直观的形象演示，大大地激活了学生的思维。在文汇中学的试验课上，教师提出三角形内角和应该是多少、怎样证明时，学生踊跃举手发言，课堂气氛十分活跃。其中一个学生回答是180°，并用下列方法进行了证明：

见图15-16，在△ABC中，过C作一截线，与AB交于D，把△ABC分为两个三角形，即△ACD和△BCD。

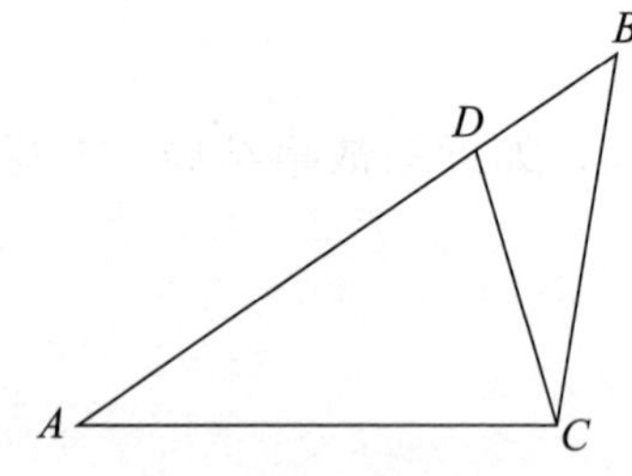

图15-16

设三角形三内角和为x，

则$2x-x=\angle ADC+\angle BDC=180°$。

美术课，无论是绘画，或是美术工艺，都是儿童发展创造想象力的好课堂。儿童每一张有新意的绘画，每一件有特色的工艺品，都是儿童丰富想象力的表现，我们要加倍呵护。想象是儿童的天性，是儿童常用的思维方法。美术课在向学生进行美育的同时，要充分发挥开发儿童智力的功能，培养儿童的想象力，养成想象的习惯。比如，小学低年级“用圆形画动物”这一课，在学生已有观察体验的基础上，让他们利用基本形体展开充分的想象。上课时，教师准备了大量的基本形体，在绒板上演示。先摆出了许多类似圆形的动物，如小鸡、蝌蚪、鱼等，然后用概括的几笔在黑板上勾画出类似圆形的动物形象。在看演示的过程中，孩子们用想象沟通了抽象的几何形体和具体鲜活的动物，他们很快在圆形上画出了大量的动物形象，有小猪、大象、熊猫等。摹本形体使本来不易掌握的动物形态变得简单而容易掌握了，这为学生根据自己的想象和对物象的分析概括进行自由发挥提供了充分的余地。

(三)操作

我们知道，动手操作和动脑(形象思维)是紧密联系着的。人们要生产一件产品、一个零件，在生产之前，它的表象已在生产者大脑中存在了；人们设计一个实验，用哪些仪器、材料，如何安装，实验之前实验者脑里已有了设计方案或安装路线的图像(表象)了。因此，科技制作的创新，先要有思想上的创新——创造性想象。动手制作既可以把设想(想象)变为现实，又可不断地发展、完善人的想象力，也就是既培养了实践能力，又发展了创造想象能力。例如，一所中学课外活动小组——电机小组的学生学习了有关电磁理论后，到工厂学习电动机的构造和原理。他们经过几次拆装，完成了“电动机展开模型”的制作。模型形象、直观，在教学上很有实用价值。

(四)表演

表演是一种技能，它把人的思想情感用身体姿势、形态、动作、表情表演出来，如体操、舞蹈等。这种运动技能的形成，有视觉表象的参与，也有触觉表象的参与，它是同形象思维联系着的。创造性的表演技能，是同创造想象联系着的。我们可以通过创造性表演的活动培养和发展学生的创造性想象。例如，北京市丰台区少年舞蹈学校的一次教学中，教师以用毫不相关的虚拟动作(靠在树上，坐在椅子上，脱掉外衣)组成一个小品为题，让学生进行创作。学生的积极性很高，开动脑筋，创造出十多个生动活泼、情趣盎然的片段。其中学生甲表演靠在大树等人，看到等的人来了，高兴得跳起来，脚下一滑摔倒了，弄脏了衣服，坐在旁边的椅子上，脱下外衣；最有意思的是学生乙，她打乱了三个动作的顺序，一人表演三个角色：老鼠妈妈和小老鼠坐在椅子上休息，远处来了一只猫，小老鼠吓得拼命跑，踩在泥坑里弄脏了衣服。聪明的老鼠妈妈靠在大树背后学狗叫，吓跑了猫。老鼠妈妈找到小老鼠，帮它脱掉了外衣。

第七节 直觉法

传统教育以逻辑思维为基础，忽视了直觉的培养。直觉作为一种识别的方法、观察的方法，广泛运用于科学技术的发明创造，各种诊断、识别，文艺欣赏，体育运动以及日常生活中。因此，应该重视直觉的培养。

直觉的培养要从观察入手，通过各种感官多看、多比较、多感受，做所喜爱事物的“知心者”、“知音者”，运用图形训练、观察与实验、审美活动、运动技能训练等方式，培养学生的直觉能力。

一、图形训练

学生头脑中图形表象的丰富积累，是心理直觉的基础。图形训练是培养直觉的重要方法。如几何图形、小学数学线段图、分析数学中文转换为图、地理学的地图，以及理科解题教学的草图等，突出图形的训练，改变了过去轻视图形的观念。

二、观察与实验

科学家有深邃的洞察力、直觉能力，来源于勤奋的观察和对其研究事物的丰富积累。达尔文在他的自传中说：“我以为在容易逃脱

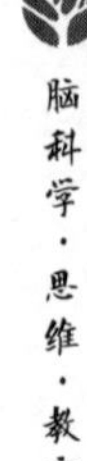

注意的事物上和细心观察事物上，我要比一般人高明些。在观察和搜集事实上，我几乎尽了勤勉的能事。”[1]在科学观察和实验的基础上，丰富学生对自然现象知识和表象的积累，培养他们的直觉能力，如对化学单质，化合物的形态、结构、颜色、气味等的直觉鉴别能力，对一些常见动植物的识别能力，对地形、地貌的识别能力等。

三、审美活动

审美是指能够正确地掌握美的规律的一种形象思维。艺术欣赏通常是一种直觉，当你欣赏一首名曲、一幅名画、一件艺术雕塑时，你会立刻被作品的魅力所吸引，心灵为之一振，你的思绪、情感立即会被激发出来，这就是艺术直觉。

艺术直觉的培养是一个教育过程。要使学生理解艺术的基本知识，掌握艺术审美的特点，把审美和学生学习音乐、美术结合起来。艺术直觉培养是一种欣赏活动，通过活动，多看、多听、多比较，由浅入深，不断增进艺术感受能力。“观千剑而后识器，听百曲而后知音。”艺术直觉培养是一种情感活动，审美过程要与生活感受和积累联系起来，生活阅历越深，审美内涵也将越丰富。

〔1〕 王续琨．科学观察[M]．沈阳:辽宁人民出版社,1985:121.

第十六章 课内外结合，积极开展课外活动

第一节 课外活动的由来与现状分析

一、我国古代教育与课外活动的产生

任何事物都有一个历史发展的过程，课外活动也不例外。

在我国古代早就有关于“知”与“行”关系的论述。孔子提出“听言观行”；荀子提出“知之不若行之”；朱熹则认为“知之愈明，则行之愈笃，行之愈笃，则知之愈明”；王守仁则提出“知行合一”，认为“知是行的主意，行是知的功夫；知是行之始，行是知之成”；王夫之明确提出了“知行相资以为用”的观点，即“知”、“行”相互区别又相互为用。无论是唯物主义还是唯心主义的哲学思想都极其重视“知”、“行”相互关系的问题，虽然立足点截然不同，却大都强调了二者的相互联系与统一。不同的哲学观点及其在相关问题上的认识也必然会在教育上反映出来。比如，荀子从他的“行高于知”的观点出发，在教育和学习上也强调要以行为主。朱熹从他带有辩证思想的唯心主义哲学出发，提出了行为训练要同“理会”相结合，二者不可偏废。王守仁“为学求知离不开行”的

观点，是与他“知行合一”的哲学思想相一致的。而王夫之提出的“教必著行”的教学思想就源于他的“相资以为用”的知行统一观。具体到学校教育以及课程的安排上，早在战国晚期的教育名篇《学记》中就有关于课内外相结合的论述。其中谈到“时教必有正业，退息必有居学”，提出“不学操缦，不能安弦；不学博依，不能安诗；不学杂服，不能安礼；不兴其艺，不能安乐”。这里所说的“正业”，就是在教师指导下学习礼、乐、射、御、书、数六艺学科；“居学”就是在课外自学“操缦”（弹琴弄瑟）、“博依”（歌咏杂曲）、“杂服”（各色服制）等，以利乐教、诗教、礼教。也就是说，课内学习要与课外练习相结合，才能有良好的教育效果。这种古代的教育思想应该说是朴素自然的，有其一定的道理。但是自秦以后的漫长的封建社会，“罢黜百家，独尊儒术”的文化政策以及“六经注我，我注六经”的学风和教风，完全背离了这一正确的教育教学思想。这也是近现代我国科学技术落后的一个重要原因。清朝末年，维新人士主张学西方，废科举、兴学堂，并进行了教学内容的改革，增设了美术、音乐、体育课，但这些课仍处于辅助地位，作为副科。民国以后，“‘课外活动’这个译名开始出现在教育学论著中。其中对课外活动的发展贡献最大的当数蔡元培。他提出的‘尚自然、展个性’的教育主张为大中小学的课外活动的发展奠定了理论基础”。“这时的课外活动在内容上摆脱了对课堂教学的依附，成为学校工作的一个重要组成部分。”[1]20世纪初期，出现了一些课外活动开展得比较好的学校。如江苏省的苏州中学在20年代，学生中就成立了国文、英文、数学等18个学科的研究会组织，定期开展活动。北京第二十六中学在30年代就有学术、科技、文艺、体育等社团组织30多个。学校中的课外活动都发挥了良好的教育作用。

世界各国教育的发展也都涉及课外活动或活动课的问题。同样，也都有一个历史发展的过程。公元前8世纪建国的古希腊时期的雅典对儿童的教育，既要教读书识字，又要教音乐唱歌。后来分

〔1〕 石中英.课外活动与课堂教学关系的传统与变革[J]. 教育研究,1996(2):60.

为文法学校和音乐学校，文法学校教读、写、算的初步知识，音乐学校教儿童练习乐器和诗歌演唱。十二三岁的少年时期，他们又进入体操学校练习赛跑、跳跃、角力、投掷铁饼标枪等竞技项目，同时还学习游泳和舞蹈。古希腊的哲学家、教育家亚里士多德就提出，青少年时期学习的科目有四种：①阅读、书写；②体育锻炼；③音乐；④绘画。他认为，体育可以锻炼健美的体格，音乐可以净化人的心灵，绘画可以培养儿童对美的欣赏力和判断力。当然读书、写字也很重要。虽然当时没有“活动课”或“课外活动”的概念，但从学校教育的实际内容上来看，既看重文化理论的学习，又看重“活动”和实践。到了中世纪，西方也进入了一个以基督教为精神支柱的封建社会，教育被教会垄断，教育内容以神学为主。虽然也学习一些简单的读、写、算知识，但都是为读圣经、抄圣书服务的。后来纳入课程的七艺（文法、修辞、辩证法、算术、几何、天文、音乐）经过教会的加工，已完全体现了神学和宗教精神，古希腊时期教育强调实践和“活动”的生动景象已不复存在。到了欧洲文艺复兴时期，进步的思想家提出反封建、反神学，宣扬以“人”为中心的人文主义文化，要求个性解放。人文主义要求摆脱教会对教育的控制，学校所培养的也不再是僧侣和神职人员，而是社会发展所需要的身心健康、知识广博、多才多艺的各方面的人才。当时，在课程上也有了很大的改革。比如，体育重新受到重视，增加了历史、地理和自然科学知识，以人文主义的思想强调了德育。特别是反对中世纪学校呆读死记的教学方法，提出要看到儿童的个性差异，考虑他们的兴趣，调动他们学习的积极性和主动性。当时有些学校就开展了包括游戏、体育竞赛、旅行、考察等项内容在内的课外活动。18—19 世纪，课外活动“普遍地、迅速地发展起来。在英国，足球、棒球、辩论、戏剧、俱乐部活动以及学生自治组织等大量涌进中等学校。在美国，戏剧、俱乐部、音乐会、辩论会、体育比赛备受欢迎，由学生办的杂志、报纸及出版社也如雨后春笋。这些由学生自己开展的活动及其内容的丰富性和形式的多样性，引起了教育工作者们的注意。于是，人们便根据‘课程’的概念把它们概括为‘课外活动’”[1]。19世纪末以美国杜威为代表的进步主义教育家们针对传统教育以学科课程和教师为中心，脱离社会生活实际、忽视儿童身心发展的弊端，提出了“做中学”的活动课程理论。正如杜威所说的“学校即社会，社会即学校”，要以儿童的发展为目的，要以活动为起点，在做中学，在实践中求得真知。正是在杜威的实用主义教育思想影响下，20世纪初叶西方中等教育的课程改革以及课外活动的发展都是非常突出的。特别是二三十年代课外活动的发展在美国达到一个高潮，活动的项目有100多种，课外活动在学校教育中的地位也大大提高了。

二、课外活动的现状分析

20世纪50年代，我国就很重视开展课外活动。1955年9月教育部颁发的《关于小学课外活动的规定的通知》成为当时的一个指导性文件。开展课外活动的目的是比较明确的。该文件指出，要配合“小学教学计划”，支配课外活动的时间和内容，“以使课堂教学的成果巩固和扩大，并使智育、德育、体育、美育和基本生产技术教育充分地获得全面发展”。课外活动的内容包括课前操、校会、班会、少先队活动、体育锻炼、生产劳动、学习小组和社会活动。其中，学习小组根据各校的条件分设音乐、图画、文学、工艺、自然、地理、历史等。各小组最多20人，原则上由小学高年级学生自愿参加，由该组学生任教老师批准，功课较差的学生不参加。小学中年级的学生也可以参加音乐、图画、工艺课外小组，在教师的指导下开展活动。50年代中期，升学的压力并不十分突出，许多中学的课外活动开展得也十分活跃。除了学科小组，还有航模、舰模、机械、天文、气象，以及各种文艺社团小组的活动。当时有的中学男女分校，还建立了友谊班和友谊校，共同排演话剧、舞蹈等文艺节目。后来有许多中学生在课外活动的培养和诱导下考上了自己感

〔1〕 石中英. 课外活动与课堂教学关系的传统与变革[J]. 教育研究，1996(2):59.

兴趣的大学本科的某一专业，有的成为这方面的专家学者。到50年代后期，由于升学压力逐渐加大，为了减轻学生的负担，课外活动也受到了一定的限制。“文化大革命”后，课外活动又重新开始活跃起来。有许多学校的领导干部和教师认识到传统课堂教学模式的弊端，同时也在实践中看到了课外活动是促进学生个性、爱好、特长和身心全面健康发展的重要途径。于是，他们在改革传统课堂教学的同时，也在积极开展课外活动，努力探索一条“以课堂教学为基础，课内外结合的教学机制”。80年代中后期，出现了一批积极开展课外活动并取得明显成绩的中小学。当时城市和农村有两个比较典型的例子：一是北京景山学校，三年内参加全国、全市和全区的各种竞赛，获一等奖的有104人，二等奖的143人，三等奖的174人，四等奖的4人，共425人次；二是山西风陵渡中学，那几年毕业回乡务农的600多人中，有232人担任了乡、镇、村的农业技术员，150人担任了乡、镇、村的干部，风陵渡镇50%的“专业户”是该校毕业生搞起来的。[1]分析这些成绩的取得，都与学校开展课外活动有着极为密切的关系。后来，在我国教育界开展了一场关于课外活动的意义及其与课堂教学关系的大讨论。其中对课外活动重要性的认识是比较一致的。而在课外活动与课堂教学关系的问题上却有着不同的看法。有的同志把课外活动看作“第二课堂”，认为它是课堂教学的延伸、拓展和深化。“‘第一课堂’系统进行基础知识的教学，采用‘以课堂教学为主’的形式。”第二课堂的活动内容，“应该冲破原有‘课外活动的’内涵，内容更为广泛”[2]。两个课堂不是并重的，而有主次之分。有的同志把课外活动看作“第二渠道”，认为在科学技术飞速发展的信息化时代，知识不断地更新，不能只靠课堂教学这一个渠道获取知识。“要让学生同时从两个平行的渠道去获取知识，互相补充，相得益彰，培养出既知道过去，又知道今天，既能继承过去，又能创造未来，既掌握基础理论，又有动手能

〔1〕 连瑞庆．课外活动与人才培养[M]．北京：光明日报出版社，1989：1.
〔2〕 同〔1〕，第80页。

力的有理想、有知识、有能力、聪明能干的愿意为社会主义现代化建设献身的现代化人才。”[1]这里把课外活动（第二渠道）放在了同课堂教学（第一渠道）同等重要的地位。这场讨论虽然没有得出什么结论，但是对课外活动重要意义的共同认识直接影响到国家对中小学教学计划的调整。1988年《义务教育全日制小学、初中教学计划》中提出“搞好课内外结合，以课堂教学为主，重视并开展各种有益的课外活动”。1990年《现行普通高中教学计划的调整意见》把课外活动列了进去，并明确提出由必修课、选修课和课外活动、社会实践活动组成普通高中课程结构的有机整体，共同承担贯彻党和国家的教育方针，培养合格的高中毕业生的任务。1992年国家教委颁布的《九年义务教育全日制小学、初级中学课程计划（暂行）》将活动课程正式列入课程计划，许多地区把活动课作为课程改革的一个重要组成部分进行实验研究。近二十多年来，中小学在开展课外活动或活动课方面取得了一定的成绩，但与理想目标还有一定的差距，在发展过程中还存在一些重要问题需要继续研究加以解决。

（一）关于概念的界定

20世纪80年代中期有关于“课外活动”、“第二渠道”、“第二课堂”的论争，90年代又有“活动课”、“活动教学”的提法。这是涉及课外活动或活动课与课堂教学的关系，以及如何建立新的教学体系的问题。有的同志认为：“活动课是指一种以综合性学习为主要内容，以学生主体的活动及体验学习为主要形式，以促进学生的认识、情感、行为的统一协调发展为主要目标的课程及教学组织模式。”[2]这里指的是一种“综合性”的“课程及教学组织模式”，是相对独立的一门课程。有的同志给“活动教学”下的定义是：“活动教学是指以在教学过程中构建具有教育性、创造性、实践性的学生主体活动为主要形式，以激励学生主动参与、主动实践、主动思考、主动探索、主动创造为基本特征，以促进学生整体素质全面提

---

〔1〕 连瑞庆．课外活动与人才培养[M]．北京：光明日报出版社，1989：71.

〔2〕 高峡．活动课的理论与实践初探[J]．教育研究，1996（2）：55.

高为目的的一种新型的教学观和教学形式。”[1]这里指的是对整个课堂教学的改造，是活动教育理论在学校教学领域里的一种体现。正如有的同志所指出的，要“以活动教学的观点重新审视现行的教学体系，将活动教学引入学校教育的主战场——课堂教学中，并提出了以活动促发展等一系列新的教学主张，在活动教学这一领域开始了新的探索”[2]。这里的活动教学是把活动课(课外活动)与课堂教学合二为一。

(二)关于活动课与课堂教学的关系问题

这与对“活动课”的界定有关。20世纪90年代以来学校开始重视活动课，特别是1992年国家教委把活动课程正式列入课程计划，许多地区、学校都在进行活动课的实验。由于对活动课的界定不清，它与课堂教学的关系出现几种不同的情况：一是所谓的“活动课”，就是把原来的课外活动课程化、课堂化，入课表、编教材，甚至由专职教师进行讲授，失去了原有课外活动的生命力；二是在不断改进课堂教学的同时，保留并积极地开展课外活动(活动课)，使其成为学校教学体制的一个重要的组成部分；三是以活动教育教学的理论改造现有的课堂教学，不单是一部分活动课的问题，从二者合二为一的发展前景来看也就不存在什么关系问题。

(三)关于活动课的作用及地位问题

首先应该肯定活动课(课外活动)在现实和一定的历史阶段独立存在的必要性(随着现代科技和信息化社会的发展会不断有所变化)，然后才能谈它的作用及地位问题。归纳起来也有几种观点：

- 仍然把活动课看作课堂教学的延续和补充，而在传统的观念和升学的压力下，这种“延续”和“补充”就成为可有可无的了；
- 以课堂教学为主，把活动课(课外活动)作为第二课堂，这种主次之分往往也会削弱它的地位和作用；

〔1〕“活动教学与中小学生素质发展”课题组．活动教学与中小学生素质发展实验研究[J]．教育研究，1999(6)：62.

〔2〕田慧生，李臣之，潘洪建．活动教育引论[M]．北京：教育科学出版社，2000：6.

• 二者并举，仍然从教学的角度考虑这一问题，认为各学科的教学与综合性的活动课同等重要；

• 从更广阔的教育空间考虑，它是学校实施素质教育的一个不可缺少的有机组成部分。

（四）关于活动课的理论研究与实践相互促进的问题

我们认为理论研究仍然处在初级阶段，尤其是在高速发展的信息化时代，对这一问题的研究更显得迫切，当前对已有的实践经验研究总结得也很不够。

在长期的教育实践中，我们深深地感到课外活动已经积累了许多新鲜的经验，同样也提出了许多需要研究的理论问题：为什么开展课外活动能取得这样明显的成效？ 为什么课外活动是培养能力、发展特长的好形式？ ……这些在实践中提出来的问题，在传统的教育理论中还找不到令人满意的答案。因此，认真总结我国开展课外活动的实践经验，开展关于课外活动的理论研究，是当前深化教育改革的一个重要课题。现在应继续把这一研究深入进行下去。

第二节 课内外结合，建立培养创新能力的教学机制

一、新教学机制的本质与特点

新教学机制是课内外结合、集体教学与个别教学相结合，也就是学科课程与活动课（课外活动）相结合的教学机制。它的本质就是要在课程与教学领域，发挥两种课程的优势，克服二者的不足，全面贯彻教育方针，提高学生的素质。

新教学机制是在原有的学科课程与课外活动的基础上发展起来

的。在新的形势下，特别是面临着高新技术的快速发展和网络信息化时代的到来，教学机制的这两个方面都必须不断地改革和发展。而改革与发展的趋势，都应该是保留并充分发挥它们的优势，最大限度地克服它们的劣势。但在一定的历史阶段，二者还不可能达到十分完美的结合。我们认为，在现阶段深化学科课堂教学改革的同时，必须努力做到与活动课（课外活动）的有机结合，才能达到全面提高学生素质的目的。这种新的教学机制的特点有以下几个方面。

（一）以学科课程为基础，充分发挥班级教学的优势

近些年来，课堂教学的不断改革，调动了学生学习的积极性，教学效果有了明显的提高。有些学科的课堂教学改革力度是非常大的。如自学辅导教学，在课堂上的绝大部分时间由学生自学，取得了显著效果，并且已由初中数学发展到其他年级和其他学科，但它仍然属于学科课堂教学；再比如，根据学生的学习状况，不断调整班次的“因材施教，分层次教学”，在一些学校也取得了很好的效果，后进生和优等生的学习成绩都在原有的基础上得到了很大的提高。但是，这种课堂教学的改革并没有打破按学科进行的班级授课的方式。虽然课堂教学的结构有了很大的变化，也找到一条落实因材施教这一教学原则的有效途径，但仍然属于沿袭已久的集体的班级授课的课堂教学范畴，并保留了原有课堂教学的优势，发挥教师的主导作用，让全体学生学到系统、扎实的科学文化知识。

（二）以实践活动为核心，充分发挥活动课的优势，促进学生的身心健康和个性的全面发展

自信心、独立意识和独特性，是人的个性发展及其表现的重要特征。在青少年的成长过程中要使他们充满乐观进取的精神，要有自信，而这种自信只有在不断取得成功的活动过程中，才能得到巩固和强化。活动课主要是以学生独立的实践活动为主。无论是学科活动、科技活动、农业技术实验，还是文学艺术活动和体育活动；无论是参观、调查、访问，还是公益劳动等各种社会实践活动，都

应该充分体现学生的主体性和自主性，教师只是起一定的指导作用。在活动中遇到的各种困难和问题，也要让他们独立地去认识、去解决。作为教育工作者，要善于在活动中发现学生的才能和特长，然后因材施教培养诱导，并尽可能地创造条件，使他们的才能、特长得到充分的发挥，成为有创造力的人才。创造力处于个性发展中的核心位置，它和智力因素有关，也和非智力因素有关，是思维与实践活动相结合的产物。如果仅仅是记住了某些知识而不会思考和应用，就不能算是有能力，更不会有创造力。活动课是由学生自己选择的感兴趣的项目开展活动，积极性高，因而他们的创造力也就能得到极大的激发。

（三）学科课程与活动课的结合可以更加充分地体现学生的主体地位和教师主导作用

传统的课堂教学要不断地进行改革，但无论如何它也达不到活动课上由学生自己掌握学习主动权的程度。在活动课中，从活动的设计、组织、研究、探索，到活动的结果、总结、评价、反馈，学生始终处在主体地位。活动课虽然也要发挥教师的指导作用，但只是辅导和点拨，决不能影响或代替学生自己的实践活动，否则就不是活动课了。两种课型的优点和不足都是非常明显的，二者有机地结合起来，就能充分地发挥它们各自的长处，克服其不足，对学生身心的健康发展是极为有益的。特别是活动课的综合性学习内容和实践探究性的学习过程，对学生学习兴趣的激发、爱好特长的发挥、知识的综合运用、创新精神和创造能力的培养都是非常有利的。

二、新教学机制与两种思维的发展

关于新教学机制的优势还可以从发展中的思维科学找到依据。

人的一切认识和实践活动都离不开大脑，离不开思维。从本质上说，培养学生良好的思维习惯和能力是教学任务的核心。在人们的日常工作、学习和生活中，有时是以抽象思维为主，有时是以形象思维为主，更多的情况是两种思维的有机结合、交叉在一起。而传统的教育教学活动偏重于抽象思维的培养，忽视形象思维的发展。新教学机制在重视发展形象思维的同时，强调了两种思维的结合。这不仅是一个智育的问题，而且有利于学生素质的全面提高和健康发展。

(一)不断改革学科教学

这种改革在充分发挥教师主导作用的同时也在不断提高学生的主体地位，使学生掌握了比较系统的基础知识、基本概念和技能，在提高抽象思维能力的同时也提高了形象思维能力。在各科教学中，特别是数、理、化、哲学等学科，培养思维的连续性、严密性、逻辑性是极其重要的。运用概念、判断、推理的逻辑思维是思维规律研究的一个很重要的方面。但是，作为科学思维还需要有非逻辑的形象思维的一面，二者的结合才能形成完整的科学思维的运动过程，即观察、假说(非逻辑的)→推理、论证（逻辑的)→再观察，并不断地加以修正和深化对客观事物的认识。所以，我们在学科教学中强调抽象思维，事实上也离不开形象思维，应该自觉地把二者结合起来，才能提高思维的质量和教学的效益。在教学过程中伴随思维而存在的情感因素也是非常重要的，不仅人文学科有强烈的情感因素，自然科学的学习研究和探索同样有很强的情感色彩，理性认识和情感是交融在一起的。因此，在学科教学过程中必须重视培养学生的兴趣、意志、信念等非智力因素，促进两种思维能力的发展。有了较强的独立思考能力，才能充分体现学生在教学过程中的主体地位。

(二)把课外活动(活动课)纳入新教学机制

这种机制使学生有一个能够主动地充分自由活动的空间，可以更有效地促进两种思维的结合与发展。活动课的最大特点是它的实践性、综合性和独立性。爱因斯坦认为：“纯粹的逻辑思维不能给我们任何关于经验世界的知识；一切关于实在的知识，都是从经验开始，又终于经验。”[1]无论是抽象思维还是形象思维都离不开经

---

〔1〕 许良英，范岱年，等．爱因斯坦文集：第一卷[M]．北京：商务印书馆，1976：331.

验，离不开实践。实践活动是思维发展的基础，也是思维的起点和终点。新教学机制里，学科教学要重视实践，而活动课更加突出了这一特点，并为个别化教学创造了条件。在实践活动中提出问题、发现问题、研究问题，并能相对独立地去解决问题，这对学生的思维是最好的锻炼过程。活动课的目标、内容和方式方法的综合性、多样性，很好地弥补了学科课程单一知识系统的缺陷。根据某一活动项目的要求，学生可以把已经学到的知识综合地加以利用，甚至没有学到的自己也能主动地去学习、寻找、研究、探索，并在活动中运用，这无疑极大地促进了学生的思维发展。

(三)新教学机制重视发展形象思维和两种思维的结合

促进两种思维的有机结合，是提高学生素质的必然要求。在全面发展的素质教育中，德、智、体、美各育对学生来说都有一个提高认识的过程，都需要抽象思维与形象思维的充分发展和紧密结合。比如德育，学生既要学习系统的思想政治理论知识，又要有优秀的文学艺术形象的熏陶；既要懂得法律、道德内容和日常的行为规范、纪律要求，又要身体力行培养自己良好的行为习惯。实际上，德育的过程既有抽象思维的理性思考，又有形象思维的感性体验，道德认识和道德情感是交融在一起的。同样，在智育、体育、美育的过程中也离不开两种思维活动的充分参与和紧密配合。从总体上说，学生个体素质的全面发展与两种思维的发展有着必然联系，其表现有以下三个方面。 第一，各育之间虽然各有侧重，但它们共同的一点都是以两种思维为核心的认识过程。 第二，各育的特点、各科教学的内容虽然不同，但它们在认识和发展的过程中都必须把两种思维活动有机地结合起来。任何单一的思维方式都不能达到全面发展的目的。 第三，德、智、体、美各育之间是相互联系的，并能及时地加以沟通和迁移，其沟通的桥梁和迁移的动力就是两种思维的积极活动。新教学机制把学科课程与活动课结合起来，充分发挥各自的优势，就可以把两种思维活动积极地调动起来，这不仅是人的素质全面发展的基础，而且为创造性人才的培养提供了良好的条件。

三、新教学机制与创新能力的培养

21世纪，面对加速发展的知识经济时代的挑战，培养学生的创新意识、创新精神和创新能力，是教育工作者亟待解决的一个重要问题。而学校课程与教学工作的改革是解决这一问题的重要一环。基础教育是青少年健康成长的重要阶段，也是培养他们具有创新能力的关键时期。创新是有层次、有类别的。对于中小学生来说，并不要求他们像科学家那样有什么重大的发明创造，而首先要培养他们具有创新的意识和创新的精神。这种意识、精神是在教育实践的过程中不断加深的。传统的以“应试”为主要目的的教育显然不能适应这种要求。尤其是在班级授课当中，教师讲、学生听的单一模式必须改变。不断改革的学科课程与活动课相结合的教学机制有利于学生创新意识、创新精神和创新能力的培养。

第一，学科课程和活动课都强调了实践活动，特别是活动课把学生独立自主的活动放在了首要位置，这就真正落实了学生的主体地位，为创新精神和创新能力的发展创造了最基本的条件。重视还是不重视学生的实践活动，这是新、旧课程体系和教学机制的最本质的区别。关于活动的意义，早在一百多年前马克思就说过：“生命活动的性质包含着一个物种的全部特性、它的类的特性，而自由自觉的活动恰恰就是人的类的特性。”[1]“自由自觉的活动”这一人的类的特性应该在学校教育中充分地加以体现并促其发展。列宁也从人的本质进一步阐述了革命实践活动的意义。他指出：“旧唯物主义者抽象地了解‘人的本质’，而不是把它了解为(一定的具体历史条件下的)‘一切社会关系’的‘总和’，所以他们只是‘解释’世界，但是问题在于‘改变’世界，也就是说，他们不了解‘革命实践活动’的意义。”[2]从某种意义上说，创造性就是一种革命实践

〔1〕 马克思．1844年经济学—哲学手稿[M]．北京：人民出版社，1956：50.

〔2〕 中共中央马克思、恩格斯、列宁、斯大林著作编译局．列宁选集：第二卷[M]．北京：人民出版社，1960：582.

活动，这不仅仅是从政治意义上说，在科学研究等各个领域也都是如此。人的类的特性、人的本质都是与人的自由自觉地改变世界的创造性实践活动联系在一起的。新的课程体系打破了原有的以教师为主、以传授知识为目的的静态的教学模式，而完全纳入以学生为主体的动态的教学模式，这本身就是在课程与教学领域里的一次革命性的变化。它与培养学生的创造性关系是极为密切的，应该给予高度重视。

第二，创造力离不开创造性思维。培养学生创新意识、创新能力就必须培养他们的创造性思维，这是个核心问题。什么是创造性思维？本书第十章已有论述，这里不再重复。就一个人来说，他的任何一项新的劳动成果都是创造性思维的结果，虽然对别人或社会来说并不一定是创新，但其自身的意义确实如此。我们的中小学学生在学校教育中重视两种思维的结合，经过长期的锻炼和培养，当其创造性思维发展到一定的水平，就有可能产生社会上所没有的重大的发明创造。知识的应用和创新的过程也是两种思维相结合的过程。新的课程体系，突破了传统，打开了封闭的课堂，在活动中把发展形象思维放在了一个重要的位置(过去是忽视的)，为两种思维新颖的、灵活的有机结合创造了机会和有利的条件。

第三，创新能力的培养不单是一个智育的问题，实际上培养一个人具有创新能力，必然是他的综合素质的不断提高。全面素质的提高正是创新能力发展的基础。学校课程与教学的改革，首要的是促进学生全面素质的提高。新教学机制在保证学科教学的基础上，突出了活动性，加强了综合性，特别是活动课的开放性和多样性，为德、智、体、美、劳诸方面教育的相互渗透、协调发展提供了极好的条件。创新能力的培养也不单是一个学校教育的问题，家庭教育、社区教育以及整个社会都必须为青少年的健康成长创造最好的条件。在学校、社会、家庭各方面的共同努力下，一定能够完成历史赋予我们的神圣使命——为中华民族培养更多的创新型人才。

第三节 主动创造条件，积极开展课外活动

早在20世纪80年代教育部原副部长董纯才就指出："多年的实践已经证明，中小学的课外活动，能产生良好的教育效果，具有不可忽视的重要意义。"[1]现在对课外活动（活动课）的研究进一步深化，它已成为新教学机制的重要组成部分，一定要主动创造条件，在中小学积极开展课外活动，使它成为名副其实的活动课程。

一、强化课外活动（活动课）在新教学机制中的"法律"地位

以课堂教学为基础，课内外结合的新教学机制，是中小学教育机制的一个重大改革，是一次质的飞跃。这一机制既重视了基础知识、技能的学习和能力的培养，又注重情感、意志、道德、理想的培养；既有统一的课程学习要求，又有活动教学中的因材施教；既有较为系统的理论学习，又有在实践活动中的感性认识；既充分发挥了教师的主导作用，又突出了学生的主体地位。课外活动（活动课）是这一教学机制中不可缺少的重要组成部分；没有课外活动（活动课），这一教学机制便不复存在。在新的教学机制中，课外活动（活动课）具有不可替代的"法律"地位。"以课堂教学为基础，开展课外活动，课内外结合，已不同于传统的教学机制，而是一种新的教学机制了。这种新的教学机制，发扬了课堂教学、课外活动的优点，又克服了二者的缺点，它是对传统教学机制的优化。"[2]我们应该充分认识并强化课外活动在这一教学机制中的重要地位。

〔1〕 连瑞庆．课外活动与人才培养[M]．北京：光明日报出版社，1989：1.

〔2〕 温寒江．课外活动与教学机制改革[M]．北京：中国工人出版社，1992：42.

二、明确和坚持课外活动（活动课）的基本原则

在中小学开展课外活动，不是随意和盲目的，应遵循它的基本原则。这些原则反映了课外活动的本质、规律和要求，是开展活动的目标和依据。这些原则主要有：①自愿、自主性原则，充分调动学生的积极性和主动性，激发学生独立思考和创造精神；②面向全体、因材施教，发展特长的原则，使每一位学生都能根据自己的爱好、特长参加活动；③活动性、实践性原则，让学生动手、动脑，在社会实践活动中增长知识和才干，这也是活动课的本质、特点；④科学性、教育性原则，寓教育于活动之中，活动的内容、方式、方法是科学的，符合青少年身心发展的规律和特点；⑤因地、因时制宜的原则，从学校的实际出发，根据地区的特点和条件，充分发挥学校的优势开展活动；⑥形式、方法多样性的原则，根据活动的目的、内容不同，采用不同的方式、方法，促进学生身心的健康发展。

三、大力促进课外活动（活动课）内容、形式和方法的多样性

课外活动是培养学生生动、活泼、全面、主动发展的重要途径，活动的内容是极为丰富的，涉及一般社会生活的各个领域。中小学生无论在城市或农村，都应该逐步地认识和了解社会，密切和社会生活的关系，并在学校的活动中得到反映。课外活动的基本内容，可分为以下几个方面：科技活动——科技是第一生产力，科技活动能扩大学生科学技术眼界，了解新的科技成果，培养科技新思维；学科活动——这一活动不是学科教材的延伸和补充，而是对某一学科领域知识的加深理解和综合运用，培养学生的钻研精神和实践能力；文学艺术活动——包括文学、戏剧、音乐、美术、书法、摄影、诗歌等多方面的活动，培养兴趣、陶冶情操，丰富学生的精神生活；农业技术活动——特别是广大农村地区的学校要开展这方面的活动，为农村经济改革与发展服务，培养学生热爱农村和对农业

生产的兴趣；社会实践活动——这一活动内容很多，参观、调查、访问，义务劳动，参加各行各业的工作实践，考察山川地貌，收集乡土资料，接触大自然等，可以丰富学生的生活，激发热爱祖国和大自然的思想感情。课外活动的形式、方法也是多种多样的：其形式有个体活动、小组活动，也可以是众多人参加的群众性活动；其方法有自学、讨论、调查、研究、观察、实验和社会实践等多种方法。在课外活动中，无论何种形式、方法，都是以学生为主体，充分发挥他们的聪明才智，达到最佳的教育效果。

四、加强课外活动的领导，培养合格的师资队伍

加强对课外活动的领导，首先要使学校领导转变观念，把课外活动放在十分重要的地位， 建立以课堂为基础、课内外结合的新教学机制。"如果学校领导能在活动课程设置、经费投入、师资安排和其他工作方面充分考虑课外活动的实际需要，经常深入课外活动的实际并帮助解决问题，那么学校的课外活动就将具有无限的生命力。"[1]其次，在转变观念的基础上，学校还要建立课外活动的领导组织机构，明确职责，加强制度建设，处理好课外活动与学校其他各方面工作的关系。

开展课外活动，还必须培养合格的师资队伍，全面提高辅导教师的素质。在良好的思想政治素质的基础上，辅导教师要具备扎实的学科基础知识、较强的动手能力和指导课外活动的技术，还要具备了解学生、尊重学生、信任学生和善于因材施教的组织工作能力。为此，要采取各种措施，加强在职教师的培训，并经常开展课外活动工作的经验交流与研究。

五、充分保证课外活动的时间、场地和应有的物质条件，并加强社会舆论宣传

为了保证时间，就要把课外活动（活动课）列入学校正式的课程表。根据城乡不同地区的实际情况安排活动的内容，在时间和场

〔1〕 温寒江．课外活动与教学体制改革[M]．北京：中国工人出版社，1992：192.

地上给予充分的保证。学工要有劳动的场所，学农要有种植实验的基地。每一所中小学在活动课这一方面，都应该有长远的谋划和有步骤的具体安排。场地和设施都需要经费，一方面政府要加大这方面的投入，另一方面学校也要通过包括勤工俭学在内的各种渠道扩大经费的来源，保证课外活动的顺利开展并不断扩大其影响。

开展课外活动（活动课）的舆论宣传也是非常重要的。当前，中小学学生升学的压力不断增加，尤其对于学生的家长来说，把孩子升入重点校作为头等重要的目标。与此相应，社会上各种学习班、升学补习班纷纷出炉，泛滥成灾。学生在家长的催促下利用星期六、星期日和各种假期参加这种学习，完全失去了自主活动与学习的时间。因此，必须在社会上开展课外活动的舆论宣传，转变家长的思想观念，为青少年的健康成长创造良好的条件。

附录一

发展形象思维教学实验综合报告
——“八五”课题研究的报告

一、问题的提出

在学校里，一些优秀教师的课形象、生动、感人，效果好，学生爱听；同时也有一些课，枯燥、乏味、刻板，没有生气。造成这种差别的原因究竟在哪里？我们难以在原有的教学理论中找到令人满意的答案。随着教育改革的深入，我们把思考集中到思维——形象思维的研究上来。

在我国，文艺理论界从20世纪50年代以来，对文艺创作的形象思维问题，曾多次进行过广泛而深入的讨论。到70年代末，大多数作家、文艺理论家普遍肯定了形象思维的存在。而把形象思维作为人类思维的基本方式之一，是80年代初我国著名科学家钱学森对思维科学进行全面研究之后，首先提出来的。他认为抽象思维和形象思维都是科学研究和人们日常交往中不可缺少的思维手段，并提出形象思维应作为思维科学研究的突破口。

与此同时，人类对大脑左右半球各自功能的认识，也有了新的突破。20 世纪 50 年代末以来，美国神经生理学家斯佩里和他的两名学生，进行了有关裂脑的一系列实验，获得了确实的材料，证明大脑左右半球的功能是不对称的。"他们发现，大脑每一半球都有其自己独立的意识思想链和自己的记忆。更重要的是，他们发现大脑两半球基本上是以不同的方式进行思维，左脑倾向于用词语进行思维，右脑则倾向于以感觉形象直接思维。"[1]斯佩里为此获得了 1981 年诺贝尔医学或生理学奖。

以上研究成果，为课题的研究，提供了科学依据。

大脑两半球功能研究的重大突破，揭开了右脑的奥秘，使我们认识到，右脑有巨大的潜能，亟待我们去开发。对于如何开发右脑，国内存在不同的认识和做法。我们认为主要是开发右脑智力，而开发右脑智力，关键在于发展形象思维，因为思维是人类智力的核心。那么，又如何在儿童、青少年中发展形象思维呢？长期的教学实践提示我们，既不能孤立地搞思维训练，也不能只停留在某些课外活动上，发展形象思维必须同教学结合起来，根据学科的特点（不是千篇一律），通过教学过程进行形象思维的培养与训练，在着力发展形象思维的同时，把形象思维和抽象思维结合起来。

人类关于抽象思维的研究，自亚里士多德以来，已有二千三百多年历史，有了极为丰硕的成果。而对形象思维的研究，只有几十年的时间。在教育理论上，由于"左脑优势"理论的长期影响，形象思维问题的研究几乎是空白。通过教学发展形象思维的研究工作，是一项前人没有做过的工作。因此，我们本着努力学习、勇于实践、敢于创新、善于总结的精神，采取边学习、边试验、边思考、边总结的办法，进行这项课题研究，以期在探索中前进。

我们认为，通过教学有意识地开发右脑智力，发展形象思维，把两种思维有机地结合起来，必将使教学过程发生深刻的变化，使教育、教学质量得到新的提高，使青少年左右脑的智力都得到较充分的发展，培养出左右脑并用、富有创造力的新一代。

---

〔1〕 布莱克斯利．右脑的奥秘与人的创造力［M］．董奇，杨滨，译．北京：国际文化出版公司，1988：6.

二、基本情况

本课题工作是采取边进行理论研究、边进行教学实验的方式展开的。

我们先后研究了形象思维的普遍性、特点及其在教育与人才培养工作中的重大意义，形象思维的一般概念，思维的方式、方法与训练，形象思维与教学过程的问题（即感知、理解、记忆和情绪等问题），形象思维的三种表达方式及其在技能培养和教学上的意义，并撰写文章，在《教育研究》和《北京教育研究》上发表。上述研究大大拓宽和加深了我们对形象思维的认识，并且在理论上对“知识的理解”、“技能的培养”等一些重要问题有了新的突破。

理论研究的进展，增强了我们的信心。我们在幼儿园、小学、中学和大学不同学习阶段进行了多学科开发右脑智力、发展形象思维的教学实验。实验的学科，幼儿园有美术、音乐、数学，小学有语文、数学、美术、音乐，中学有语文、数学、历史、地理、物理、化学、体育，大学有工程图学，共 15 门课程。参加单位有 2 所幼儿园、9 所小学、6 所中学和 1 所大学。

学科实验的情况不尽相同。从实验基础来说，有的学科(幼儿美术、中学平面几何、大学工程图学等)是在原来改革实验基础上，继续深化实验的；有的学科(如小学语文)是借鉴了情境教学经验，加以发展提高的；多数学科是根据课题的思路进行教学实验的。从实验时间来说，部分学科已进行了多年以至十几年的改革实验，多数学科是在课题工作启动后进行的。从实验内容来说，有的学科进行了比较全面的实验(如幼儿美术、平面几何、地理、工程图学等)，有的则侧重进行重点课、重点问题的教学实验。不同学习阶段的多学科的教学实验，使我们能在比较短的时间内，多方面积累关于发展形象思维的经验。

怎样发展形象思维？我们的做法有两个途径：一是通过教学过程，二是加强训练。

(一)根据学科知识的特点，通过教学过程，把两种思维有机地结合起来

教学实验基本摸清了不同学科两种思维结合的特点，探索了两种思维结合的多种形式，创造了教学过程的新模式。大致可分为以下三种情况。

1. 有的学科在开展形象思维的基础上，把两种思维结合起来

我们有15位中小学教师参加语文教学实验，他们的实验课各有特色，共同的经验是把阅读教学过程分为感知、想象、分析、练习、巩固五个基本环节。在扫除文字障碍、感知课文后，先启发学生根据课文开展再造想象，使课文所描绘的画面(情境、人物、情节)在头脑中渐渐地清晰起来、鲜活起来；然后，在这基础上分析文章遣词造句、篇章结构、写作方法和概括文章中心思想；最后，进行练习与巩固。

再造想象是以丰富的表象储备为基础的，没有丰富的表象，就难以根据课文产生种种联想、想象。为了丰富、充实学生的表象，教师根据学生的年龄特点和生活经验，采取了多种做法。

- 创设教学情境。根据课文描写的典型环境，运用幻灯、绘图、挂图、剪贴画、教具等，布置教学环境。
- 运用电教手段。让学生观看电影、电视剧的录像片和课本剧教学片等。
- 让学生直接观察实物，参观现场。
- 进行表演或游戏。
- 让学生把课文描绘成图。

直观还不是思维。在上述做法中，教师紧密结合课文，通过生动形象的语言和有感情的朗读，再配合优美的音乐，激发学生头脑中原有的和新的表象，产生种种联想和想象，使课文中描写的画面在学生头脑中清晰、具体、鲜活起来，这就是再造想象的过程。

再造想象过程中，实验课重视情感的激发，因为情和景是融合在一起的。“情感只有附丽于艺术形象，而艺术形象又是在反映客观

世界中受到情感的激发而产生的。”[1]

学习语文，既要学会思维(形象思维、抽象思维)，又要学会用语言来表达思维。分析课文的目的，是教会学生怎样表达思维（思想)。实验课的分析课文，不同于传统的单纯抽象思维的分析，而是结合形象的分析，是融合情感的分析，是两种思维的结合。这种分析，既能深入地理解文章遣词造句、写作方法的妙处，又能深刻体会文章的思想内涵，是思维与语言表达的统一。如朱自清的《背影》，选材平凡，语言朴实，也没有生动有趣的情节，以往学生学习这篇课文，难动真情，体会不深，甚至有的学生对这篇名作不以为然。我们在上实验课时，先让学生看了课本剧教学片，剧中演员带着强烈感情的朗读，把朱自清对父亲真挚深沉的爱，表现得淋漓尽致，具有强烈的感染力，立刻把学生带入了特定的情感氛围之中，联想到自己与父母之间的感情，唤起了他们的情感体验。这时，学生对那些平淡之中见深情的语句有了深刻的理解，仿佛亲眼看见朱自清的父亲艰难地爬上爬下为朱自清买橘子的情境，每一个细致的动作都没有放过。

由此可见，实验课是对传统语文教学的深刻变革：从只重视抽象思维，变为重视两种思维的有机结合，从感知、分析、练习、巩固四个教学过程基本环节，变为感知、想象、分析、练习、巩固五个基本环节；从知识、技能(能力)的教学，变为知识、技能(能力)、情感、审美的教育。

2. 有的学科在感知的基础上，把两种思维结合起来

数学是研究数量关系和空间关系的学科，数学的教学实验就是把数与形结合起来。如平面几何，长期以来只重视逻辑思维的训练，而忽视图形的教学。一直到近来才认识到平面几何是发展两种思维、训练创造过程的最好形式之一。[2]北京市东城区平面几何教学的改革实验，积累了这方面的经验。

---

〔1〕 十四院校《文学理论基础》编写组．文学理论基础[M]．上海：上海文艺出版社，1981：236.

〔2〕 布莱克斯利．右脑的奥秘与人的创造力[M]．董奇，杨滨，译．北京：国际文化出版公司，1988：53.

他们的思路是：

平面几何的教学必须从识图开始，把学生的注意力集中到对图形的观察认识上来，使其能看透图形中的奥妙，调动学生学习的兴趣，进而利用观察图形的表象，加以识别、分解、组合和猜想，然后进行逻辑推理论证。

他们的主要做法有以下四种。

● 建立图形与概念的对应关系，使学生见到平面图形就能想到所定义的概念，想到定义的概念就能在头脑中出现相应的图形。为此，在概念形成过程中，要给出反例图形，进行对照比较，强化图形。在概念形成后，再结合图形对邻近概念进行比较，深化对概念的理解。并且，把所学概念有意识地寓于图形之中，让学生去发现，增强他们的识图能力。

● 图形与性质的结合。图形是性质的载体，性质是伴随图形而产生的。在教学中紧紧抓住形、性结合，不断引导学生看懂图形，不断地挖掘图形所隐含的性质。

● 直觉与推理论证结合。从问题的一个已知条件（图形），向前推进一步，就是一次直觉与推理论证，解题就是一个"直觉—推理证明—再直觉—再推理证明"的过程，直到把问题解决。

● 加强基本训练。

3. 有的学科把技能（能力）的训练与发展形象思维结合起来

幼儿美术课教学实验的基本思路是：先教儿童学会想，再学会画。以训练儿童的直觉、观察、联想、想象、创造和形象的记忆为重点，通过形象思维训练，带动绘画知识、技能的提高。实验课采用丰富多彩的教学形式，如让儿童观察季节特点，听音乐，举行化装舞会，玩木偶，戴面具演出戏剧，听故事，说寓言，引用中国古典名著(如《西游记》)，说儿歌，看展览……在活动与游戏中，让儿童去想、去听、去看、去玩、去体验。儿童思维活跃，头脑中形象丰富，情绪激动，创作欲望强烈，就会画出意想不到的好作品。

(二)在教学过程中,突出形象思维的训练

主要有以下几种做法。

• 培养观察力。通过绘画课、观察日记、绘画日记、写作教学、化学实验等,丰富表象积累,大力培养儿童观察力。

• 培养想象力。绘画是培养儿童想象力的好形式,在绘画课中培养儿童的想象力。通过语文阅读课、作文课、历史课和音乐课培养学生再造想象力、创造想象力。物理、化学课培养儿童科学想象力。

• 培养空间想象力。通过立体几何、工程图学、地理课,突出培养儿童空间想象力。

• 培养直觉思维能力。观察与表象积累是直觉思维的基础,通过数学课、化学实验等培养儿童直觉思维能力。

• 培养形象记忆力。形象记忆具有易记、记得牢的特点,通过绘画课、观察日记、绘画日记、写作教学,有目的地培养儿童形象记忆能力,同时,结合语文阅读课、地理读图、化学实验等培养儿童形象记忆能力。

三、实验效果

关于本实验的教学效果,有关学科做了测查。以下从学生学习的兴趣水平、知识的理解与掌握、形象思维一般能力的发展、技能的训练、记忆效果五个方面来加以综述。

(一)兴趣水平

本实验对语文、美术、平面几何等学科实验班及对比班进行学习兴趣方面的问卷测查,统计结果表明:实验班学生对所实验的学科的兴趣水平普遍高于对比班,并达到显著水平。

(二)知识的理解与掌握

北京市三里河第三小学六(4)班,从五年级即开始进行实验。第一学期末(1994 年 1 月),在全区统一测查中,班平均分 88.1 分,居全年级(6 个班)第四名。六年级第一学期末(1995 年 1 月),在全区统一测查中，班平均分为 90.09 分，居全年级第一名，与全区最高班平均分仅差 0.6 分，即实验一年后，学习成绩有了明显提高。

东城区从 1988 年起，在全区范围内进行初中平面几何“加强图形教学，发展学生思维”的实验。在 1991 年、1992 年中考卷几何部分的全区平均得分率分别为 88.6%和 94.8%，而全市平均得分率则为 66.0%和 78.9%。全区平均成绩明显高于全市平均水平。1993 年后，改用新教材，未做对比统计。

(三)形象思维一般能力的发展

我们用自己编制的《形象思维一般发展测验》对实验班与对比班进行抽样测查，测查结果见附表 1-1。

附表 1-1　实验班形象思维一般发展测验统计

年级		人数	平均分	标准差	Z 检验
幼儿园	实验班	54	47.0	8.92	40.20***
	对比班	58	40.9	6.93	
小学三年级	实验班	90	41.8	10.61	2.81**
	对比班	46	37.2	8.12	
初中一年级	实验班	48	66.9	7.88	11.40***
	对比班	45	44.4	10.77	

所抽测的实验班虽然只有一两门课进行教学实验，但由于实验教师遵循“开发学生右脑智力，发展形象思维”的实验宗旨，在教学过程中努力探索发展形象思维的途径、方法，所以，统计结果表明，本实验有效地开发了学生的右脑智力，形象思维能力的发展普遍高于对比班，达到显著水平。

(四)技能的训练

我们在作文、绘画、音乐、体育等课程进行形象思维与技能训练相结合的改革实验，取得了较好效果。

1. 作文

在写作前，指导学生进行有目的的、深入细致的观察，把写作与观察结合起来。实验结果显示，写作技能有了明显提高(附表 1-2)。

附表 1-2　实验班作文优秀率测查统计

班别＼学校	三里河三小		育才小学	
	总人数	优秀人数	总人数	优秀人数
实验班	48	25	56	26
对比班	44	13	42	9
x^2 检验	4.81*		6.53*	

由表可见，实验班作文优秀率明显高于对比班，达到差异显著水平。

2. 绘画

小学绘画，实验班为北线阁小学三(1)班，对比班为同校四年级一个班。从“窗口”一课的作业成绩进行比较，以形象思维训练带动儿童绘画知识、技能的提高。实验效果见附表 1-3。

附表 1-3　小学美术实验班绘画技能测查统计

班别＼等级	优	良	中	x^2 检验
实验班	35	7	0	54.8***
对比班	3	26	17	

由表可见，实验班的美术成绩，明显高于对比班，达到差异显著水平。

本实验在幼儿园进行，效果更为明显。实验在北京市第五幼儿园、光明幼儿园进行，对象共 60 人(两园各 30 人)。对比班之一为这两所幼儿园大班随机取样各 15 人，共 30 人；对比班之二为两所小学二年级随机取样各 15 人，共 30 人。根据古哈氏关于“绘画智能以人物结构为依据”的观点，比较儿童人物画，将人物结构分为 20 项，画一项得 0.5 分，全画得 10 分，测查结果见附表 1-4。

附表 1-4 幼儿园美术实验班古哈氏绘画智能测查统计

班别	人数	平均分	标准差	Z 检验
对比班（同年大班）	30	7.00	0.881	15.4***
实验班	60	9.64	0.458	
对比班（小学二年级）	30	7.47	0.909	12.3***

统计结果表明，实验班绘画技能大大高于对比班，已明显超过小学二年级绘画技能水平。测查结果还表明，幼儿的潜力很大，早期开发实为重要。

3. 体育

北京市第五十五中学用回忆技术心理训练法，把体育技能训练与思维训练(视觉表象与动觉表象)结合起来。实验效果见附表1-5。

附表 1-5 体育实验班体育技能测查统计

	班别	人数	平均分	标准差	Z 检验
双杠	实验班	98	9.08	1.55	7.73***
	对比班	105	6.29	3.35	
技巧	实验班	98	8.85	0.97	8.36***
	对比班	105	6.80	2.31	

测查结果表明，实验班体育技能水平明显高于对比班，达到显著水平。从而也说明，动作技能与思维训练结合起来，是提高技能水平的有效途径。

(五)记忆效果

由于有意识地渗透了形象思维的开发训练，各科教学实验课，课堂教学比较生动、有趣，学生对教学内容的记忆效果明显提高。关于实验课记忆效果的测查在语文学科实验班与对比班进行。测验方法是两个班同时教同一篇课文，教学方法不同。课后两个班同时进行默写全文测验。根据每个人的得分进行统计，结果见附表 1-6。

附表 1-6　实验班语文学科记忆效果测查统计

班别	人数	平均分	标准差	Z 检验
实验班	47	188.9	33.80	5.12***
对比班	44	131.8	66.43	

由表可见，因教学方法改进，实验班课文默写正确率明显高于对比班，差异很显著。说明该学科实验班的教学方法具有很大的优越性。

本课题是一项新的工作，其效果测查没有现成的量表或方案。目前国外一些公认的量表，在测量一般智力方面起到了重要的作用。但是，由于“左脑优势”理论的影响，这些量表对于形象思维的测查，有明显不足。为此，我们用了近两年时间，编制了《形象思维一般发展测验》，并在实验学校进行了测试，首次获得了比较全面的关于形象思维发展的资料。至于学科实验的测查，语文小组编制了《语文阅读课形象思维能力测验命题纲要》，其他学科的测试仍旧采用通用的方法。教学实验是多因素的，其效果测查迄今有些方面还有一定困难，有些项目(如情感、直觉、能力等)目前缺乏比较完善的测查方法，所以我们的测查工作是不够完善的。

四、结论

开发右脑智力，发展形象思维，其意义与价值是什么？这是本课题要探索和回答的问题。通过三年多(有的学科时间更长)的教学实验与研究，我们得出下面几点结论。

(一)发展形象思维，在教学中明确而主动地把形象思维、抽象思维结合起来，是课堂教学的深刻变革和全面优化

由于有意识地渗透和加强了形象思维，我们各科的教学实验课课堂教学比较生动、有趣，内容比较好懂、好记，根本改变了过去那种枯燥、乏味、抽象、难懂的局面，包括知识、技能与思维品质在内的学生的学习质量有了明显的提高。对此，扼要分析如下。

形象思维具有形象性、具体性、可感性等特点，抽象思维具有严密性、概括性、逻辑的推理性，教学中把两种思维结合起来，就能充分发挥它们的优势，达到整体优化效果。通过直观教学、情境教学、教师演示示范以及学生的活动引起学生的联想、想象，可以充分发展形象思维，也能促进抽象思维的发展。课堂教学是形象、具体、有声有色和富有情感色彩的，这就是使学生产生学习兴趣的一个主要原因。

从本质上说，知识是人类认识的成果，是思维和思维结果的表达。学生所学各科知识，有的主要属于形象思维的成果，如小说、诗歌、记叙文和说明事物的说明文。学习知识要用与产生这些知识相同的思维方式来理解它、掌握它。举例来说，写诗用形象思维，学诗也主要用形象思维；写论文用抽象思维，阅读论文也要用抽象思维。可是，传统教学比较强调一种思维——抽象思维，这样就使思维和很大一部分知识对不上号，学习起来必然格格不入，使学习变得枯燥、乏味(如语文)或难懂难学(如几何)。如果根据学科知识的特点，用产生这些知识的思维方式来学习，并把两种思维有机地结合起来，就可以使学习变得容易，并有效地提高学习质量。

根据我们的研究，技能是智力活动内化或表达的方式，把一些动作技能和思维训练结合起来，就能找到一条有效提高技能水平的途径。实验结果表明，儿童绘画与形象思维相结合，学生写作与有目的、深入细致的观察相结合，体操技巧训练与思维训练相结合，能有效地提高绘画、写作和体操的技能。

(二)发展形象思维,是早期智力开发的途径

我们的实验表明：在幼儿园和小学，以形象思维为主要内容的课程，如美术、音乐，通过改进，学习年龄可以适当提前，语文读、写能力从小学低年级起可以有效得到提高。这些都为儿童以后的学习打下良好的基础。儿童首先发展形象思维，采取“形象思维—语言—抽象思维”的发展思路，是智力早期开发的正确途径。

（三）发展形象思维，左右脑并用，是培养富有创造性人才的基础工程

创造力的培养包括创造意识、创造性思维、创造技能等方面的培养，其中创造性思维是核心。怎样通过教学培养创造性思维，是一个长期没有解决的重大问题。通过课题研究，我们认为：创造性思维是两种思维的结合，是两种思维中各种基本思维方法多种多样、独特灵活的结合。如想象与分析结合，直觉与论证结合，观察与分析、概括结合，联想与推理结合，整体与局部结合，等等。这些思维方法的种种结合，在我们的实验教学中，已开始得到有效的培养与训练，这是思维训练的突破。而这些创造性的发散性思维都离不开形象思维，所以发展形象思维，学会同时用左右脑来思维，是培养创造力的一项基础工程。

（四）发展形象思维，是丰富道德情感、培养完善人格的重要基础

积极情感是培养道德品质的一个关键因素。文艺学科(语文、音乐、美术)的学习过程，形象思维始终伴随情感活动；历史、地理教学中的情感活动，数学、自然科学学科学习的美感直觉，都是和形象思维联系着的。所以，发展形象思维，是丰富道德情感、培养完善人格的重要基础。

附录二

“八五”课题组成员名单

课题负责人：温寒江　连瑞庆

课题组成员：

幼　教	李家莹	杜　玫	张荃华	田毅然	郝杰兰
	任素梅	孙桂英	牛桂兰	田秀花	杨　奕
小　学	赵玉琦	马中孚	张浩君	王亚珊	李锡坤
	桑海燕	金　红	张鲁英	丁晓娥	宿莲花
	范亦萍	李　佳	薛秉忠	何晓明	刘金华
	陈述华	王新元	李建明	魏春风	马景佑
	赵中卫	吴文漪	张近英	张舜龙	张军武
	苏建荣	许芳琴	孙菊彩		

续表

中　学	沈心天	廖昌燕	韩　伟	刘雪倩	张　黛
	徐　伟	马成瑞	高敬东	齐渝华	田京生
	赖　锦	朱尔澄	殷培红	张立雄	徐志芳
	张伯琥	郝艳军	曹　宪		
大　学	江丕权	苏立康	魏宗仁	陈金明	高政一
	彭福荫	李　越			
教育研究部门	陈金赞	宗秋荣	吴广亮	张桂芳	
	陆　异	刘国玮	吴　秀	杨洪锐	
	董素艳	李书华